消费心理学

主　编　余　杰　罗乐娟
副主编　张超武　周丽春　龚建荣　杨　磊
参　编　吴小荣

北京理工大学出版社
BEIJING INSTITUTE OF TECHNOLOGY PRESS

内容简介

本书系统地介绍了消费者心理活动的基本规律，研究了影响消费者需要、购买动机和购买行为的因素，并对购买行为的影响因素进行了分析。本书首先对消费者个性心理活动过程和个性心理特征以及不同群体行为特征进行了分析研究；然后从市场营销的4P入手，对营销策略与消费心理进行了分析，包括商品与消费心理、价格与消费心理、促销与消费心理等；最后对环境与消费心理进行了研究，包括购物环境和社会环境。

本书可作为高职高专市场营销、电子商务等专业的教材，也可供企业营销人员和消费人群学习使用，当然也是相关研究人员的参考用书。

图书在版编目（CIP）数据

消费心理学/余杰，罗乐娟主编．—北京：北京理工大学出版社，2010.6（2021.7重印）

ISBN 978-7-5640-3266-1

Ⅰ.①消…　Ⅱ.①余…②罗…　Ⅲ.消费心理学-高等学校-教材　Ⅳ.①F713.55

中国版本图书馆CIP数据核字（2010）第106070号

出版发行／北京理工大学出版社
社　　址／北京市海淀区中关村南大街5号
邮　　编／100081
电　　话／(010)68914775(总编室)　68944990(批销中心)　68911084(读者服务部)
网　　址／http://www.bitpress.com.cn
经　　销／全国各地新华书店
印　　刷／北京虎彩文化传播有限公司
开　　本／710毫米×1000毫米　1/16
印　　张／18.25
字　　数／342千字
版　　次／2010年6月第1版　2021年7月第12次印刷
定　　价／45.00元

责任编辑／袁　媛
／张慧峰
责任校对／王　丹
责任印制／边心超

前　言

本教材是根据高职高专市场营销专业人才培养目标及规格而编写的高职高专市场营销专业系列教材之一，既可以作为市场营销专业的主干教材，也可作为其他相关专业的消费心理学课程的教材。

为适应高职高专教学的要求，达到高等技术应用型人才的培养目标，本教材在编写的过程中，本着精炼理论、强化应用、培养技能的原则，在内容上力求原理清晰、实务突出，着力于培养学生的综合能力和实际操作能力。在本教材中，每章开头有“学习目标”“建议学时”两个板块，便于教师和学生掌握教学重点、合理分配教学时间；每章开篇还有“导入案例”，通过生动的案例将学生引入到新的知识内容的学习中，有利于激发学生的学习兴趣；同时在各章节内都插入了小案例、小资料，便于学生对基本知识的理解和掌握；每章后附有“本章小结”，使学生对每一章的内容有一个全面的把握；每章后还附有“复习思考题”“案例分析”“实训练习”，这样做既方便教师授课，又可以帮助学生对各章知识点进行梳理、理解、消化和吸收，有利于培养学生的能力。

本教材从消费者的心理活动过程入手，分析了消费者的购买行为、消费者的个性心理特征、消费者群体与消费心理；然后对营销策略与消费心理进行了分析，包括产品与消费心理、价格与消费心理，以及促销与消费心理等；最后对环境与消费心理进行了分析，包括购物环境与消费心理和社会环境与消费心理。

本教材由江西经济管理干部学院余杰和罗乐娟任主编，由安徽科技学院经济管理分院张超武、东华理工大学周丽春、南昌大学科技学院龚建荣和江西大宇学院杨磊任副主编。江西大宇学院吴小荣参与编写了其中的部分内容。

十分感谢北京理工大学出版社在本书的编写及出版过程中给予的大力支持和帮助。同时还要衷心感谢江西经济管理职业学院的雷静华教授、罗卫国教授和陈世伟教授，他们对本书的编写提出了许多宝贵意见。此外，在编写过程中参阅、引用了相关著作和教材，对这些文献的作者在此一并致以衷心的感谢。限于编者的各种条件，书中不当之处在所难免，真诚希望广大读者批评指正。

编　者

目　录

第一章
消费心理学绪论

【学习目标】

(1) 了解心理学的一般知识，掌握心理的实质；

(2) 了解消费心理有关概念，明确消费心理的定义，掌握消费心理学的研究内容；

(3) 掌握消费心理学的研究方法，了解消费心理学的研究意义，了解我国消费心理学的发展趋势。

【建议学时】4 课时

【导入案例】在一个菜场有几家卖豆制品的摊点，可总是只有 A 店的生意火爆，大家宁可排队等也不到旁边的店里买同样的东西。是 A 店的价格比旁边店铺便宜许多吗？不是，A 店的价格和别的店铺都是一样的。是所卖产品的质量比别的店铺好很多吗？也不是，质量差不多，很多东西是和别的店铺在同一个地方进的货。是有赠送促销手段吗？更不是，小本生意不可能有这么大的利润。其实只有一个非常简单的原因：这个店主无论顾客买什么东西都主动地少收 1 角钱。例如，顾客问好豆腐是 1 元 1 斤，挑了块豆腐，他把豆腐放到电子秤上一称显示 1.7 元，他就会说："就收 1.6 元吧。"就这小小的一角钱让他获得了顾客的信赖，使他的生意越来越火。看似简单的"一角钱促销"为什么能产生这么强大的促销效果？下面我们来分析一下这个促销成功的几个关键因素。

1. 促销产品质量不能打折扣

摊主豆腐的质量是有所保证的，至少和竞争者的不相上下，而不是以劣充好。如果豆腐的质量不好，顾客上了一次当，下次就不会再买。

2. 促销产品、赠品要让消费者眼见为实

店主通过电子秤的称量，让消费者很清楚地可以判断产品的真实价值，是不存在"水分"的。很多卖菜的人喜欢用杆秤，就是因为在用杆秤称量时卖菜人可以很容易玩些伎俩，从而使菜短斤缺两，俗称"玩秤"。用电子秤时，单价、重量、金额显示得清清楚楚，顾客自然就放心了。

3. 促销活动必须诚实可信

如果此店豆腐的价格本身就定得比旁边竞争者的高，那么再说让利就是一个虚假的促销。顾客不会只问他一家，价格一比便知。如果为了吸引顾客而故意报低价，在称量计算的时候再变向抬高价格是不会赢得顾客的信任的，是什么价格就是什么价格，一定要实实在在。

4. 促销活动要让消费者感觉“因为购买而获利”

在顾客接受价格并已经决定购买后，摊主主动让利是关键的一招，使顾客觉得那一角钱的确是摊主让利给自己的。因为原本自己已经要掏钱，也没有要求减价，这个摊主完全可以多赚 1 角。顾客会觉得这个店主做生意很“活”、不贪，没有其他商人想尽办法多赚 1 分的奸商习气。如果同样是让利 1 角钱，但是是顾客提出的，那么就没有这个效果了。这种促销方式让该摊主给顾客的印象完全有别于旁边的竞争者，顾客一旦认可了这个人，摊主的东西自然就好卖了。看起来是每笔生意损失 1 角钱，但由此获得了更多忠实顾客，其利润就非常可观了。

5. 让利幅度应控制在合理的范围以内

如果摊主卖 1 块豆腐可以便宜 0.5 元，不光自己不赚钱，顾客更要怀疑这种豆腐有问题，否则不可能这么便宜。“1 角钱”这个数目顾客不是很在乎，可是给顾客让利的感觉是真实可信的。

案例启示：从心理学的角度来看，事物本身并没有意义，有意义的是人对事物的反应。促销活动也一样，什么样的促销方式本身并不是最重要的，关键看消费者对这个促销有怎样的反应，如何让消费者感觉到获利。只有建立起顾客的信任，在促销活动时通过准确定位、诚信的方式、适当的让利，让消费者感觉获利才是促销成功的根本。(案例来源：“一毛钱”的成功促销案例　www.cmmo.com.cn)

人是自然和社会发展的共同产物，是社会属性与自然属性的有机统一体，人们在社会上生活、学习和工作，首先必须满足其自然和社会方面的需要，必须解决衣食住行等生活问题，必须要消费一些社会产品，所以消费活动是人类社会中存在的一种普遍现象。随着社会生产力发展水平的提高和社会历史条件的变化，人类的自然和社会需要也发生了翻天覆地的变化，消费心理学正是在人们试图运用心理学原理来探讨和回答这些问题的过程中产生和发展起来的。

第一节　心理学概述

一、心理现象

心理学是研究人的心理现象及其规律的一门科学。人的心理现象简称心理。通常对于心理活动，人们总是感到神秘和玄妙，因为心理现象没有形状、颜色、大小、气味，也没有重量，不同于我们日常所见的物理、化学现象，因而不容易被人们所了解。但是，心理现象是我们生活中最熟悉、最常见、最普通的精神现象，也是自然界最复杂、最奇妙的现象之一。例如，早晨起床后，我们会觉得肚子饿了，想要吃早餐，这就是我们的食欲在发生作用，使人产生了进食的需要。心理活动无时不在，可以说只要人活着就要进行心理活动。迄今为止的科学研究表明，人的各种复杂的心理现象，不管它如何奇异变换，总不外乎两个方面，即心理过程和个性心理，这是既有区别又相互联系、相互依存、相互作用的两个方面。

（一）心理过程

心理过程是心理活动变化、运动和发展的动态过程，即人脑对客观现实的反映过程，它包括认识、情感、意志等活动过程。首先是认识过程，即了解客观世界到底是什么东西；其次是情感过程，即对客观世界存在的事物表示自己的态度；最后是意志过程，即人们为了达到一定的目的，在遭遇挫折时努力克服困难，从而实现自己的意志。

1. 认识过程

认识是人的最基本的心理活动过程。人具有自觉地认识世界的能力，而认识过程就是人脑对客观对象的属性及其规律的反映，包括感觉、知觉、记忆、注意、思维、想象等认识活动。以上课为例，我们能够罗列出各种认识活动：当我们听到声音，看到光亮，进而知道声音是老师的讲课声，光亮是日光和灯光的融合时，感知活动便产生了；要记住一些重要的概念、原理，这涉及记忆活动；当老师为了使同学们更好地理解问题，运用打比喻的方法对同学们进行引导的时候，往往就需要想象活动；而同学们对教学内容的理解、对教师提问的思考则是思维活动；整个上课的过程都需要注意活动，上课时思想开小差的同学就是注意力转移或分散了。

2. 情感过程

情绪和情感是人对客观事物和对象所持的态度体验。人们在认识世界的时候不是冷漠无情、无动于衷的，而是抱着一定的态度，表现出自己的感情，如老师对学生的喜爱；学生对教师的崇敬；人民对祖国的热爱、对社会丑恶现象的憎恨；人对事业成功的喜悦、对工作受挫的沮丧等都是情绪和情感的不同表现形式。

3. 意志过程

人们不仅能认识世界，还能能动地改造世界。在改造世界的过程中，人基于自身的需要而产生动机，自觉地确定目的，并具有实现目标的坚定信心和决心，有战胜困难与挫折的顽强毅力和胆识。这种自觉地确立行动的目的和动机，并根据目的来支配和调节自己的行为，努力克服各种困难从而实现预期目的的心理活动过程就是意志。

心理过程分为认识过程、情感过程和意志过程，简称知、情、意，它们是相互联系、相互制约的3个方面。认识是基础，情感和意志是行为的动力，心理学研究是从整个心理过程来考察的。

（二）个性心理

由于每个人的先天素质不同，生活条件不同，所受的教育、影响不同，所从事的实践活动也不同，因此，心理过程在每个人身上产生时总是带有个人的特征，从而造成了每个人的兴趣、能力、气质、性格的不同，这就是个性。个性是表现在一个人身上的那些经常的、稳定的、本质的心理特征。“人心不同，各如其面”，每个人都具有自己的特点，因而形成了人与人之间在心理风格和面貌上的差别，即个性心理差异。个性心理差异包括个性倾向性和个性心理特征两个方面。

个性倾向性又称心理倾向性或个性积极性，它包括需要、动机、兴趣、信念等。在现实生活中有的人有这方面的要求，有的人有那方面的要求，表现出人在需要方面的差异。有的人对集邮有兴趣，有的人对音乐有兴趣，这是兴趣的差异。人们在需要、动机、兴趣、信念等方面的差异反映出一个人的个性倾向。

个性心理特征是指那些受社会生活所制约的心理面貌上的特征，表现在人的气质、能力和性格等方面的特征我们都称为个性心理特征。例如，生活中有的同学急躁，有的同学有耐心，有的同学活泼好动，有的同学内向文静，这是不同的气质特点；有的同学处事冷静，有的同学易于感情用事，这是不同的性格类型；有的同学记忆力好，有的同学创造力强，这是不同能力的表现。

不仅人的认识、情感、意志过程之间是相互联系的，个性心理和心理过程之间也是密切联系的。没有心理过程，个性心理特征就无法形成。同时，已经形成的个性心理又制约着心理过程，并在心理过程中表现出来。例如，具有不同兴趣和能力的人对同一件商品的评价就不相同。因此我们更要深入了解消费者普遍存在的心理过程，掌握其发展、变化的规律，同时又要分析和掌握每个消费者的心理差异，才能因人制宜地做好营销工作。

二、心理的实质

人的心理实质到底是什么？自古以来就存在两种根本对立的观点。唯物主义认为，心理现象起源于物质，与人的身体有关；而唯心主义认为，心理是独立于人脑之外的，不依赖于人脑而独立存在的难以琢磨的抽象之物。辩证唯物主义真正揭示了心理的实质：人的心理是客观现实在人脑中的主观映像。它包含以下两层含义。

（一）心理是人脑的机能，人脑是心理的器官

过去，由于人们可以感觉到自己在发怒、高兴或平静时心脏跳动的快慢不同，于是认为心理的器官是心脏。随着现代医学、生理学及动物心理学的进步发展，可以看出脑是心理的器官，心理是脑的机能。例如，猿进化成为人类以后，劳动和语言的发展、熟食的摄入，促进了人脑的发展，也随之出现了人的心理；醉汉的心脏跳动没有多大变化，但他却胡言乱语，心理异常；人的大脑如果受到损伤，大脑功能发生障碍，心理活动就要出现异常。此外，对脑电波的研究表明，人在觉醒、睡眠、进行智力活动或情感冲动时，大脑皮层的脑电节律也不相同。这些都证明心理活动与大脑有关。

大脑是心理活动的器官。现代科学研究表明，人的大脑分成左右两个半球，交叉控制人的身体活动。左半球的主要功能是抽象思维，右半球的主要功能是形象思维。现代科学还发现，人脑的质量平均为 1 400 克（猿脑净重 400 克左右），是一种在结构上极为复杂、机能上极为灵敏的器官。

（二）心理是客观现实的反映，客观现实是人的心理源泉

心理是人脑的机能，但并不是说有脑就可以产生心理。有脑，只是提供了人们产生心理的物质基础和可能性，而要把这种可能性变为现实性，就必须依靠外界的客观现实。没有客观事物作用于人脑，心理活动就不可能产生。

1. 客观现实是人的心理源泉

人的心理活动，不论是简单的还是复杂的，都可以从客观事物中找到它的源泉。所谓客观现实，是指独立于人的意识之外的，不依赖人们的意识而独立存在的一切现象。客观现实是丰富多彩的，一般分为天然自然现象、人造自然现象和人类社会生活 3 大类。各类客观现实对人的心理活动、意识倾向的产生和个性的形成所起的作用是不同的。例如宏观方面的日月星辰、山川海洋、空气云雨、昼夜交替、鱼虫鸟兽，微观方面的分子、质子、电子等都属于天然自然现象，它们是人们认识和改造的对象，直接影响着人们的生活，是人的心理产生的源泉。但是它们对人的心理的产生及个性的形成不起决定作用。人们耕种的土地，种植的五谷，饲养的家禽，建造的房屋，制造的飞机、大炮、原子弹、宇宙飞船、生产工具等，都是人们劳动创造的事物，是人类智慧化了的自然，属于人造自然现象。它们具有社会意义，是人的心理产生的重要源泉，对人的心理活动和个性的形成、发展起到巨大的作用。社会中的生产关系、政治经济关系、科学文化艺术的交流、社会道德风尚等社会生活环境及其整个过程等都属于人类社会生活范畴，它们是人的心理最主要的源泉，对人的心理的产生和发展及个性的形成起决定性作用。无论人的心理多么复杂，我们都可以从人所处的具体社会生活中找到它的原型。

2. 社会生活实践对人的心理起制约作用

科学的心理学特别强调人的心理基础是人的社会实践，没有人的社会实践也就没有人的心理。事实证明，即使有了人脑，但如果脱离客观现实，也不会产生人的心理。例如，20 世纪 50 年代有人做了一项统计，发现有 30 多个小孩是由野兽在野外哺育长大的，这些被发现的野孩子都缺乏人的心理特点。所以，离开人类的社会生活就不能产生人的心理活动。人的大脑好比是个“加工厂”，客观现实好比“原材料”，如果没有原材料，即使有现代化的加工厂，也不会生产出任何产品。人脑是产生心理的器官和前提，客观现实是心理的源泉和内容。人的一切心理现象都是对客观现实的反映。

小资料：1920 年，在印度加尔各答东北一个名叫米德纳波尔的小城，人们发现有两个用四肢走路的“像人的怪物”尾随在 3 只大狼的后面。后来人们把大狼打死，在狼窝里发现了这两个“怪物”，原来是两个裸体的女孩。其中，大的 7～8 岁，小的只有 2 岁。后来被送到孤儿院，小的很快死了，大的一直活到 1929 年（16～17 岁），这就是轰动一时的“印度狼孩卡玛拉”。她也有人脑这块精致复杂的器官，但由于她从小脱离了人的社会生活，没有言语交际，没有家具、工具，在狼的生活条件下过活，8 岁被发现回到人们中间来时，只有相当于 6 个月婴儿的心理发展水平。她用四肢行走，用双手和膝盖着地歇息，她舔食流质的东西，只吃扔在地板上的肉，不吃人手里的东西。她害怕强光，夜间视觉敏锐，每天深夜嚎叫。她怕火，也怕水，从不让别人给她洗澡，即使天气寒冷，她也撕掉衣服，掀开毯子。经过研究人员的悉心照料与教育，她两年学会了站立，4 年学会了 6 个单词，6 年学会了走，7 年学会了 45 个词，同时学会了用手吃饭、用杯子喝水。到 17 岁临死时只具有相当于 4 岁儿童的心理发展水平。（资料来源：《心理学趣谈》，王树茂主编，辽宁人民出版社，1982）

3. 心理是客观现实的主观映像

人的心理是客观现实的反映，但是这种反映，是由一定的具体的人来实现的。一定的具体的人在过去实践中已经形成的知识、经验、世界观和个性心理特征总会影响他对客观现实的反映。因此可以说，人的心理是客观和主观的统一。例如，对于同一件衣服，有人认为好看，有人认为不好看。同是一件 500 元钱的衣服，有人会觉得很贵，有的人则会认为很便宜。

4. 心理是客观现实能动的反映

人们对于客观事物的反映不是消极被动的，而是在实践中积极能动地把外界事物变成观念的东西，把客观变为主观，然后人又通过实践活动使主观见之于客观，变主观的东西为客观的东西。同时，人的心理活动又受实践活动的检验。人们在反映现实的活动中总是按照实践的标准不断调整自己的行为，使反映的东西能符合客观现实的规律。

第二节　消费心理学的研究内容

大多数消费者一生中用于购买和消费的时间要多于工作或睡眠的时间。我们不仅消费粮食、汽车，也消费理发、旅游，甚至还消费电影、电视等娱乐“产品”。因此，研究和了解消费者心理，无论是对我们消费者个人还是对企业来说，都有着十分重要的意义。

一、与消费心理有关的概念

（一）消费

生活在经济社会中的人们，要花费相当多的时间从事消费活动。一般认为，消费是指人们为满足需要而消耗各种物质产品及非物质产品的行为和过程。广义的消费包括生产消费和生活消费两大部分，而狭义的消费仅指生活消费，即我们日常生活中所说的消费。生产消费，是指在物质资料生产过程中各种工具、设备、原材料等生产资料及劳动力的使用和耗费；生活消费是指人们为了满足自身需要而消耗的各种物质产品、精神产品和劳动服务的行为和过程。消费心理学所涉及的消费，一般是指狭义的消费。

（二）消费品

在对消费品进行定义之前，首先要介绍什么是产品。产品可以被定义为人们通过交换获取的一切东西，它是用来使用或消费以满足某种欲望和需要而提供给市场的一切东西。它可以是有形产品（如一辆轿车）、一种服务（如理发）、一个主意或观念（如“不要乱扔垃圾”），或这 3 种的任意组合。产品的主要特征包括包装、式样、颜色、型号等。

根据消费者的意图，产品可被分为工业品和消费品。二者之间最根本的区别在于它们的预期用途。如果是用于商业，那么产品就被定义为工业品或产业用品。工业用品是制造其他产品或用于促进企业经营及向其他消费者转售的产品。消费品是用来满足消费者个人需求的产品。在有些情况下，同一个产品既可以是工业品又可以是消费品，比如铅笔、纸张等。

按照一般的分类方法，消费品可以分为 4 种类型：便利品、选购品、特殊品和非寻求品。

1. 便利品

便利品是消费者不需要费力就能买到的价格便宜的商品。对于某些商品，消费者不愿意花大气力去搜寻和购买，如软饮料、清洁剂、笔记本等。

消费者经常购买便利品并且没有详细的购买计划，但他们仍然了解一些受欢迎的便利品的品牌名称，如可口可乐、白猫（洗洁精）等。销售便利品通常不需要进行深入的分析，一般都会有足够的销售量来实现预期的利润目标。

2. 选购品

选购品一般要比便利品的价格高而且销售的商店也要少。消费者在购买选购品时一般要对几种品牌或商店进行款式、适用性、价格与其自身生活方式的协调性的比较，他们也愿意花费一些精力以获取自己预期的利益。

选购品可以分为两种：同质品和异质品。消费者认为同质选购品的质量基本相似，但价格却明显不同，所以有选购的必要，如冰箱、电视等。相反，消费者认为异质品质量是不同的，如家具、住宅等。消费者在选购异质品时比较麻烦，因为其价格、质量、特征等的差异很大。对异质品进行比较的好处是可以“为自己挑选到最好的商品或品牌”，因而做出的决定通常个性化极强。

3. 特殊品

当消费者广泛地寻求某一特殊商品而又不愿意接受替代品时，这种商品即为特殊品，如奔驰汽车、劳力士手表等。

特殊品的经销商们经常运用突出地位感的精选广告保持其商品的特有形象，分销也经常被限定在某一地区的一个或很少的几个销售商店里，所以，品牌名称和服务质量非常重要。特殊品不涉及购买者对商品的比较，他们只需花时间找到该商品的经销商即可。

4. 非寻求品

一项产品不为其潜在的消费者所了解或虽然潜在的消费者了解该产品但不积极问津，那么这项产品就是非寻求品。新产品在通过广告和分销增加了其知名度以前都属于非寻求品。

一些商品永远都是非寻求品，特别是我们不愿意想起或不喜欢为它们花钱的商品。例如，保险、丧葬用品、百科全书等都是传统的非寻求品，都需要鼓动性强的销售人员和有说服力的广告来进行推销。销售人员总是尽力地接近那些潜在的消费者，因为消费者大多不会主动地去寻求这类产品。

（三）消费者

根据上述对“消费”这一概念的界定，我们可以说每个人都是消费者，因为每个人的生存都离不开各种物质产品或服务的消耗。但是在实际运用中，为了更好地对消费心理进行研究，我们还是有必要对“消费者”的概念进行界定。消费者是个相对的概念，它并不包含全体人群。例如对于某一个企业来说，与其产品或服务没有任何关系（而且将来也不可能有关系）的人就不能称其为消费者。

简单地说，消费者就是购买与使用各种产品或服务的人。具体地说，消费者是各种消费品的需求者、购买者和使用者。因为消费行为作为一个过程是动态运行的，购买者不一定是需求者或使用者，而使用者也不一定是购买者。例如我们经常为别人买东西或送礼物给朋友和亲人。所以，仅仅把消费者理解为购买者是片面的。另外，消费者主要是指自然人，他们是为了满足自己的生活需要而进行消费的，而这种消费的来源是他们的各种收入。

二、什么是消费心理

（一）消费心理的定义

什么是消费心理？无论从实践还是从理论的角度来看，对于经营者而言，想要提高经营效益应该经常自问这样的基本问题。只有这样，才能洞其本性、见其本质，真正了解消费者的心理，起到事半功倍的效果。

关于消费心理的定义，许多学者对其解释不尽相同，到目前为止，还没有形成一个统一的看法。综合多方观点，我们可以将消费心理定义为：消费心理是指消费者在个人消费活动中发生的各种心理现象及其外在表现。对这一定义可作以下进一步解释。

1. 消费心理是指人作为消费者时的所思所想

这是消费者购买行为中的心理现象，如消费者在购买行为中产生的感觉、知觉、记忆、注意、想象、情感、意志等。

2. 消费心理包括消费心理过程和消费个性心理

消费心理过程揭示消费者心理活动的一般规律，即一致性的心理现象；消费个性心理揭示消费者有差异性的心理现象，如需要、动机、兴趣、能力、气质、性格等不同。将这两方面的心理现象结合起来研究才能揭示出消费者消费心理的一般规律。在一定时期内，社会总体消费行为又影响并制约着消费个体的心理变化趋向及发展趋势。

3. 消费活动包含消费者的心理活动和消费行为

准确把握消费者的心理活动是准确理解消费行为的前提，而消费行为是消费心理的外在表现，消费行为比消费心理更具有现实性。

（二）消费心理的分类

在任何环境条件下，人们的消费活动都不会表现为一种简单的机械性行为，而是表现为对某种需要的行为冲动。这种由需要引起的行为冲动，总是在各种不同心理、社会诸因素的影响下产生、发展和变化的。归纳起来，消费心理可分为本能性消费心理与社会性消费心理两大类。

1. 本能性消费心理

它是指由人的生理因素所决定的、自然状态下的心理需要的反映。它是以消费者的生理因素作为基础和载体进行的一般心理活动，也是人类全部消费活动的基础。人类消费活动的基础是从自然状态开始并逐步发展为较高层次的、复杂的社会行为。人类本能性消费心理的反映强度与方式主要取决于人的个性心理。例如饥饿的人在他人的食品面前可有抢夺、乞讨或忍耐等截然不同的表现。

2. 社会性消费心理

它是指由人所处的社会环境因素决定的，以某种生理因素为条件，在社会状态下的心理需要的反映。它是人类特有的、高级的、以社会因素为基础和载体进行的具有某种社会意义的心理活动。它使人类的消费活动由简单的满足生活需要变为具有特定含义的社会行为。例如人类由穿衣蔽体开始发展为衣着服饰成为人对美的追求，成为人的名誉地位、职业特征等的某种外在表现形式。人的社会性消费心理，主要受社会、政治、经济、文化环境的影响，并受其自身经济水平的制约，同时以自身的本能性消费心理为基础。

3. 本能性消费心理与社会性消费心理的关系

本能性消费心理作为人类生存与发展的基础，是人类心理活动的自然流露与反映。社会性消费心理则是由人类特有的社会性功能反映出的源于本能又高于本能的心理活动，是以本能性消费心理为基础，以社会、政治、经济、文化环境为条件，具有特定内涵的高级心理活动。

因此，本能性消费心理与社会性消费心理是一种相互依存、相互联系的关系。前者表现为基础的、初级的心理活动，后者表现为发展的、高级的心理活动；前者是后者的前提与基础，后者是前者的发展与提高。本能性消费心理取决于人的生理因素，而社会性消费心理取决于由社会、政治、经济发展水平决定的消费者心理。例如在电灯发明之前，人类对夜间光明的需要只能通过火、蜡烛或油灯等转化形式得到某种满足，而电灯的出现使人类对光明的需要变为更高层次的对光与美的需要，各种灯光饰品的普及已大大超出对照明的简单需要。因此，在社会、经济、文化高速发展的今天，消费者的本能性消费心理已越来越被社会性消费心理活动所掩盖，而以一种隐性的、内在的形式发挥其本质和基础的作用，社会性消费心理则成为显现的、主流的表现形式。

（三）消费心理的特点

消费心理具有如下特点。

1. 目的性

消费心理的目的性表现在消费者以满足自己的需要、实现消费动机、得到期望的消费体验等方面。如消费者购买食品或许是出于饥饿的原因，或许是出于对新食品的好奇，或许是出于他人的说服与广告宣传等。消费者购买食品的目的是为了平衡自己的饥饿感，或满足自己对新品的好奇心，或证实他人的说法与广告宣传内容等。

2. 自觉性

与生活中其他行为相比，消费行为的一个显著特点是自觉性。任何消费行为的进行都是在人们自觉地支付了相应数量的货币之后才能实现，这就使得消费行为的目的性变得非常明确。在需要与动机的推动下，消费者会自觉地搜集商品信息，做出购买决定，自觉自愿地支付货币。受个人经济能力的约束，消费行为还必须在个人经济能力许可的范围内进行。不管消费者本人有多么美好的消费愿望、有多么强烈的消费需要，实现或满足这些愿望都必须在消费者具备了相应的经济条件后才能进行，超过了这个经济条件所允许的范围，消费需要或消费愿望就要被约束。所以人们会自觉地以个人的经济条件作为衡量，抑制那些难以实现的愿望。

3. 复杂性

心理活动本身的复杂性决定了消费者心理与行为也具有复杂性与多样性。比如每个人在需要和动机方面存在着较大的差异。同样一件商品，有的人是出于价格方面的原因而购买，而另外的人是出于其形象方面的原因而购买，还有的人则是出于其质量方面的原因而购买。面对多样的营销环境，消费者个体的表现和反应也各不相同，他们可以表现出积极的、消极的、被动的或反感的态度。在消费者的意识中，有时表现为清晰的意识状态，有时表现为潜意识或无意识的模糊状态等。这些都是消费者心理与行为的复杂性的表现。

4. 关联性

当消费者为满足一种消费需求而实现一种消费动机时，为了使其更满意，需要对另外一些商品产生消费需要和消费动机，这就是消费心理行为的关联性，这种关联性对企业进行产品的开发提出了系列化、成套化等方面的要求，也为企业提供了更多的发展机会。如消费者对住房的需求产生了对家具的关联的需求。

5. 变化性

消费者心理与行为会随着社会、经济、文化的发展变化而不断地改变。如社会环境的变化会引起消费者心理和行为的变化，当消费者所处的社会环境改变时，所接受的相关信息是不同的，这就会导致消费者对商品的款式、风格以及对商品的喜好和态度发生改变。

三、消费心理学的研究内容

消费心理学主要是研究消费过程中消费心理与行为的产生、发展及其规律的一门学科，并探讨在市场营销活动中各种心理现象之间的相互关系。消费心理和行为作为一种客观存在的社会经济现象，和其他经济现象一样，有其特有的活动方式和内在行为规律。对于这一现象进行专门研究，就可以发现消费者在消费活动中的心理与行为特点及其规律。消费心理学的研究内容可以分为两大块：一是影响消费者购买行为的内在条件，包括消费者的心理活动过程、消费者的个性心理特征、消费者购买过程中的心理活动、影响消费者行为的心理因素；二是影响消费者心理及行为的外部条件，包括社会环境对消费心理的影响、消费者群体对消费心理的影响、商品因素对消费心理的影响、购物环境对消费心理的影响、营销沟通对消费心理的影响。具体研究内容可以分为以下几个方面。

（一）消费者的心理活动基础

心理活动基础指消费者从事消费活动的基本心理要素及其作用方式，包括消费心理的一般过程、消费者个性心理特征等方面。消费心理学运用心理学有关原理对上述方面进行研究，通过对消费者心理活动中的认识过程、情感过程、意志过程的分析，揭示消费者心理现象的一般规律，把握其行为活动的共性，同时在研究不同消费者的能力、气质、性格等个性心理特征的基础上进一步分析消费心理现象的个别性和差异性，进而解释消费者之间在行为表现上存在的种种差异。(本书中的第二章《消费者的心理活动过程》和第四章《消费者的个性心理》分别就认识过程、情感过程、意志过程以及气质、能力和性格等方面展开了分析和研究。)

（二）消费者的购买行为

购买行为是消费者心理活动的集中表现，是消费活动中最有意义的部分。人的行为的产生是建立在需要和动机的基础上的，需要是人的行为产生的原始动力，而动机则是人的行为产生的直接动力。在消费心理的研究中，我们将影响消费者的心理因素与其行为表现紧密联系起来，深入探讨消费者的购买行为过程，购买决策的制定，通过对购买过程，即对产生消费需求、引发购买动机、收集有关信息、进行比较选择、制定购买决策、实际购买、购买后评价等若干阶段及其相互的联系逐一进行考察，从而总结出消费者购买行为的基本模式。(本书中的第三章《消费者的购买行为》将对以上内容进行分析和研究。)

（三）消费者群体的心理与行为

消费在直接形态上表现为消费者个人的行为活动。但从社会总体角度看，消费者心理与行为又带有明显的社会性。人不仅是自然人，同时还是社会人，人的消费行为的产生不仅仅是出于自身的生理需要，有时候还会因周围人的影响或者需要而使某个消费者产生购买行为。现实生活中，某些消费者由于年龄、性别、职业、收入水平、社会地位、宗教信仰等相同或接近，从而在消费需求、消费观念、消费习惯以及消费能力等方面表现出很大的相似性或一致性，由此构成一定的消费群体。研究不同消费群体在消费心理和消费行为方式上的特点与差异，有助于从宏观上把握社会总体消费的运动规律，同时对商品生产者和经营者准确地细分消费者市场和制定最佳营销策略具有重要的指导意义。（本书中的第五章《消费群体与消费心理》将对上述内容展开分析和研究。）

（四）消费心理与市场营销

现代市场经济条件下，消费者大量接触的、所受影响最为深刻和直接的环境事物就是企业的市场营销活动。市场营销是商品生产者和经营者围绕市场销售所从事的产品设计、包装、命名、定价、广告宣传、分销、促销、公共关系、商务谈判等一系列活动，其目的在于通过满足消费者的需要激发其购买动机，促成购买行为，实现商品的最终销售。因此，市场营销的一切活动都是围绕消费者进行的。例如改善商品包装以引起消费者的注意、通过广告向消费者传递有关信息等都会对消费者的消费心理产生影响。（本书中第六章《商品与消费心理》、第七章《价格与消费心理》、第八章《促销与消费心理》将就上述内容展开分析和研究。）

小案例：一位40岁左右的女士走到一个化妆品柜台前准备购买护肤霜。一名年轻的售货员热情地向她推荐一种有修复皮肤、去除皱纹功能的美容护肤品，并说："阿姨，你有50岁了吧？眼角皱纹真不少，脸上还有色斑，用这种护肤霜最合适了。"请问，你认为这位顾客会购买该产品吗？（案例来源：《营销心理学》尹健主编，高等教育出版社，2007）

（五）消费心理与消费环境

消费者及其所从事的消费活动都是置于一定的消费环境之中，在某些特定的环境条件下进行的。因而，一方面，消费者个人或消费群体的心理活动的倾向及其行为表现在很大程度上要受到环境因素的影响和制约；另一方面，消费者在适应环境的同时，也会以不同方式影响和作用于环境。消费环境分为购物环境和社会环境。消费者的消费行为不仅仅受自身的需要、动机的影响，在很多情况下会由于受到门店装潢、橱窗设计等购物环境的影响导致购买行为推迟或提前。同时消费者的消费行为还会受到消费流行、消费习俗的影响。另外，消费者的消费行为与他所处的社会阶层也有一定关系。（本书的第九章《购物环境与消费心理》、第十章《社会环境与消费心理》将就上述内容展开分析和研究。）

第三节 研究消费心理学的方法和意义

一、消费心理学研究应遵循的原则

（一）研究群体消费的整体性原则

在消费者之间，由于某些消费者具有相同的收入水平，或者他们的年龄是处于同一个范围，或者是因为他们的工作与职业相同等而存在着某些共同的特征，因此可以把这些特点相同或相近的消费者统归为一类消费群体，他们进行消费过程的心理叫做群体消费心理。对于企业来说，要进行生产经营活动，就要寻找目标市场，即消费该企业商品的消费群体，不管这个消费群体是现实的还是潜在的，企业都要设法为这个群体提供相应的产品和服务，以实现生产和经营的效益。这是研究群体消费心理的意义所在。

（二）研究消费心理的客观性原则

这是消费心理学研究时首先必须遵循的一项基本原则。消费心理活动虽处于内在的隐蔽状态，无法从外部直接了解，但它是人脑对客观事物的反映活动，有其存在的本来面貌及其客观的不以人的意志为转移的规律。我们在研究时，应结合消费者的行为和他们活动的外部条件来进行研究，不可主观臆断、想当然地揣摩消费者的心理，应该以客观的态度探索消费者的心理活动规律。

（三）研究消费者心理变化的发展性原则

世界上的一切事物都是不断发展变化的，消费者心理也是如此。这就要求我们在进行消费者心理的研究时，不能用孤立的、静止的观点来看问题，而应坚持发展性原则，既要密切关注世界上其他国家心理学科的研究、应用和发展，取其精华为我所用，又要结合我国实际，预测消费者心理和行为的变化发展趋势，不断地丰富与发展消费心理学，使其更好地为企业经营服务。

（四）研究消费者心理的联系性原则

事物总是相互联系、相互影响的，心理现象之间、心理现象与外界客观事物之间也同样存在着相互联系、相互影响的关系。首先，影响和制约消费心理的各种因素是相互联系的；其次，人的心理过程和心理状态也是相互联系的。人们生活在一个庞大的社会系统中，在这个复杂的系统中，消费者的购买行为要受到诸多因素的影响和制约，如购物时间、购物场所、商品品质、商品价格等。就消费者的心理活动过程来讲，各种心理现象如需要、动机、个性、态度等，也是相互联系、相互影响的。因此，研究消费者的心理现象，既要分析、研究引起消费者心理现象的原因与条件，也要分析、研究影响和制约消费者心理现象的各种因素和条件之间的相互作用，坚持联系性原则。

二、消费心理学的研究方法

研究消费心理应在遵循整体性、客观性、发展性和联系性 4 个原则的同时，根据研究任务的需要，选择使用适当的方法。常用的方法主要有观察法、实验法、访谈法、投射法、问卷法等。

（一）观察法

观察法是指调查者在自然条件下有目的、有计划地观察消费者的语言、行为、表情等，分析其内在的原因，进而发现消费者心理活动的规律的研究方法。

观察法是科学研究中最一般、最方便的研究方法，也是心理学的一种最基本的研究方法。在市场营销活动中，观察者依靠自己的视听器官，通过消费者的外部表现（动作、行为、谈话），有目的、有计划地观察了解消费者的言语、行动和表情等行为，并把观察结果按时间顺序系统地记录下来，分析原因，用以研究消费者心理活动的规律。

观察法的具体形式有以下几种。

1. 直接观察法

它是指调研人员到现场观察发生的情形以搜集信息。例如在进入商店调查时，调研人员并不访问任何人，只是观察基本情况，然后记录备案。一般调研的内容包括某段时间的客流量、顾客在各柜台的停留时间、各组的销售状况、顾客的基本特征、售货员的服务态度等。

2. 仪器观察法

在科学技术高度发展的今天，许多电子仪器和机械设备成为对消费者进行心理调研的工具。例如经过被调查者的同意，可以在家用电视上安装一个监视装置，记录下这台电视机的开关时间、收看哪些频道、收看时间如何等。再如在测定广告效果时，可借助照相机照下人们的眼部活动，观察瞳孔的变化，以此来分析广告设计对人们注意力的影响。另外，美国有些商场配备了整套监视装置，分析消费者的购物习惯。

3. 实际痕迹测量法

它是指调研人员不直接观察消费者的行为，而是通过一定的途径来了解他们的痕迹和行为。例如某公司为了评价各种广告媒介的效果，在广告中附有回条，顾客凭回条可到公司购买折让的商品。根据回条的统计数，公司就可以找出最佳的广告媒介。再如某商店为了调查顾客购买电器后的反应，可到各维修点调查哪些产品维修最多、哪些部件替换最快以及消费者的评价等。国外有家饮料公司曾根据垃圾站旧饮料瓶的回收状况来分析消费者的口味偏好。

这种方法的优点是比较直观，观察所得到的材料一般也比较真实、切合实际。这是由于消费者是在没有被施加任何影响、没有干扰的情况下被观察的，是一种心理的自然流露。观察法的不足之处在于其具有一定的被动性、片面性和局限性。观察所得到的材料本身还不能区分哪些是偶然现象，哪些是规律性的反映。例如漫步商场观察消费者的步态和目光时，发现大致有以下 3 种表现：

(1) 脚步紧凑，目光集中，直奔某个柜台。

(2) 步履缓慢，犹豫不决，看着商品若有所思。

(3) 步态自然，神色自若，随意浏览。

上述 3 种表现说明进店顾客大致有 3 类：买者、可能买者、逛客。仅从这些观察中还不能推算出进店顾客购物的概率，因为在消费者的行为举止中，有很多偶然因素。

观察法可用于观察别人，也可用于观察自己，形成自我观察法。这种方法是把自己摆在消费者的位置上，根据自身的日常消费生活体验，去揣摩、感受消费者的心理。应用自我观察法研究消费心理有独到之处，对价格心理、偏好转变以及情感变换等较复杂的心理现象的研究，通常能收到满意的效果。

小资料：1966 年，美国学者威尔斯和洛斯克鲁两人曾在一家超级市场的谷物食品、糖果、洗衣粉等柜台前进行了 600 小时的观察。从消费者进入这些柜台的通道开始，到他们离开为止，观察消费者的各种活动，并做了 1 500 余条记录。他们通过对观察记录的分析，研究消费者的构成、决策等。诸如男性和女性所占的比例，儿童和成人所占的比例；几个人在一起时，谁是影响者，谁是决策者；消费者在购买前对商品包装、商标、价格的注意程度等。通过这些观察，不仅为了解消费者的一般心理规律提供了资料，同时还为商店改进经营策略提供了依据。这就是一个典型的观察法的案例。在该案例中，观察者没有干扰被观察者的正常活动，并能敏锐地捕捉各种现象，并将其准确、详细地记录下来，以便于及时整理和分析。可见，观察法一般适用于这些情形：调查者所关注的行为是公开的；这些行为经常且重复出现或者是可以预测的；行为发生在相对较短的时间跨度里。（资料来源：《消费者行为学》，荣小华编著，东北财经大学出版社，2009）

（二）实验法

实验法是一种在严格控制的条件下有目的地对应试者给予一定的刺激，从而引发应试者的某种反应，进而加以研究，找出有关心理活动规律的调查方法。实验法可分为实验室实验法和自然实验法两种形式。

1. 实验室实验法

它是指在专门的实验室里借助各种仪器进行研究的方法，也可以在实验室里模拟自然环境条件或工作条件进行研究。在设备完善的实验室研究心理现象，从呈现刺激、记录被试者反应，到数据的计算和统计处理，都采用电子计算机、录音、录像等现代化手段，实现自动控制，因而对心理现象的产生原因、大脑的生理变化以及被试者行为表现的记录和分析都比较精确，因此应用这种方法研究的结果一般比较准确。例如测定消费者对商业广告的记忆率，就可以在实验室内运用录像、图片、文字等广告手段，选取不同时间测试被试者的广告记忆效果。但是这种方法比较机械，只适宜研究较简单的心理现象。

2. 自然实验法

它是指在企业营销环境中有目的地创造某些条件或变更某些条件，给消费者的心理活动施加一定的刺激或者诱导，从中了解消费者心理活动的方法。这种方法是人们有目的地创设或变更条件，因而具有目的性和主动性。这种方法兼有观察法和实验室实验法的优点。这种方法是在企业实际营销环境中进行的，所得到的结果比较接近实际。但又不是纯自然的，是测试者根据研究目的主动地施加一些影响，因而又具有主动性和严密性，往往能够按照研究目的取得准确、有效的资料，是应用范围比较广泛的方法。例如工商企业举办单项或综合的商品展销会、新产品展示会等。

（三）访谈法

访谈法是调查者通过与受访者的交谈，以口头信息传递和沟通的方式来了解消费者的动机、态度、个性和价值观念等内容的一种研究方法。访谈法也称面谈调查，一般由访问人员向被调查者当面询问问题，可以采用登门拜访、邀约面谈、开座谈会或电话访谈的形式。消费心理研究中最常见和被最广泛采用的是这种方法，并且通过这种方法获得的信息也最为可靠。依据与受访者接触的不同方式，访谈法又可以分为面对面访谈法和电话访谈法。

1. 面对面访谈法

它又可分为结构式访谈和无结构式访谈两种。结构式访谈又称控制式访谈，是研究者根据预定目标，事先撰写好谈话提纲，访谈时依次向受访者提出问题，让其逐一回答。这种访谈组织比较严密、条理清楚，研究者易于把握整个谈话过程，所得的资料也比较系统。但是由于受访者处于被动地位，容易感到拘束，双方不易在短时间内实现感情沟通。

无结构式访谈也称自由式访谈。在这种方式下，研究者与受访者之间可以比较自然地交谈。它虽然有一定的目标，但谈话没有固定的程序，结构松散，所提问题涉及的范围不受限制，受访者可以较自由地回答。在这种方式下，受访者比较主动，因而气氛较活跃，容易沟通感情，并可达到一定的深度。

2. 电话访谈法

它是借助电话这一通信工具与受访者进行谈话的方法，一般是在研究者与受访者之间受空间距离限制，或者受访者难以或不便直接面对研究者时采用的访谈方法。电话访谈是一种结构式访谈，访谈内容要事先设计和安排好，由调查员根据抽样要求通过电话向调查对象询问意见。

电话访谈法的优点在于：经济迅速，情报及时；渗透性强，对难以接触的被调查者和家庭可以进行调查；可以涉及一些面谈时不便谈的问题；资料的统一程度高；所预期的资料较易获得、准确性高。

电话访谈法的主要缺点是：受电话设备的限制；时间短促，仅能回答简单的问题，图表、设备等无法利用；一般限于本地区，否则费用过大；对访谈人员的素质要求较高。

（四）投射法

在探求消费者心理时，通过调查法、观察法和实验法可以搜集到大量的材料，但问题在于被调查者对这类问题的回答往往听起来是合理的、合乎社会规范的，实际上并不一定是他内心真实的想法。这种自觉或不自觉的掩饰致使材料的可靠性降低，影响了分析的科学性。要了解消费者的真实动机和心态就必须借助于投射法。投射法是一种测定心理状况的工具，是研究者以一种无结构性的测验引出被试者的反应，借以考察其所投射出的人格特征的心理测验方法。

投射法用来测量消费者在一般情况下不愿或不能披露的情感、动机和态度，是“根据无意识的动机作用来探询人的个性深蕴”的方法。投射法能够探究到人的内心世界和潜在意识，从而得到有价值的心理活动资料。常用的投射法测试有很多，如主题统觉测试、造句测验、角色扮演法等。比如在角色扮演法中，实验者向被试者描述某种情景，然后让被试者充当情景中的某一角色，观察被试者在该情景中的反应，从而取得实验结果。例如将一幅绘有一家庭主妇面对各种罐头食品陈列架的图片出示给被测试者，要求其说出图中主妇的购买想法。由于被测试者不知道图上的人到底想些什么，往往根据自己的想象和愿望说出图上该家庭主妇的想法，而其回答无形之中就反映了被试者本人的想法。这是一种间接调查的方法，让被试者在不知不觉中自然地流露出自己的真实动机和态度。

但是投射法的技术性很强，实际操作的难度也较大。

（五）问卷法

问卷法是以请被调查的消费者书面回答问题的方式进行的调查，也可以变通为根据预先编制的调查表请消费者口头回答，同时由调查者记录的方式。问卷法的用途非常普遍，可以用它来测量或衡量过去、现在或将要发生的行为，是消费者心理和行为研究的最常用的方法之一。问卷法是通过研究者事先设计的调查问卷，向被研究者提出问题，并由其予以回答，从中了解被研究者心理。根据操作方式，问卷法可以分为邮寄问卷法、入户问卷法、拦截问卷法和集体问卷法等。

采用问卷法进行调查研究，不是以口头语言传递信息，而是通过文字语言传递信息，其优点是能够同时取得很多被研究者的信息资料，可以节省大量的调查时间和费用，而且简便易行。但是，问卷法也有其局限性，主要是它通过文字语言为媒介，研究者与被研究者没有面对面的交流，无法沟通彼此感情。如果受访者没有理解问题或者不负责任地回答，甚至不予协作、放弃回答，问卷结果就失去了意义。

小资料：一份好的问卷设计要按步骤回答以下问题。

1. 基本决定

（1）需要搜集哪些信息？

（2）向哪些人搜集信息？

2. 确定所问问题与内容

（1）这一问题确实需要吗？

（2）被调查者能正确地回答这一问题吗？

（3）是否存在外部的事件使得被调查者的回答具有倾向性？

3. 决定应答方式或形式

这个问题是以自由回答式、多重选择式还是以两分式的形式提出来的？

4. 决定提问的措辞

（1）所用的词语是否对所有的被调查者都只有一种含义？

（2）问题里是否隐含任何的备选答案？

（3）被调查者能从研究者所期待的参照体角度回答这一问题吗？

5. 决定问题的排列顺序

所有问题都是以一种合乎逻辑且避免产生偏差的方式排列吗？换言之，前后问题之间有没有矛盾的地方？

6. 预试与修正

最终问卷的确定是否取决于运用少量样本的预试？预试中的应答者是否与最后要调查的被调查者相类似？（资料来源：《消费者行为学》，荣小华主编，东北财经大学出版社，2009）

（六）综合调查法

综合调查法是指在市场营销活动中采取多种手段取得相关材料，从而间接地了解消费者的心理状态、活动特点和一般规律的调查方法。常用的方法有如下几种。

1. 邀请各种类型的消费者座谈

通过座谈会的形式，可以同消费者进行面对面的直接交流，在这种轻松的座谈氛围中畅所欲言，从而了解消费者的各种心理和情况。

2. 举办新产品展销会

定期将新产品展示给消费者，通过他们对新产品的反应来了解新产品的市场前景。

3. 产品商标广告的设计征集

这种有奖征集活动，可以很好地扩大产品品牌（商标）的知名度，让更多消费者了解企业的理念，也是一种很好的信息交流方法。

4. 设置征询意见箱

这是最为简便、有效的调查方法，它可以最直接地了解消费者对产品的使用效果，及时帮助企业弥补不足。

5. 销售时附带消费者信息征询卡

这种方法便于消费者反映意见，体现了企业人性化的服务理念。

6. 特邀消费者对产品进行点评

这是企业不定期的调查行为，可以针对企业所关心产品某一方面让消费者专门来品头论足，针对性较强。

7. 优秀营业员总结经验

在第一线负责销售的营业员，因而与顾客接触最多，因而了解顾客，他们的经验值得重视。

三、研究消费心理的意义

随着我国社会主义市场经济体制的逐步建立和生产力的不断发展，消费品市场迅速发展，消费者的消费水平、结构、观念和方式等都发生了很多变化，我们的企业要随时把握我国消费者心理与行为的变化动态，更好地为经济建设服务。

（一）有利于增强企业竞争能力

在现代市场经济条件下，社会生产力飞速发展，商品供应丰富，消费者选择余地增大，消费需求复杂多变，形成了供过于求的买方市场。企业作为市场主体，若要在市场竞争中取胜，先得征服消费者，欲征服消费者，先得征服消费者的心。企业的生命力与商品市场占有率的高低就是由企业拥有消费者多少及这部分消费者的购买力大小决定的。企业要在激烈的市场竞争中立于不败之地，必须加强市场调研和市场预测，了解消费者的需求，研究消费者心理与行为规律，提供使消费者满意的产品，制定相应的市场营销策略。例如新产品的研究、开发、设计与创新，都必须从消费者需要出发，适应消费需要的变化和消费偏好；市场细分策略、广告策略、商品命名策略、商标策略、商品包装策略、商品定价策略等营销策略的制定，都必须建立在消费者心理特征与行为规律的基础上，顺应消费者多样化的需要。只有这样才能以需定产，按需经营和销售，促进产品的更新换代，扩大产品的销量，提高企业的应变能力和竞争能力；也只有这样，企业才能在瞬息万变的市场营销活动中占据主动，立于不败之地。

（二）有利于满足消费者的需要，指导消费者科学消费

对于消费者来说，企业营销活动的结果就是满足自己的需要。消费者所购买的不论是有形的产品还是无形的服务，都是为了追求一定需要的满足，而不是具体形态的物质特性。比如消费者购买微波炉，不是为了获得这个机器本身，而是为了用它能更方便、快捷地烹调。

随着社会生产力的提高、科学技术的飞速发展，大量新产品不断问世，许多消费者在购物时难以做出正确合理的选择。加之长期以来，由于我国消费心理学知识的传播与普及几乎未开展，消费者不知道怎样科学地进行消费决策；由于对商品不了解、认知水平偏差、消费观念落后等造成消费者盲目消费、消费效果较差甚至利益受损的现象随处可见；由于消费者心理的不成熟、不稳定，某些畸形消费心理与行为在部分消费者中也时常可见。比如讲排场、摆阔气、好铺张的消费，盲目攀比的消费，超前超高消费和挥霍消费，人情消费，黄、赌、毒的消费，封建迷信的消费等。因此，加强消费心理的研究对于消费者树立正确的消费观念，改善消费行为，实现科学、文明的消费具有重要意义。

（三）有利于国家制定宏观经济政策与法律

国家的经济政策与法律是制约国民经济发展的决定因素，其制定必须以市场的商品供应与消费需要的客观状况为依据。只有透彻地了解消费者的购买行为与心理的规律性、把握影响消费者购买行为的各项因素、准确地预测消费需求的变动趋势，才能制定正确的财政政策、金融政策、投资政策、工商管理政策和各项法律，实现商品供应与商品需求的平衡，促进国民经济健康、协调地发展。不然，就可能出现有效需求不足或过度消费、超前消费等现象，导致国民经济发展失衡，影响人民生活水平的提高。

（四）有利于我国企业的跨国经营活动

随着我国社会主义市场经济的发展和经济全球化进程的加快，特别是加入世界贸易组织之后，我国越来越多地参与国际经济活动，对外贸易飞速发展。加强消费心理的研究有助于我国企业不断开拓国际市场。每个国家和民族都有各自不同的经济发展水平、文化传统、生活方式和风俗习惯，了解其他国家、地区、民族的消费心理与行为规律，分析并预测世界消费潮流动向和变化趋势，促使产品

在质量、性能、造型、包装、价格、广告宣传等方面适应不同国家消费者的需要，增强企业和产品的国家竞争力。如红色包装在我国和日本是喜庆的象征，可是在瑞典和德国则被视为不祥之兆；八卦和阴阳图对西方人完全是个无关的刺激，可是东方人却很容易把它跟道教联系起来，韩国人则对它十分喜爱。

小案例：日本的汽车生产商在进入美国市场之初，曾按照本国人的身材生产了一批小汽车销往美国，尽管汽车质量不错，但还是因为汽车的脚踏板太小、座椅靠背太矮、不符合美国人的身材特点等原因而滞销。不同国家、地区之间消费者体型的差异也会引发不同的消费需求，日本的汽车滞销就是因为其不符合美国人的身材特点。（案例来源：《消费心理学》，田雨主编，首都经济贸易大学出版社，2008）

（五）有利于生态环境的保护

科学技术和社会生产力的进步既能以空前的规模和速度创造社会财富，又能以空前的规模和速度毁坏生态环境。由于缺乏生态环境保护的意识，许多企业为了自身利益而在生产和经营活动中肆意破坏生态环境，许多消费者也为了眼前的利益和暂时的享受而污染生态环境，导致生态环境急剧恶化，人类的生存岌岌可危。比如，经济的发展使得越来越多的人有能力购买家用小汽车，更有汽车制造商鼓励人们贷款购买汽车。这样做的结果，一方面，使得人们以车代步，减少了步行锻炼身体的机会，增加了患病的可能性；另一方面，城市汽车的增加在造成交通拥挤的同时也加剧了空气污染；更为严重的是，这也增加了对不可再生资源（如汽油）的需求和消耗。因此，研究消费心理和行为有助于人类正确认识自己的需求，减少无益消费和有害消费，减少污染，节省资源，保护生态环境。

四、我国消费心理的发展趋势

（一）冲破传统消费观念，呈现多元化消费新观念

消费观念是消费者对消费方式、消费行为的根本看法和指导思想，一般要受到社会经济水平和发展状况的影响。从我国经济发展来看，在短缺经济时期，消费者只能满足基本生活需要，整个社会大力鼓励积累和投资，因而是一种“清心寡欲”“省吃俭用”的约束性消费观念，在改革开放以前普遍存在的心态和消费准则就是这种消费观念的反映。改革开放以来，特别是20世纪80年代末以后，短缺经济逐步让位于物质丰富的市场经济，人们的消费观念转为适中型消费，消费收入和消费支出相协调，既不超前也不滞后，“有钱则花，善待自己”。当前在国家启动消费、扩大内需的推动下，消费者的观念正从适中型消费迈进拓宽型消费，有的消费者善于且敢于“用明天的钱圆今天的消费梦”，信贷买汽车、买

房子等就是这种消费观念的写照。由此可知，随着我国经济的发展、全面建设小康社会的推进及加入 WTO 组织，在经济全球化的影响下，各种新消费观念会不断出现，如健康消费、租赁消费等，而且从旧观念到新观念的更新速度会更快。

（二）需求层次升级

人的需要有物质需求和精神需求等多个层次，按照生活顺序，我们的消费需求是由生存需求到享受需求再到发展需求一级一级地进化。当一个国家或地区解决温饱问题满足了基本的物质需求以后，社会进入较高层次的享受需求和更高层次的发展需求阶段。享受需求是人们为了提高生活质量、增添生活乐趣而产生的各种娱乐、享受消费品的需求，如对彩电、空调、高档服装、金银首饰等的需求；发展需求是人们发展体力和智力、提高个人能力的需求，如对教育、书籍、健身体育器材等的需求。发展需求是消费者更为注重自我开发、自我实现的需求，要想不被社会淘汰就必须不断提高自身素质，在智力和体力上不断地提高和完善，因此消费者在物质需求之外会更多地注重文化教育和科学技术的学习，以及娱乐、健身等精神领域的消费需求。

小案例：清明节未到，已有不少人开始安排清明节期间的日程了——除了和家人一起扫墓外，还有出游、踏春、好友相聚……最近几年作为法定节假日出现的清明节，给我们带来了许多新变化和思考，而人们面对清明节的种种想法、做法所反映出的也不仅仅是一个习俗、一种现象。

清明节第一次作为法定节假日出现在我们的生活中时，给人们带来的是新鲜却不陌生的感觉。作为文化沿袭和传承的一个元素，清明节早就根植在人们内心深处，寄托着人们对于稳定的生活状态和内心感受的留恋和向往。

时代在不断演进，新的生活方式与理念层出不穷，这极大地丰富了人们的生活和精神世界，然而这并没有冲淡人们对传统节日的重视，反而使它们更加向现代生活贴近。这反映出一个有趣的心理状态，即人们更渴求有充足的时间和心情来享受传统节日带来的乐趣。实际上，在这个社会转型时期，人们享受的不仅仅是传统的节假日，更是休闲的心情和生活，它反映出的是人们需求层次的提高。

（三）个性化消费心理活跃

改革开放 30 年来逐步形成了一种轻松、愉悦、祥和的生活环境，人的价值观念有很大的改变，为消费者展示个性、发挥自己的创新意识提供了一个较好的环境氛围。因此，当今个性化消费行为十分活跃，崇尚“穿出个性，玩出个性，吃出个性”等，逐步地克服过去那种千篇一律的模仿从众行为。在追求个性化消费中，一方面受社会传统观念、公德准绳等影响不得不遵守原有的行为规范，无意识地采取从众行为，在相应的群体中寻求认同感和归属感；另一方面追求个性化消费需求，与众不同、新颖独特是最突出的特点。在特定条件下，发生在个别人身上的某种个性化消费追求往往能起到消费示范的作用，被他人模仿成为众多人接受的消费趋势，形成从众消费。

（四）投资理财心理的形成

按照费里德曼的消费理论，居民收入可分为持久和暂时收入两个部分。持久收入是消费者总收入中可以预料的较为稳定持续的那部分收入，如工资收入；暂时收入则是指非持续性的、带有偶然性的收入，如经济周期波动经常影响的暂时性收入。人们习惯于把基本工资收入视为长久性收入，而工资以外的其他收入，如炒股收入、债券利息、第二职业收入、企业内的效益工资奖金等视为暂时性收入。如前所述，当前消费者在预期收入不乐观而预期开支又增大的心理冲击下，大家都意识到在市场经济条件下，无论是持久收入还是暂时收入都存在一定的波动，为了稳定和提高自己的生活水平，消费者从过去关心持久收入，逐步转变为关心自己的资产如何增值，现代理财观念因此逐步形成。例如进行证券投资、出租固定资产、利用信贷消费等都是当今消费者理财心理的具体反映。

（五）绿色消费意识日益浓厚

现代工业飞速发展，为消费者带来了丰富多彩的物质生活，但同时也给人类社会赖以生存的自然环境带来了严重破坏，资源浪费、环境污染、生态平衡受威胁，使得人类面临着前所未有的生存危机。在“人类只有一个地球，救救地球，爱惜我们的地球”等呼声的冲击下，掀起了“绿色革命”浪潮，推动了“绿色产业”的发展和“绿色消费”的形成。近几年来我国生存环境污染、农产品污染、加工食品污染，严重地危害着人们的身体健康，而使消费者“绿色消费”的意识日益浓厚。许多消费者更青睐购买未施农药和化肥的蔬菜、粮食；注重没有污染的、不破坏食物营养成分的烹饪方法；更关心自己的居室材料是否会排放有害气体或辐射而造成污染；更喜欢一家老小到郊外清新的大自然呼吸新鲜空气。所以崇尚自然、追求健康、注重环保、节约资源和能源的“绿色消费”意识将成为消费者需求和购买行为中一种自律的准则。

小案例：今年羊城市民在春节期间逛街时，会感觉一股浓浓的“绿色消费”气息。据广州市经贸委介绍，虎年春节，全城有逾万商家参与“打造农历新年”的购物活动，创新地引入“绿色消费”的理念。

在友谊商店看到，该商场推出“喜添绿意”的主题，举办电器酬宾推广活动，同时推广电器以旧换新活动，主推一批节能型的电器让消费者选择。

而摩登百货在优惠酬宾中设计的抽奖环节，特意选择“环保袋”作为奖品，旨在持续宣传“限塑”。

新光百货则从自身做起，为了提倡环保，在新年到来之前特引进全套节能设备应用于商场照明、空调等，在新年用电高峰之际可降低能耗18%。

广州市经贸委表示，所谓“绿色消费”，就是倡导消费者选择绿色产品，引导消费者注重对废弃物的处置，转变消费观念，在追求生活舒适的同时，注重环保、节约资源和能源，实现可持续消费。（案例来源：http：//www. sina. com. cn，2010 年02 月14 日，南方都市报）

（六）保健消费意识增强

近年来，保健消费意识的形成和增强已成为一种时尚，我国居民保健消费呈大幅度上升趋势，保健消费已经成为家庭经济支出的新亮点，“你煮东西用矿泉水吗?”“你家喝豆奶还是牛奶?”“你一个月做几次美容?”曾几何时，上健身馆、下游泳池，听起来是富人的事，如今人所共知，保健消费是一项“让身体健康而潇洒”的最具现代意识的消费。在社会上我们经常能听到“健康就是财富”“有了健康就有了一切”的说法，这些舆论观点都反映了现代人越来越重视自己的身体健康。“花钱买健康”的心态有增无减，因而也促使了市场上各种保健品、营养品层出不穷。绿色食品、维生素、钙片、健身器、按摩椅、洗脚盆等如今都很热销，连养生保健的书籍也成了目前图书市场的热销品。由于居民对健康的需求和意识不断增强，市场上保健商品的种类日益增多，凡是和保健有关的商品均受到追捧。

【本章小结】

学习消费心理学首先应该了解心理学的一般知识。心理学是研究人的心理现象及其规律的科学，人的心理现象包括心理过程和个性心理两个方面。心理的实质就是人的心理是客观现实在人脑中的主观映像。心理是人脑的机能，人脑是心理的器官，心理是客观现实的反映，客观现实是人的心理源泉。心理学的研究领域主要包括基础心理学和应用心理学两大类，消费心理学属于应用心理学。

消费是指人们为满足需要而消耗各种物质产品及非物质产品的行为和过程。消费品可分为便利品、选购品、特殊品和非寻求品。购买与使用各种产品或服务的人就是消费者。消费者在个人消费活动中发生的各种心理现象及其外在表现就是消费心理，它可分为本能性消费心理与社会性消费心理两大类，具有目的性、自觉性、复杂性、关联性、变化性。人们为了满足需要和欲望而寻找、选择、购买、使用、评价及处置产品和服务的行为就是消费行为，它具有时代性、季节性、周期回返性、相关性、替代性和可诱导性。本书主要对消费者的心理活动基础、消费者的购买行为、消费者群体的心理与行为、消费心理与市场营销、消费心理与消费环境等内容进行研究、分析。

研究消费心理应在遵循整体性、客观性、发展性和联系性4 个原则的同时，根据研究任务的需要选择应用适当的方法。常用的方法主要有观察法、实验法、访谈法、投射法、问卷法以及综合调查法等。进行消费心理的研究有利于增强企业竞争能力；有利于满足消费者的需要，指导消费者科学消费；有利于国家制定宏观经济政策与法律；有利于我国企业的跨国经营活动；有利于生态环境的保护。

【复习思考题】

1. 心理的实质是什么？

2. 试解释这些概念：消费、消费品、消费者、消费心理、消费行为。

3. 消费心理具有哪些特点？

4. 消费心理学的研究内容是什么？

5. 阐述研究消费心理学的意义。试结合生活实际举例说明。

6. 我国消费心理呈现出什么消费趋势？

【案例分析】

20 世纪 40 年代后期，速溶咖啡作为一种方便饮料刚刚进入美国市场。让生产者和经营者始料不及的是，这种被他们认为是方便、省时、省力、快捷、价格也适中的新商品并不受欢迎，问津者寥寥无几。而当直接问消费者不买这种速溶咖啡的原因时，他们中的大部分人的回答是不喜欢速溶咖啡的味道。生产者和经营者深究下去，却没有人能说出速溶咖啡的味道与普通咖啡豆加工后的咖啡味道相比到底有什么不同，为此，生产者和经营者都感到很茫然。

美国加州大学的心理学家海尔认为，消费者没有回答拒绝购买的真正原因，其实味道只是他们的一个托词，因为速溶咖啡和新鲜咖啡的味道是一样的。于是，海尔采用了间接的方法进行深入调查。他首先写下了两种购物清单，这两种购物清单中各开列数种食品，除咖啡外其余项目完全相同。在咖啡一项中，一种写的是速溶咖啡，另一种写的是新鲜咖啡豆。清单如表 1-1 所示。

表 1-1 购物清单

购物单 A	购物单 B
汉堡牛肉饼	汉堡牛肉饼
面包	面包
胡萝卜	胡萝卜
发酵粉	发酵粉
速溶咖啡	新鲜咖啡豆
桃子罐头	桃子罐头
土豆	土豆

调查中，把两种购物单分别发给 A、B 两组各 50 名家庭主妇，要求她们描述按该购物清单买东西的家庭主妇的个性。结果发现，家庭主妇认为，购买速溶咖啡的人被认为是懒惰的、邋遢的、无计划的、没有家庭观念的人，而购买新鲜咖啡豆的人被认为是有生活经验的、勤俭持家的、有家庭观念的人。这表明在当

时的社会背景下，美国妇女认为担负繁重的家务是一种天职，而逃避劳动则是偷懒的行为，大家不接受速溶咖啡正是基于这种深层次的购买动机。速溶咖啡的生产者和销售者利用这一调查结果“对症下药”，改变广告宣传策略，进行有针对性的综合宣传，使产品很快打开销路、占领市场。今天，速溶咖啡不仅是西方国家的通用饮料，也逐渐成为我国人民喜爱的家庭饮料。（案例来源：《消费心理学》，姜玲玲主编，西南交通大学出版社，2008）

问题：

1. 在该案例中，海尔采用了哪种调查研究方法？

2. 请你针对该调查结果提出具体的广告宣传方面的建议。

【实训练习】

运用观察法和访谈法等研究方法调查大学生群体消费心理的特征。

第二章
消费者的心理活动过程

【学习目标】

(1) 从总体上了解消费者心理活动的过程;

(2) 掌握感觉、知觉、记忆、注意、联想、思维、想象等心理现象的基本规律及在营销活动中的运用;

(3) 掌握消费者情绪、情感的原理及相应的营销原则;

(4) 了解消费者的意志过程,以便有针对性地开展营销活动。

【建议学时】6 课时

【导入案例】小王是今年刚毕业的大学生,工作半年之后想买一台电脑。以前上大学时经济条件不允许,只能跟同宿舍的同学合买一台组装的简单能用的电脑,功能不全、款式陈旧、速度也慢。现在经济条件好了,电脑又逐渐降价,想到这些,小王赶快搜集有关电脑的信息,最后他听说本市某商场信誉好,家电质量好,售后服务也不错,于是决定去这家商场看看。

到了商场,小王直奔家电层。在那里陈列着各种品牌的电脑,有联想、方正、海尔、海信、松下、康佳等,经过一番比较,小王打算购买海尔牌电脑,因为海尔的质量好是众所周知的。于是,小王就在海尔电脑专柜前开始挑选。他时而看看电脑的颜色,时而问问电脑的功能、速度,时而又在键盘上操作试用几下,时而又比较这个品牌各个款式的价位。终于,他选择了两种款式的电脑,决定最后从中选一种回去。但这两种电脑各有利弊,其中一种是款式新颖但功能少,另一种是功能比较好但款式不如意。"要是这两种的优点都集中在一起该多好!"于是,这位刚下决心买电脑的年轻人对着眼前的电脑犹豫起来。

问题:1. 小王购买电脑的过程反映了消费者的哪些心理活动过程?

2. 商场、生产厂家应该采取什么手段来促进商品的销售?

消费者的购买行为尽管千差万别,但都是建立在其心理活动过程的基础上,消费者的心理活动是指消费者实现消费行为时的整个心理活动过程。人的心理活动过程包括认识过程、情绪情感过程和意志过程 3 个方面。这 3 个方面对消费者的消费行为都会产生重要的影响。

第一节　消费者的认识过程

消费者购买商品的心理活动，一般总是从对商品的认识过程开始的。它是消费者购买行为的前提，也是消费者其他心理过程的基础。

一、消费者的感觉

（一）感觉的概念

感觉是人脑对直接作用于一种感觉器官的外界事物的个别属性的反映，消费者的感觉是商品的个别属性作用于消费者不同的感觉器官而产生的主观印象。消费者对商品的认识过程离不开五官的感觉，商品正是通过消费者的感觉器官产生了视觉、听觉、嗅觉、触觉，形成对这种特定商品的个别属性的反映，引起消费者的感觉。比如一个苹果放在消费者的面前，用眼睛看到颜色为红色，用鼻子闻到的气味是香的，用舌头尝到的味道是甜的，用手触摸感到有一定的温度和硬度。这些属性中的任何一种属性直接作用于消费者的感觉器官，就会从大脑中反映出来。

（二）感觉的一般规律

1. 适宜刺激

所谓适宜刺激是指对特定感觉器官的特定性质的刺激，每种感觉器官只能反映特定性质的刺激，例如听觉要通过耳朵而不能通过鼻子进行，视觉要通过眼睛而不能用嘴进行。

2. 感受性

对刺激强度及其变化的感觉能力叫感受性。它说明引起感觉不仅要有适宜的刺激，还要有一定的要求。衡量感受性一般用感觉阈限，感觉阈限是指在生活中能引起我们感觉的最低刺激。

3. 适应

适应是指刺激对感受器的持续作用而使感受性发生变化，这种作用可能使感受性增强，也可能降低。

4. 感觉的相互作用

各种感觉的感受性在一定条件下会出现此长彼消的现象。在微弱的声响环境中能提高人们辨别颜色的感受性，反之，声响过大，对颜色的分辨感受性会降低；人的听觉在黑暗中会得到加强，在光亮中会减弱。这些现象说明，对人的某一器官的刺激加强了，另外器官的感受性就会相应减弱，反过来，对某一器官的刺激减弱，另外器官的感受性就会加强。

知识链接：盲人的“面部视觉”

一直以来，人们都知道盲人能察觉出障碍物的存在而避免碰到它。当一位盲人走向墙壁时，能在撞到墙壁之前就停下来，这时盲人会说，他感觉到面前有一堵墙，他还可能会说，这种感觉是建立在一种触觉的基础上，即他的脸感受到了某种震动。因此，人们把盲人的这种对障碍物的感觉称之为“面部视觉”。但是盲人真的是靠“面部”来避开这些障碍物的吗？

1944 年，美国康奈尔大学的达伦巴哈及其同事对盲人的“面部视觉”开展了一系列的实验验证工作。实验人员用面罩和帽子盖住被试盲人的头部，只露出被试者的耳朵，这时盲人被试者仍能在碰到墙壁前停止脚步。然后，研究人员除去盲人的面罩和帽子而只把其耳朵堵起来，在这种实验条件下，盲人被试者一个一个地撞到了墙上。由此可见，“面部视觉”的解释是错误的，盲人是靠听觉线索避开障碍物的。（资料来源：《消费心理学》，田雨主编，首都经济贸易大学出版社，2008）

（三）感觉在营销活动中的运用

1. 对消费者发出的刺激信号要适应人的感觉阈限

不同的客体刺激对人所引起的感觉不相同，相同的客体刺激对不同的人引起的感觉也不相同。所以工商企业在做广告、调整价格和介绍商品时，向消费者发出的刺激信号强度就应当适应它们的感觉阈限。如果信号强度过弱，不足以引起消费者的感觉，就达不到引发其购买欲望的目的；如果刺激信号过强则又会使消费者承受不了而走向反面。例如对于食品，就要注意色、香、味、形，使其对消费者的感官产生较强刺激，诱发其食欲和美感，以此来促进销售。

2. 要善于引起消费者的良好感觉，使消费者对商品产生良好的第一印象

感觉是消费者认识商品的起点，是一切复杂心理活动的基础，消费者只有在感觉的基础上才能获得对商品的全面认识。在市场营销中，消费者对商品的第一印象是十分重要的。对商品的认识和评价，消费者首先相信的是自己对商品的感觉，正因为如此，有经验的厂商在设计、宣传自己所生产或经营的产品时，总是千方百计突出自己的商品与众不同的特点。因为感觉使消费者对商品有初步印象，而第一印象的好与坏、深刻与否，往往决定着消费者是否会去购买某种商品。

3. 感觉是引起消费者某种情绪的通道

消费者普遍具有一种先验心理，所谓先验心理，是由于人的直接感觉而产生的连锁心理反应。客观环境给予消费者感觉上的差别，会引起他们不同的情绪感受。工商企业营业环境的布置、商品陈列、颜色搭配、灯光与自然光的采用、营

业员的仪容仪表，都能给消费者以不同的感觉，从而对消费者的购物行为产生影响。国外还有人利用感觉的作用创造出了“气味推销法”：伦敦的一家超级市场，在店内释放一种人造草莓气味，气味把顾客吸引到食品部，引起顾客竞相购买，结果连橱窗里的草莓样品也被抢购一空。

4. 运用感觉引导消费流行，制造流行趋势

日本的专家经过系统地观察得出这样一个结论：战后40多年来由于消费者的感觉而制造的流行趋势决定了世界消费市场的变化。这些专家指出，目前无论在欧美、日本等发达国家还是发展中国家的消费市场上，消费风潮顺序的形成大体是先由听觉、视觉引起的，接着是触觉、味觉，最后才是嗅觉。

5. 营销人员的职业对感觉的要求

从事任何职业对主体感觉器官的发达程度都有一定要求，如飞行员、特工人员的职业要求他们感觉要灵敏、承受能力要强。一般来说，对优秀的营销员则要求他们的感觉器官的灵敏度有一定的范围，最佳感觉阈限是高度的上限阈限和中等的下限阈限。如果营业员感受性过高，则容易伤感或激动，对推销服务工作无益。同时要求营销人员有一定的心理承受能力，在与难对付的客户打交道时保持“平常心”，以顽强的毅力达成交易。

二、消费者的知觉

（一）知觉的概念

知觉是人脑对直接作用于人的感官的客观事物的整体属性的反映。它是在感觉的基础上，把感觉的材料加以综合整理，从而形成对事物的完整映像和观念。知觉不是感觉在数量上的简单相加，而是建立在个别属性内在联系基础上的对事物的完整映像。

例如有某一物体，人用眼睛看，发现它是有一定大小的圆形，并呈现绿中透点红的颜色；用手触摸，其表皮光滑，有一定的硬度；用鼻子嗅闻，有清香的水果气味；用舌头品尝，是酸甜的滋味……于是人脑便把这些属性综合起来，形成对该事物的整体印象，并判断它是“苹果”。这种对苹果的反映就是知觉。在正常的成人身上，纯粹的感觉形式是少见的，多数是以感知的形式出现的。像早晨出门感觉冷，实际是一种“今天天气冷”的感知。

感觉和知觉的关系：第一是两者的联系。知觉是在感觉的基础上产生的，它们都是人脑对客观事物的直接反映，即感性认识，而且常常交织在一起。第二是两者的区别。感觉是人脑对客观事物个别属性的反映，知觉是人脑对客观事物整体属性的反映。经验在感觉与知觉活动中起的作用不同。只要客观事物直接作用于人脑，人的感觉有无经验作用均能产生，经验能使感受性更加敏锐。而经验是

产生知觉不可缺少的条件。知觉不是感觉数量上的简单相加，它是以感觉为基础，在知识经验的参与下，经过人脑加工，对事物加以感性理解和解释的过程，如果没有知识经验的作用，就不可能产生对客观事物整体形象的知觉。前面讲过人凭经验能判断是苹果。此外，人凭借经验用鼻子嗅，就能把汽油、煤油、酒精等区别开来，并能判断它是什么液体。盲人摸象没有经验，只能产生感觉，所以经验是产生知觉必不可少的条件，它能帮助人区别不同事物和事物的不同属性，从而能正确地认识和理解事物。

（二）知觉的特征

1. 知觉的整体性

人在知觉时，总是把每一对象的各个部分、各种属性作为一个统一的整体来进行知觉，这种特性叫知觉的整体性。如消费者总是把商品的商标、价格、质量、款式、包装等综合在一起，构成对商品的整体印象，这种印象对消费者的购买行为产生直接影响。有时人在知觉活动时先知觉整体，后反映个别部分，如顾客选购商品时，先整体知觉它，然后再反映细节。

2. 知觉的理解性

人在知觉时，总是力求用已有的知识经验来理解当前知觉的对象，并用词（概念）的形式把它标志出来，这种特性叫知觉的理解性。理解有助于人们整体地知觉事物，反映在消费者购买行为上是对各种感觉到的信息加以选择的理解。

3. 知觉的选择性

人在知觉时，只能把少数对象优先地区分出来，对这些对象知觉得比较清晰完整，而对其周围环境事物只是当成背景形成模糊的感觉，这种特性叫做知觉的选择性。如消防车、救护车的灯一闪一闪，就是利用知觉的选择性原理；再如消费者购物只重视款式，忽略质量和价格；又如商品陈列、店堂设计时突出某一商品和部位会使消费者清楚感知，这些都是利用知觉选择性的原理。

4. 知觉的恒常性

当知觉的对象没有发生变化，而知觉的条件在一定范围内有所改变时，人的知觉映像仍然保持相对不变，知觉的这种特性叫做知觉的恒常性。如强光照射煤块的亮度远远大于黄昏时粉笔的亮度，但我们仍然把强光下的煤块知觉为黑色，把黄昏时的粉笔知觉为白色；又如远处站着一个熟人，虽然距离较远，但你仍然知道他的高矮。有些传统商品、名牌商品之所以能长期受到顾客的欢迎，就是知觉恒常性在起作用，它像一种定式，有时对新产品的推广起着阻碍作用，但是可以利用名牌商品带动其他商品销售或以老商品的销售带动新商品的销售（放在一个包装内或在一起陈列）。

5. 知觉的误差性（错觉）

错觉是人对客观事物的不正确的知觉或对客观事物产生歪曲反映的知觉，即知觉的对象与客观事物不相符。如有的人在线段长短上产生错觉。错觉反映在消费者购买行为上就是不能准确无误地认知商品，看商品看花了眼，但是如果商家巧妙地运用错觉，可以达到促销的效果。此外，军事伪装、建筑设计、商品装潢、服装设计等，都要利用错觉的原理。日常生活中体型矮胖的人穿竖条的服装就是利用错觉来补偿自己的先天不足。

（三）知觉在市场营销中的应用

小资料：一项对商业性和非商业性电视传播的研究得出以下结论。

（1）有相当比例的受众不能正确理解电视广告；

（2）任何传播，无论是播放电视节目还是播放广告，均无法避免误解；

（3）总体信息平均有30%的部分被误解；

（4）非广告节目被误解程度比广告高；

（5）某些人口统计变量与误解有一定的关系。

（资料来源：《消费心理学》，梁清山主编，北京交通大学出版社，2009）

知觉是带有理解力的综合认识活动，同消费者心理活动的各个方面都有联系，因而对我们制订市场营销策略有重要意义。

1. 知觉的选择性帮助消费者确定购买目标

人们在进行知觉时，常常优先把某些特性区分出来予以反映，这说明知觉是有主次的。这里的“主”是指知觉的对象，“次”是指不够突出或根本没被注意到的背景。知觉的选择性帮助消费者确定购买目标，主要是由于购买目标成为符合他们知觉的对象物，感知很清楚，而其他商品相对而言成为知觉对象的背景，或者没有注意到，或都感知得模模糊糊。知觉的选择性可以被运用于商业设计中的许多场所，比如我们为了突出某一类商品的形象，吸引消费者对它的注意，会尽量隐去商品的背景布置，使商品的形象更加醒目；为了突出一些名贵商品的价值，也可以在商品的背景中衬以非常豪华及特殊的包装，吸引消费者的注意。

2. 利用知觉的整体性与理解性进行商品促销、广告制作

根据知觉的理解性，企业在广告中要针对购买对象的特性向消费者提供信息，其方式、方法、内容、数量必须与信息接受人的文化水平和理解能力相吻合，保证信息能够被迅速、准确地理解和接收，否则就会劳而无获。20世纪60年代，美国的一个啤酒商曾为宣传其产品，重金聘请了一个有名的滑稽团做电视连续广告，尽管广告获了奖，可啤酒的销量并没有因此而增加，后经调查方知，欣赏这一广告的消费者阶层很少喝啤酒。

知觉的整体性告诉人们，具有整体形象的事物比局部、支离破碎的事物更具有吸引力和艺术性，因此在广告图案设计中，把着眼点放在与商品有关的整体上比单纯把注意力集中在商品上效果更为突出。例如一幅宣传微型录放机的路牌图画广告，画面是一位健美的年轻姑娘，身着运动衫和牛仔裤，头戴耳机，腰间跨

着小型录放机，骑在自行车上，两旁绿叶清风，姑娘微笑前行。这幅画面说明录放机与消费者生活密切联系，可减轻旅途疲劳，提高情趣，高雅不俗。这幅广告运用了知觉的理解性和整体性原理，比单纯地画上一个录放机，配上死板的文字说明效果好得多。

3. 利用知觉的恒常性进行系列产品的销售

消费者容易根据原有的信息来解释新的信息，凭借以往经验确认当前的事物，把有相似特征的事物看做是相同的。这个心理现象对市场营销活动利弊兼有，如某种商品创出名牌后，使用同一商标的系列产品或其他产品也会获得消费者的好感。由于人们不愿放弃自己习惯使用的商品，所以知觉的恒常性可以成为消费者连续购买某种商品的一个重要因素，但有时这又会成为阻碍消费者弃旧图新、不利于新产品推广的因素之一。在创造一种新产品时，如果原有的同类产品名誉不佳，要使消费者能觉察到两者间的差别，才不至于将二者混为一谈。

4. 通过错觉原理制定商品促销策略

商业企业在店堂装潢、橱窗设计、广告图案、商品包装、商品陈列、器具使用等方面可以适当地利用消费者的错觉进行巧妙的艺术设计，往往能达到一定的促销效果。有人曾做过这样一个实验：他请 30 位被试者喝咖啡，每人都喝 4 杯，各杯浓度一样，只是 4 个杯子的颜色不同，分别为咖啡色、青色、黄色和红色，喝完咖啡后，要求被试者对咖啡的浓淡做出各自的评判。结果有 2/3 的被试者都说红色、咖啡色杯子中的咖啡太浓，青色杯子中的太淡，只有黄色杯子中的咖啡浓度适中。据此，销售商便把咖啡店里的杯子全部改用黄色，以便更好地发挥颜色视觉的作用。又如在水果店货架背部安上镜子，使顾客对陈列的水果产生非常丰满的视觉错觉，从而诱发购买欲望。

5. 利用错觉原理提高营业员的商品推荐艺术

由错觉原理可知，明度高的色彩（如红色、黄色）有扩张感，而明度低的色彩（如灰色、蓝色和绿色）则有收缩感，两种相反的物体放在一起会相互突出。营业员在向消费者推荐服装类商品时，应学会运用人们感知觉中会产生错觉的心理，合理、科学地推荐，表现服务艺术。例如向身材较矮胖的顾客推荐深色、竖条纹的服装，劝说脸型大而圆的顾客不要穿圆领口的服装，脖子长的顾客不要穿鸡心领或 V 字领服装等，这样可获得顾客的信任和使顾客产生满意感。

三、消费者的注意

（一）注意的概念

1. 注意的概念

注意是人的心理活动对外界一定事物的指向与集中。注意这种心理现象是普遍存在的，例如工人开动机器生产，要全神贯注在操作上；战士射击打靶，要屏气凝神瞄准目标；学生上课听课，要聚精会神地听老师讲课。人只要是处于清醒状态，就没有不产生注意心理活动的，生活中品尝食物味道、闻闻气味等也都有注意活动发生。注意与人们的一切心理活动密不可分，它伴随人们的认识、情感、意志等心理活动过程而表现出来。

注意有两个基本特征，即指向性和集中性。注意的指向性特征显示人的认识活动具有选择性，人们对认识活动的客体进行选择，在每一个瞬间，心理活动都是有选择地指向一定的对象，同时离开其余对象。例如消费者在市场上，他们的心理活动并不能指向商店内的一切事物，而是长时间地把心理活动指向某些商品。注意的集中性，就是把心理活动贯注于某一事物，不仅有选择地指向一定的事物，而且离开一切与注意对象无关的东西，并对局外干扰进行抑制，集中全部精力去得到注意对象鲜明、清晰的反映。例如消费者选购商品时，其心理活动总是集中在要购买的目标上，并且能离开其他的商品，清晰、准确地反映购买目标，决定购买与否等。

2. 注意的分类

根据产生和保持注意有无目的及意志努力的程度，注意可分为以下两种。

（1）无意注意。无意注意是指事先没有预定的目标，也不需要做意志努力，而不由自主地指向某一对象的注意。例如消费者到商店想购买甲商品，无意中看到乙商品，觉得不错，所引起的对乙商品的注意就属于无意注意。

（2）有意注意。有意注意是指自觉的、有预定目的的、必要时还需做一定意志努力的注意，像上面讲的做工、射击、听课都属于有意注意。例如消费者在嘈杂的商店里专心选择欲购买的商品，学生在吵闹的环境中看书，司机在马路上开车都是有意注意。

有意注意和无意注意两者既互相联系又相互转换。只有有意注意，人就很容易疲劳，效率不能维持；只有无意注意，人就容易“分心”，心理活动不能指向某一特定事物，事情也难以做好，因此要特别强调两者之间的相互转换。

（二）发挥注意在市场营销活动中的作用

1. 用多角化经营调节消费者在购物中的注意转换

传统的零售商业企业的基本功能是向消费者出售商品，综合性大型零售商业企业也只是满足消费者吃、穿、用的全面消费需求，消费者“逛”商店觉得很疲劳，因为需要走路，需要长时间处于有意注意状态中。而现代化零售商业企业功能已大为拓展，集购物、娱乐、休闲，甚至精神享受于一体，满足全方位的消费需求，使消费者的购物活动时而有意注意，时而无意注意，时而忙于采购，时而消遣娱乐。这种多元化经营显然有利于延长消费者在商场的滞留时间，创造更多的销售机会，同时也使消费者自然而然地进行心理调节，感到去商场购物是一件乐事。

2. 发挥注意心理功能，引发消费需求

正确地运用和发挥注意的心理功能，可以使消费者实现由无意注意到有意注意的转换，从而引起消费需求。例如贵州茅台酒曾在1915年的巴拿马万国博览会上获得金奖，注意在这里立了头功。博览会初始，各国评酒专家对其貌不扬、装饰简陋的中国茅台酒不屑一顾，我国酒商急中生智，故意将一瓶茅台酒摔碎在地上，顿时香气四溢，举座皆惊，从此茅台酒名声大振，成为世界名酒。我国酒商的做法符合了强烈、鲜明、新奇的活动刺激能引起人们无意注意的原理，因此取得了成功。

（三）成功的广告要善于引起消费者的注意

广告要被消费者接受，必然要与他们的心理状态发生联系，失败的广告就在于没有引起消费者的注意。有的广告用词一般、内容空泛，如“产品生产历史悠久、质量可靠、畅销全国、性能稳定、使用安全、信守合同、交货及时、实行三包、欢迎订购”，罗列许多概念化词句，讲了半天，消费者还是不知道商品的品牌、名称和型号，这样的广告难以引起消费者的注意。要使广告引起消费者注意，可运用下述方法。

1. 利用大小

形状大的刺激物比形状小的刺激物更容易引起注意，尤其是介绍新产品的广告，应尽可能刊登大幅广告，例如现在有一些在报刊上刊登的广告，除了具有图文并茂的特点外，一般都占到了版面的1/3，有的甚至整版，极易映入读者眼帘。

2. 利用强度

洪亮的声音比微弱的声音容易引起注意。电视节目播出商业广告时，音量突然增加，正是利用强度原理。但要注意刺激强度不能超过消费者的感觉阈限，否则亦会走向反面。

3. 运用色彩

鲜明的色彩比暗淡的色彩容易引起消费者的注意，一般黑色比白色更引人注目。现在，虽然彩色广告到处可见，但是黑白对比鲜明的广告同样可以给人以新鲜的感觉。

4. 利用位置

自选商场商品举目可望，而从人的胸部到眼部是最能引起消费者注意的商品陈列位置。印刷在报纸上的广告，据国外的调查结果显示，上边比下边、左边比右边更容易引起读者的注意。

5. 利用活动

活动着的刺激物比静止的刺激物更容易引起注意。例如反复变化的霓虹灯广告比静止的更引人注目，更能引起消费者的兴趣和注意。

6. 运用对比

对比度越高越容易引起人们的注意。例如强音和弱音、明亮和昏暗、大型和小型轮流出现比单一出现更容易引起消费者的注意。

7. 利用隔离

被放置或描绘在大空间或空白的中央的对象更易引起注意。例如有的报纸整个版面都是印刷广告，效果不甚理想，因为消费者的注意力被分散了，造成视而不见的后果，如果在整版广告中央设计广告物，反而能够引起注意。

四、消费者的记忆

（一）记忆的概念和过程

1. 记忆的概念

记忆是人们过去经历过的事情在头脑中的反映，如在过去感知过的事物、思考过的问题、体验过的情感、进行过的行为与活动等，都能以经验的形式在头脑中保存下来，并在一定的条件下重新再现出来，这就是记忆的过程。由于有了记忆的心理活动，人们以后的行为就可以用以前记忆中的经验作为行为的参考依据，消费者的记忆与消费者搜集商品的信息（尤其是从广告中得到的商品信息）、对商品的认识、对购物场所的认识以及消费者购买的决策等活动关系密切。

2. 记忆的心理过程

心理学研究表明，记忆的心理过程包括识记、保持、回忆和再认 4 个环节。

（1）识记。识记是人们为了获得对客观事物的深刻印象而反复进行感觉、知觉的过程。在购买行为中，消费者就是运用视觉、听觉和触觉去认识商品，在大脑皮层上建立与商品之间的联系，留下商品的印迹，从而识记商品。

（2）保持。保持是指在头脑中保存和巩固已识记的经验、知识的过程。它是对识记的材料进行的进一步加工、储存。但是随着时间的推移，这些知识的保存量会逐步减少，即人脑会遗忘一些内容。

（3）回忆。回忆是在不同的情况下恢复过去经验的过程，也就是过去曾反映过的事物不在眼前，但能把对它的反映重现出来。如消费者在购买某种商品时，为了进行比较，往往在脑海中重现曾在别处见过或自己使用过的同种商品。

（4）再认。再认是过去感知的事物重新出现时，能够感到听过、见过或经历过。如消费者在市场上看到一些商品，能认出曾使用过或在电视广告中见过，似曾相识甚至很熟悉。一般而言，再认比回忆容易，其记忆质量要低于回忆。

识记、保持、回忆、再认 4 个环节彼此联系、相互制约。没有识记谈不上对经验的保持，没有识记和保持就不可能对经历过的事物有回忆的认知。识记和保持是回忆与再认的基础，回忆与再认既是识记和保持的结果，也是巩固与强化识记和保持的催化剂。

（二）记忆的分类

20 世纪 50 年代以后，世界各国的许多心理学家都倾向于用信息论解释记忆，并把记忆分为 3 种系统或 3 个阶段，即感觉记忆、短时记忆和长时记忆（如图 2-1所示）。

1. 感觉记忆，也叫瞬时记忆

这种记忆中的材料保持时间极短，通常是 0.25～2 秒。特点是容量较小、持续时间短、瞬息即逝。在瞬时记忆的过程中，人们一般只能记住 7～8 个单位的信息，这是一个极为重要的记忆特征，绝大部分人的记忆能力都是在这一范围之内。如果信息超过了这个范围，消费者仅仅能接受 7～8 个让他感兴趣的信息单位，而排斥其余的信息。比如商品的信息，其单位可以是商品价格中的一个数字、介绍商品功能与特点时的一个字或一个词组。记忆中的这个特征对于商业设计具有极为重要的参考价值，值得设计者仔细地研究。

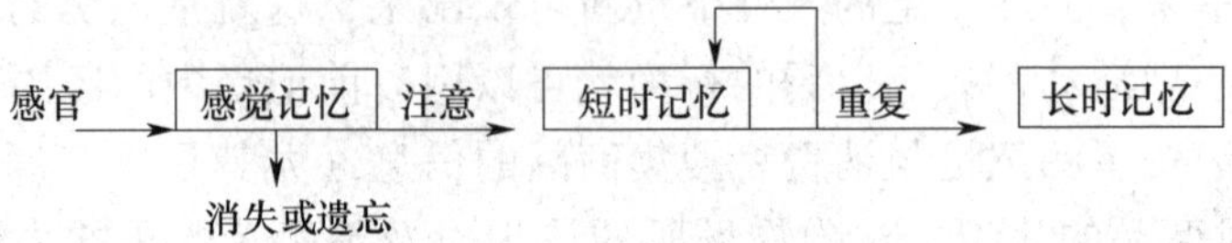

图 2-1 记忆的 3 个阶段

2. 短时记忆

短时记忆中材料的保持时间约为 5～20 秒，最长不超过 1 分钟。感觉记忆中的材料如果受到主体的注意就会进入短时记忆阶段。商业广告要想使消费者越过感觉记忆阶段，就必须利用各种方法和手段引起消费者的注意。

3. 长时记忆

指 1 分钟以上直到多年甚至保持终生的记忆。长时记忆是对短时记忆加工复述的结果，有时富有感情的事或强烈意外的刺激信息也能一次形成长时记忆。在商店里，消费者面对的是几千种甚至几万种商品，消费者的眼光瞥过这些商品的包装、价格、款式、色彩时，对于绝大部分商品的注意都只能形成一种瞬间的记忆，让消费者感兴趣的一些商品，可能会在他们头脑中形成短时的记忆，只有极少数的商品信息会形成长时记忆，如果整个商店没有令消费者感兴趣的地方，可能还没有长时记忆。商业广告要想使广告内容成为消费者长时记忆的材料，以提高产品知名度，达到引导消费、创造需求的目的，其基本方法就是重复向消费者传播商品信息。日本许多商品在中国市场上有很高的知名度，就是多次反复地在电视节目中播放广告的结果。

知识链接：记忆的规律

记忆也是有规律可循的。根据一些学者的研究，记忆规律包括以下几个方面。

（1）时间律。研究表明，每次信息的重复输入，其维持记忆的时间是各不相同的。以外语单词记忆为例，第1次可能是几秒钟；第2次、第3次就可能是几分钟到几小时；再重复就能达到几天，甚至几个月。重复次数越多，记忆时间就越长。

（2）数量律。当需要记忆的材料数量偏大时，会给记忆带来困难。研究表明，在这种情况下，把需记忆的材料适当分散成若干小单元后再依次记忆，记忆的效果就可能好些。

（3）联系律。认识的循序渐进规律揭示了新旧知识之间的内在联系。任何新知识的获得都是由原来知识发展、衍生或转化而来的。因此，在对新信息的记忆中，通过对原来知识的各种形式的联想（接近联想、类似联想、对比联想、因果联想等），形成新、旧知识之间有机联系的系统，是有利于知识储存的。

（4）转化率。记忆是一个不断巩固的过程。由瞬时记忆到短时记忆再到长时记忆有一个转化过程；由感知保持到理解、再到衍生新知也有一个转化过程。这个过程是一个由量变到质变的过程，质变之后外来信息就能长期、牢固地保存在大脑中。

（5）干涉律。当一个新的信息输入后，它与原来的知识储备之间会产生一种相互干扰。这种干扰表现为：一是前后信息互相加强，称为“正干涉”；二是前后信息互为干扰，称为“负干涉”。正干涉有利于记忆，负干涉则对记忆起抑制作用，因此，营销人员要充分利用正干涉而避免负干涉。

（6）强烈律。刺激强烈、新鲜能激起兴趣，使人感受突出，就会使记忆强化。例如一些广告画面就是利用这个规律来强化人们的记忆。（资料来源：《消费心理学》，田雨主编，首都经济贸易大学出版社，2008）

（三）记忆在市场营销中的应用

1. 帮助顾客明确购买目的，促成顾客有意记忆

顾客的有意记忆是指顾客有明确的购买目的，主动收集商品的信息，运用一定方法记住这些信息的内容，当商品不在时，能比较清楚地回忆出这些信息的内容；而无意记忆是指顾客事先没有明确的购买目的，也不用任何有助于记忆的方法的记忆。实验证明：有意记忆比无意记忆效果好得多。根据这一规律，经营者应主动介绍宣传商品，帮助顾客明确购买目的，以形成顾客的有意记忆，促成购买。

2. 使信息内容通俗易懂、喜闻乐见，以增强顾客的记忆

实验表明：建立在理解基础上的意义识记记忆效果好，机械识记记忆效果差

(高中阶段由机械识记向意义识记过渡)。因此,经营者应注意通过喜闻乐见的形式将信息传递出去,使顾客易于接受和理解,增强记忆和信息传递效果。

3. 吸引顾客积极参与各种活动,以增强顾客记忆

运动记忆保持的时间比较长,记忆效果好,因此经营者应注意采取一些措施吸引顾客积极地参与商品的使用活动,调动其积极性,以增强消费者对商品的记忆。如让顾客进行实际操作(健身器)或让顾客品尝食品等。

4. 利用不同系列位置增强顾客的记忆

实验表明:识记对象在材料中的位置不同,记忆效果或遗忘的情况也有所不同。一般来讲,材料的中间部分容易忘记,首尾部分容易记住,因此陈列商品时、广告播放时、报纸刊登信息时,都要利用不同系列位置增强顾客的记忆。

5. 增进与顾客的感情,增强顾客的记忆

情绪与情感是影响顾客记忆的因素之一,情绪处于愉快、兴奋、激动的状态中,记忆效果好,保持时间长,因此,经营者应为顾客提供积极、主动、热情、耐心、周到的服务,使顾客产生积极的情感体验,增强顾客的记忆。

五、消费者的联想

(一)联想的概念和规律

联想是由一种事物想到另一种事物,是一种比较重要的消费心理活动。联想可以由当时的情境引起(如当时注意、感知到的事物),也可以由内心的回忆等方式引起。在消费心理的研究中,主要侧重于注意、感知等因素所激发的联想,因为在开展营销活动时,可以通过控制消费者所处的购物环境,同时使用各种各样的方法来激发消费者形成有益于营销活动的联想。

联想的规律主要有:接近联想、类似联想、对比联想、因果联想和特殊联想。

1. 接近联想

由于两种事物在位置、空间距离或在时间上比较接近,所以认知到一种事物的时候很容易联想到另一种事物。

2. 类似联想

由于两种事物在大小、形状、功能、地理背景、时间背景等方面有类似之处,认知到一种事物的时候就会联想到另一种事物,例如由电视机联想到录音机、由羽绒服联想到鸭绒服。

3. 对比联想

两种事物在性质、大小、外观等一些方面存在着相反的特点,人们在认识到某一事物时会从反面想到另一事物,例如由组合音响想到袖衫录音机,由暖风机

想到冷风机等。

4. 因果联想

两种事物之间存在着一定的因果关系，由一种原因会联想到一种结果，或由事物的结果联想到它的原因等。如在一次对产品售后服务的电视跟踪调查中，电视台选择了海尔作为代表，不禁让人联想其中的原因，这就是因果联想。

5. 特殊联想

由一种事物联想到另一种事物的时候，不一定是按以上的规律进行的，事物之间不存在必然联系，而是由于消费者所经历过的某些特殊事件使得消费者见到一种事物时就会自然地联想到另一种事物。如一位顾客在购买商品时受到了良好的服务，以后每一次对服务十分满意的时候这位顾客都会想到那位热情的服务员。

（二）消费者的联想与商品的经营策略

1. 联想与商品的相关性策略

商品的相关性策略，是根据接近联想规律，在经营中考虑到消费者的心理状态，使经销的商品配套，从而方便顾客购买。比如经营西服应同时经营领带、衬衣、皮鞋等相关性商品。从消费者的共同心理来说，买东西都乐意去商品丰富、品种齐全的商店，这是因为消费者的需求具有相关性，这样不用跑更多的路程就可买齐自己所需要的商品，节省时间，同时商品多、品种全，有较大的挑选余地，能使消费者买到称心如意的商品。一个商店如果既经营适销对路的大宗商品，又重视经营低档小商品，不仅能做到经营品种齐全、配套，还能在商品品种的稳定上下工夫，这样的话，空手离开商店、怏怏而去的顾客越来越少，生意必将越做越红火。

小案例：日本东京上野车站附近有一家名叫“和光堂”的药店，老板是位善于体察消费者心理的女性。她专门走访了经营健康食品、药品的批发商，收集了大量的资料，掌握了有关的专门知识，然后在自己的店里增设了健康食品专柜，使药铺变成了一家以药品、医疗器械经营为主，兼营健康食品的综合型店铺。每月初她还特意安排一天时间作为正确使用健康药品辅导日，在店堂的最里边开设了一间辅导室，一边为顾客介绍正确服用健康食品、药品的方法等有关知识，一边为顾客调配药品。这样一来，药店成了患者和健康人士都愿意光顾的场所，营业额急剧增加。（案例来源：《消费心理学》，范明明主编，中国财政经济出版社，2005）

2. 联想与商品包装的艺术

利用类似联想和对比联想使商品包装更加艺术化，特别是在包装采用的色泽上下工夫，将会对顾客的购买欲望产生重大影响。商品包装的色泽必须与商品本身的颜色相协调，色调错误，足以令顾客失去对商品的兴趣。我国有一家工艺品出口公司生产的“学生砚”，原来外包装采用的是白底黑字、外加花边的纸盒，结果这一产品在国外的销路很差，购买者寥寥无几，产品滞销积压。后来设计者改变了它的包装，采用黑底金字，并在包装盒的右上角配上了“马踏飞燕”的图案，使整个包装显得古朴、典雅，充满艺术气氛。这一招居然产生了意想不到的效果，原先滞销的产品一跃成为畅销品，并且出现购买盒子自配砚台的现象。这说明任何商品要吸引顾客购买，应让消费者在一瞥中最大限度地感知商品的存在和特性，使人产生美好的联想。此时，直觉效果所引起的作用是举足轻重的。

知识链接：红色易使人想起熊熊的火焰，万紫千红的春天，我国人民每逢喜庆之日，一般喜欢购买配用红颜色包装的物品，寓热烈庆贺、如意吉祥之意，而忌讳配用黑色与纯白色包装的物品，因纯黑色往往象征哀悼之意，容易使人产生恐惧和悲伤的心理联想；而纯白色多在医院使用，也容易使人产生不吉利与愁闷的心理联想又如绿色使人联想到绿水、森林，所以冷饮店的墙壁上常涂以绿色若涂上红色和棕色，相信顾客是不愿意光顾的，因为红色和棕色给人以炽热感。另外，粉红色使人联想到女性的温柔美丽，并富于浪漫的情调，所以适用于各种美容化妆品以及女用内衣、个人卫生品等商品。而白色和蓝色给人以洁净之感，是各类清洁剂的最佳包装色泽。(资料来源：《消费心理学》，范明明主编，中国财政经济出版社，2005)

3. 研究联想原理对于商品的推销宣传具有借鉴意义

现代成功的广告都是采用某些间接的表现手法，借用比喻和联想，使意境更加深刻、生动，内容更加活跃、丰富，从而也就增加了广告的推销魅力，使广大消费者从一些互相接近、相似、相反以及相关联的事物中，对广告宣传的商品产生美好的想象，进而产生购买的欲望和行动。

六、消费者的想象

(一) 想象的概念

想象是指用过去感知的材料来创造新形象的过程，或者说想象是头脑改造记忆中的表象而创造新形象的过程。心理学中客观事物作用于人脑后，人脑产生的这一事物的形象就叫做表象。对于已经形成的表象，经过人脑的加工改造，创造出并没有直接感知过的事物的新形象就是想象。由此可知想象活动具备 3 个条件：一是必须要有已有过或已经感知过的经验，这种经验不一定局限于想象者个人的第一手资料，也可以是前人、他人积累的经验；二是想象的过程必须依赖于人脑的创造性，需要对表象进行加工，而不是表象本身；三是想象的结果是一个新的形象，是主体没有直接感知过的事物。

（二）想象在市场营销中的运用

1. 消费者在评价商品时常伴随着想象活动的进行

想象对消费行为会产生一定的影响，对于发展和深化消费者的认识有重要作用。在消费者的购买活动中，常常伴随有想象的心理活动，如消费者购买一套高级组合家具，经常伴随着对生活环境一种美好效果的想象；购置高档耐用消费品，往往具有显示经济实力或社会地位，即延伸人格的想象；有些女性消费者在购买衣料时，常常把衣料搭在身上边照镜子边欣赏、边想象，对衣料进行评价。这些都会极大地激发消费者的购买欲望，从而导致购买行为。因此，服装设计师设计服装、广告设计师设计广告、商店经理布置橱窗进行商品宣传的时候，都可以用多种方法来丰富消费者的想象力，促使消费者购买。

2. 运用想象提高广告效果

一个成功的商业广告，总是经过细致地素材加工，利用事物间的内在联系，用明晰巧妙的象征、比拟的表现手法，用消费者熟知的形象来比喻广告的形象或特点，以激发消费者有益的想象，从而丰富广告的内容，加强刺激的深度与广度。当然，在商业广告中要发挥想象的心理功能，必须充分研究广告指向市场的消费习惯、消费水平和消费趋势，掌握广告指向消费者的普遍心理或使用的信心和决心，来引导消费行为。

3. 营销人员的工作需要一定的想象力

营销人员在为顾客服务和推销商品的过程中，想象的作用不可忽视。成交率的高低在很大程度上取决于营销人员的再造想象的运用，优秀的营销员应该能够想象出哪种商品更适合客户的需要，同时在诱导顾客的过程中，以自己的想象力去丰富顾客的想象力。此外，对商业企业来说，营业员在摆放商品、陈列橱窗、介绍商品和展示商品等业务中，都可以发挥创造想象。

七、消费者的思维

（一）思维的概念

1. 思维的概念

思维是人脑对客观事物本质特征的间接的和概括的反映，这是人的认识活动的最高阶段。

思维具有两个主要特征：间接性、概括性。间接性是通过媒介来认识客观事物；概括性即借助已有的知识来理解和把握那些没有直接感知过的或根本不可能感知到的事物。例如有的消费者对某种羽绒制品的性质、质量不了解，但可以通过对这种羽绒制品的感知表象，如手感、轻重、保暖性等，借助已有的知识经验，间接地认识它的质量和性能。概括性是通过对同一类事物的共同特性、本质特征或事物间规律性的联系来认识事物，例如消费者在购买过程中多次感知到名牌商标与商品质量之间的联系，从而得出“名牌商品质量好、信得过”的认识。

根据思维过程所凭借对象的不同，思维可分为形象思维和逻辑思维。形象思维是指利用直观形象和表象对事物进行分析判断的思维；逻辑思维是利用概念和理论知识来反映客观事物，依据概念、判断、推理等基本形式来达到对事物本质特征的认识。在现实生活中，形象思维和逻辑思维往往交替使用。企业在经营活动中应结合不同的目标和顾客的特点进行广告和宣传，以更好地满足各类顾客的需求，实现企业经营目标。例如儿童思维的发展是先有形象思维，后有逻辑思维，有的商场专门开设儿童乐园、儿童天地，并用生动有趣的卡通形象来吸引他们的顾客。如动画片《蓝猫》播放之后，出现了专门经营儿童用品的“蓝猫专卖店”，有些儿童服装上也因为印了蓝猫图案而畅销。

2. 消费者的一般思维过程

消费者对商品的认识是从表面特征开始的，是通过分析、综合、比较、抽象具体化等基本阶段完成的，反映在其购买过程中，有以下3个步骤。

（1）分析过程。分析是在头脑中把事物的整体分解成部分、个别特征或个别方面。比如购买汽车可选择的范围很广，消费者通过分析确定买国产的还是进口的，然后分析各个品牌的价格、性能、外观和型号等个别属性，在此基础上再初步确定购买目标。

（2）比较过程。比较是依据一定的标准以确定事物异同的思维过程，也是对事物进行鉴别和综合的过程。消费者通过初步分析确定所购买的目标之后，还要借助比较，进一步鉴别商品质量的优劣、性能的好坏和价格的高低，从而在两种商品之间进行选择。

（3）评价过程。消费者在确定了购买目标以后会对其进行预测评价，运用判断、推理等思维方式对商品的内在属性及其本质进行概括，为制定购买决策做好心理准备。在购买了该商品后，消费者仍会对其进行分析、比较及评价，即购后体验，以加深这种思维过程、积累消费经验。因此，企业营销者应为消费者做好售后服务工作，促使消费者肯定其购买决策的正确性，如汽车公司应向新车的买主提供细致、周到的售后服务，列出维修站的地点，征求改进意见等。

（二）思维在营销活动中的作用

消费者的思维过程就是决策过程，由于消费者思维方法和能力的差异，购买决策的方式和速度也各不相同。思维能力强的消费者，其思维的独立性、灵活性、逻辑性以及深度和广度都比较好，因此决策果断、迅速、正确；反之，决策缓慢、反复不定、失误较多。从事营销工作的营销员要思维灵活，对市场情况进行科学、全面地分析和概括，并迅速、灵活地做出结论，才能使企业的营销活动获得成功，使企业经营立于不败之地。

总结起来，思维对企业营销活动的意义主要有以下几个方面。

（1）利用思维的变通性，举一反三，灵活进行经营活动。思维的变通性带动经营的灵活性。有个推销员，在欧洲某海滨城市推销皇冠牌香烟，但该地的香烟市场已被其他公司捷足先登了。他在苦思冥想中登上一辆公共汽车，抬头看见车上写着“禁止吸烟”的宣传牌，顿时灵机一动，想出一个绝妙的主意。不久，这个城市到处贴着这样的广告：“此处禁止吸烟，连皇冠牌香烟也不例外。”结果，皇冠牌香烟销量激增。

（2）利用思维的敏捷性，企业及时调整经营策略，增强灵活应变能力。思维的敏捷性增加企业的市场应变能力。2006 年，“超级女声”选秀活动大获成功，蒙牛集团迅速抓住这一机会，成为“超级女声”活动的赞助商，从而使蒙牛集团的知名度得以大幅度提升。

（3）思维的独立性使人们从不同的角度思考问题，创造性地提出解决问题的新途径。还可以利用发散思维，由点及面地发现经济现象之间的内在联系，揭示经济活动规律。

小案例：日本西铁城手表销售商为了提高西铁城手表在澳大利亚的知名度和开拓澳大利亚市场而想出一个奇招：在当地重要传媒上发布广告，称某年某月将有直升机在指定广场上空空投西铁城手表，谁拾到便归其所有。消息一经传开马上引起轰动，成千上万的人涌到指定的广场，好奇地看着一只只手表从天而降，当人们拾起这些手表时，发现手表完好无损，于是西铁城手表在澳大利亚名声大振。（案例来源：《消费心理学》，田雨主编，首都经济贸易大学出版社，2008）

第二节　消费者的情感过程

一、情绪和情感的概念

理论上讲，消费者购买商品要通过感觉、知觉等对商品进行初步的感知；然后调动其记忆、想象，并运用自己的知识经验进一步深化对商品的认识；最后经过思维活动做出购买决策。消费者的购买活动都应是高度理性的行动，然而在现实购买活动中并非完全如此。购买行为不仅受理智控制，还为情感所左右。消费者的心理活动过程既是认识不断发展的过程，也是情感不断变化的过程。

小案例：江苏红豆实业股份有限公司用移情手法，把唐朝诗人王维的一首著名的爱情诗创造的意境移入品牌创意之中，推出以“红豆”为商标的服装。“红豆生南国，春来发几枝。愿君多采撷，此物最相思。”人们购买“红豆”牌服装送给自己的爱人，或者自己买一件穿在身上，在穿衣的同时享受着一种文化、一种爱意，使“红豆”牌服装具有一种不同于其他品牌的独特价值，从而备受消费者青睐。“红豆”牌服装成为著名服装名牌，其产品多年来畅销不衰。

“红豆”商标一举成功的原因，就在于它适应了消费者的情感需求。（案例来源：《消费心理学》，田雨主编，首都经济贸易大学出版社，2008）

情绪和情感是人对客观世界的一种特殊的反映形式，是人对客观事物是否符合自己需要的态度的体验。我们可以从以下几个方面进行理解。

（1）情绪和情感是人对客观现实的一种反映形式。客观现实中的对象和现象与人们自己的关系是情绪与情感的源泉。因为人同各种事物的关系不完全一样，人对这些事物所抱的态度也不一样，所以人对这些事物的情绪情感的体验也就不同。由于消费者情绪和情感的主观性和产生原因的复杂性，即使面对同样的客观刺激，尤其是社会性或心理性的刺激，它对于不同的消费者也会具有不同的意义，因而消费者产生的情感反应也就有所差异。

（2）人之所以对自己对于客观现实是否符合需要的态度能有所体验，是因为认识世界和改造世界的过程中，客观现实与人的需要之间形成了不同的关系。消费者的情绪和情感与其消费需要是否被满足有直接关系。消费活动是一种满足需要的活动，它是直接通过商品的购买与使用来实现的。消费者在选购和使用商品过程中，对于满足需要的商品会产生肯定的情绪和情感，如愉快、满意、高兴、欢乐等；相反，不能满足消费需求，消费者就会产生否定的情绪和情感，如悲伤、丧气、愤怒、忧愁等。随着人类历史的发展和人们生活水平的提高，消费者的需要会发生一定的变化，而情绪和情感也会随着需要的变化而发生一定的改变。

（3）在现实生活中，并不是所有事物都可以产生情绪和情感。例如，人们每天都要接触很多事物，固然有很多事物会引起我们的喜欢或厌恶的情绪与情感，但也确实有不少事物是无所谓的，对我们来说是既不厌恶也不喜欢的。这里必须指出的是，与人们的需要具有这样或那样关系的事物才能引起人们的情绪和情感。

二、消费者的情绪和情感

（一）消费者情感的外部表现

消费者在某些特定刺激影响下改变了正常活动而引起情感发生时，有机体的内部和外部会发生一系列的变化。内部变化表现在各种生理反应上，如呼吸加快、心跳加速、血压升高等。外部变化则主要体现在人的表情上，表情是情绪和情感的外部表现，它有3种基本形式。

1. 面部表情

情绪和情感表现在面部上称为面部表情，面部表情是3种表情形式中最为丰富、最为重要的一种。消费者的喜、怒、哀、乐等都通过不同的面部表情表现出来。例如高兴时笑容满面，悲哀时哭丧着脸；见到所喜欢的商品，就会较长时间地盯着看，而很快中断目光接触，则表示对其缺乏兴趣。总之，消费者在消费活动中各种复杂的心理感受和情感变化都会通过不同的面部表情表现出来。

2. 言语表情

情绪和情感表现在说话的声调、速度、节奏、音量等方面称为言语表情。比如悲哀时音调低沉、言语缓慢、语调高低差别较小；而音调高、言语速度快、语调高低差别较大则说明人具有喜悦之情；人在愤怒时，声大音高且颤抖。即使同一句话，由于说话人在音速、音调、语气上的差别，也会表达出不同的情感。例如"你好"这句话，用不同的声调说出来，既可以表现出热情、友好、亲切、愉快，又可能表现出冷淡、不满、蔑视、怨恨等多种情感。

3. 体态表情

情绪和情感表现在身体的姿势、动作上称为体态表情，如欢乐时手舞足蹈、悲痛时号啕大哭、气愤时捶胸顿足、兴奋时拍手鼓掌。事实上，人体姿态或站、或蹲、或举手、或垂头，都各有一定的含义，都表现出某种情感状态。身体姿势有助于情感的表达，也有助于人们对情感的识别。

（二）消费者的情绪

1. 消费者在购买过程中的情绪

消费者在购买过程中的情绪多种多样，各种情绪表现的程度有着明显的差异。但归结起来主要有以下3种。

（1）积极的情绪。这种情绪能增强购买欲望，促成购买行为。如有位顾客看到市场上新出现的一种面料花色新颖，令他喜爱，尽管他暂时还不需添置衣服，但还是买了。

（2）消极的情绪。这种情绪抑制购买欲望。如一种猫头鹰造型的发条玩具使小朋友望而生畏，甚至被吓哭，这样的玩具就很难销售出去。

（3）双重的情绪。如高兴又怀疑，基本满意又不完全称心等。一位消费者走了好多家商店，终于找到了他所需的商品，这时会高兴，但这种商品已快卖完，剩下的几件都有一些不影响使用的小毛病，但因急需它而不得不买，可总有些不那么称心。

2. 消费者对商品的具体情绪过程

消费者从对某商品产生需要到最终决定购买的情绪过程大致可分为以下5个阶段。

（1）悬念阶段。消费者产生了购买的需要，但还未采取行动到商店去寻求这种商品。这时消费者处在一种悬念状态中，其情绪特点是不安，如果他的需要是强烈的，那么他就会产生一种急切感。

（2）定向阶段。这时消费者已面对他所需求的那种商品，但他对商品的观察还是初步的、笼统的。这时的情绪已获得定向，亦即趋向喜欢或不喜欢，趋向满意或不满意。

（3）强化阶段。强烈的购买欲望迅速形成。有些消费者在强烈的购买欲望的推动下立即完成购买行动，而有些消费者比较冷静，他们还想再推敲一下。此时对大多数消费者来说，情绪过程还没有完成。

（4）冲突阶段。这时消费者将对商品进行较为全面的评价。如价格是否合理，质量是否可靠，造型是否新颖，社会上是否流行，是否有假冒品等。由于十全十美的商品很少，大多数商品都会在某些方面使人不满意，因此消费者往往要体验不同情绪之间的矛盾和冲突。如基本满意而又不完全称心、比较喜欢而又略感遗憾等。如果积极的情绪占了主导地位，那么一个购买决定就做出了。这时情绪过程大大增加了理智的成分，通过评价，感情同理智逐步趋于统一。

（5）选定阶段。通过各种评估，这时消费者对某种商品产生了偏好，并准备对这一商品采取行动，形成购买行为。

3. 影响消费者情绪的因素

影响消费者情绪、情感的因素是多方面的，这里只是稍作提示。

（1）个人心境。这里讲的个人心境是指消费者进入购买现场时的情绪状态或精神状态。心境是较微弱、平静而持久的情绪体验。在心境产生的全部时间里，它能影响人的整个行动表现，保持它的积极或消极的影响。不同心境会使消费者行为带有不同的情绪色彩，或兴高采烈、或抑郁寡欢、或暴躁不安等。

（2）审美情趣。这是人们根据自己的看法对客观事物审美价值的评价。当消费者产生对某种事物和现象的美感时，实际上是抱肯定态度，并会以积极的情绪色彩表现出来。消费者的美感不仅受到各自的出身地位、文化素养、兴趣爱好和实践经验的影响，也受到一定社会生活条件的制约。不同国家、不同民族的美感差异十分明显，但有一点是共同的，即认为商品的美必须是形式和内容的统一，欣赏价值和实用价值的统一。

（3）购买环境。消费者的情绪产生和变化首先受购物环境的影响，若步入宽敞明亮、美观雅洁、温度宜人的商场，营销人员服务周到，顾客之间礼貌相让会引起消费者愉快、舒畅的情绪。相反，则引起消费者失望、厌烦等消极的情绪。正因如此，很多商场很注意店堂内的设施和门面的装修。旧上海的一些商人有出钱雇人“轧闹猛”，就是要营造门庭若市的现场气氛，以吸引路人光顾。现代大商场也很讲究“人气”，打折酬宾时，顾客往往很多，此时的商场“人气”

旺，“财气”也旺。

(4) 商品因素。消费者是来购买商品的，因此商品就成为最主要的客观因素。消费需要的满足大多是借助商品实现的，所以商品的外观和内涵等各方面的特征能够引起消费者的不同情绪，这在购买现场是最容易观察到的。

三、培养消费者积极情感，有效开展营销活动

消费者的情感并不是凭空产生的，而是在一定客观条件刺激下形成和发展的，企业应善于运用影响消费者情感的因素，激发和培养消费者的积极情感，开展营销活动。

（一）提供全方位满足消费者需要的整体产品

商品是影响消费者情感的一项主要因素，商品的各种属性，或者说构成商品的各个要素对消费者都有重大意义。消费者对商品的认识是从商品的各种属性开始的，商品的质量、色彩、造型、样式、性能、价格、包装、商标、广告，甚至出售的优惠条件，都是消费者认识的对象，它们对消费者情感的形成与变化均能产生制约作用。因此，企业生产者在设计商品时，必须把这些因素摆在重要位置上，以便设计出让消费者满意的产品，否则就难以打开销路。比如 1964 年年初，日本东京正在筹办奥运会，许多制作服装的厂商设计生产了大量色彩鲜艳的运动服装，以为可以在奥运会期间赚大钱。可是事与愿违，这些色彩鲜艳的运动服装无人问津，而原以为没有多少销路的藏青色服装却大行其道，深受消费者欢迎。原来，1961 年前苏联发射了人类第一艘载人飞船进入太空，从而在世界范围内掀起了“宇宙热”。藏青色象征着宇宙色，故而受到人们的青睐。因此，企业要努力为消费者提供满足消费者需要的整体产品，促进消费者积极情绪、情感的形成。

（二）营造良好的购物环境

消费者的情感变化除了受商品因素影响外，还受购物场所的制约。如果购物场所舒适优雅，消费者就会产生愉快、满意的情绪，反之，则会引起否定的情感。从消费者购物活动来看，直接刺激他们的感官，导致情感变化的场所因素有：购物场所的设施、温度、光线、照明、色彩、气味、音响等。购物场所宽敞明亮会使消费者心情舒畅，如果狭窄拥挤，则使人心烦意乱。购物场所温度适宜能使人心情平静、温和，而温度过高会使人心情烦躁、火气过盛。商店的气味也是不可忽视的因素，它对人的生理和心理同样产生某种影响，气味清新能使消费者心旷神怡，增强购买商品的欲望。颜色与人的情绪也有密切的关系。心理学研究表明，人对色彩有一种本能的感受，红色

令人兴奋、绿色令人安详、蓝色令人沉静、黄色令人活泼、黑色令人沉重等。所以，购物场所的色彩布置要注意与所销商品相协调，讲究色彩丰富、整体一致，以引起消费者积极的情感反应。声音对情感也具有影响作用，轻松柔和的音乐能使消费者心情愉快，联想丰富，优美动听的音乐能使消费者流连忘返，对商品精挑细选。噪声的副作用也必须受到重视，嘈杂的声音使人情绪烦躁，心情压抑，注意力分散，甚至引起头痛、耳鸣、听力下降。超过 80 分贝的强噪声，不仅会使顾客却步，还会降低营业员的工作效率。此外，商品的陈列和柜台摆设也很重要。购物场所装饰得美观新颖，商品陈列得琳琅满目、整洁美观，会给消费者美的感受，引起其愉快的情感反应，激发其观看商品、挑选商品、购买商品的兴趣；相反，商品杂乱无章、零乱不堪，会使消费者反感，抑制其购买欲望。所以企业要善于营造良好的购物环境，以利于消费者形成良好的情绪和情感。

（三）提供满意的服务

消费者进入商店后要与营业员面对面地交流，营业员的服务状况如何，态度是否良好，直接影响消费者的心理感受和情感变化，并进而影响整个购买活动的进行。营业员的微笑服务能直接影响消费者的情绪，因为情绪是能够传染的。一个人愉快时，能引起与其交往的人也发生愉快的情绪反应；营业员饱满的情绪，愉快的表现，能感染消费者也产生相同的情绪，使他们变得欢快舒畅；营业员态度和蔼，能给人一种善良、淳朴、宽厚的感觉，从而使消费者愿意与其交往，乐意与其交换意见，并产生行为偏好，喜欢专门到此购买商品。

从影响消费者情感的客观因素来说，营业员的服务接待工作对消费者购买行为的完成具有关键的作用。消费者对商品和购物形成良好印象后，能否转变为实际的购买行为，就要看营业员的服务工作做得如何。如果营业员热情接待顾客，服务周到，就会激发消费者的购买欲望；态度恶劣，表情冷淡，就会打击消费者的积极购物情绪，抑制其购买行为。因此，在商业服务工作中，态度和蔼并以微笑的形式接待各式各样的顾客，是营业员必须遵守的一项基本原则。

第三节　消费者的意志过程

消费者在认识商品、进行购买决策、采取购买行为时，还需要排除各种干扰，以保证实现购买目的。所以意志过程同认识过程、情感过程一样，是心理活动过程中不可缺少的组成部分。

一、消费者的意志及其特征

（一）意志的含义

意志是人们自觉地确定目的，并支配、调节其行动，通过克服困难实现预定目的的心理过程。意志是人脑所特有的产物，是人的意识能动作用的表现。人们在进行某种活动之前，活动的结果已经作为意志行动的目的而观念性地存在于人们的头脑之中。要把观念转变为现实，必须以预定的目的来指导和激励自己的行动，排除干扰、克服困难，从而达到行动的目的。因此，意志过程是人的内部意识向外部动作转化的过程。

消费者在购买活动中不仅要通过感知、记忆、思维等活动来认识商品（伴随着认识产生一定的内心体验和态度），而且有赖于意志过程来确定购买目的，并排除各种主客观因素的影响，采取行动实现购买目的。

（二）意志的特征

1. 能够自觉地确定目的

人类的活动是有意识、有目的和有计划的活动，它与其他动物的活动是完全不同的。消费行为中，正是意志的目的性使消费者在行动之前确定明确的购买目的，并有计划地根据购买目的去分析和调节自己的购买行为，以实现购买目的。

2. 意志过程具有能动性

人在繁杂的环境中主动地确定目的，同时主动地采取行动来改变环境以满足自己的需要。因此，意志集中地体现出人的心理活动的自觉能动性。

3. 意志具有对行为和心理的调节作用

意志对行为的调节，有发动和制止两个方面。发动是推动人去进行为达到预定目的所必须的行动；制止是阻止不符合预定目的的行动。意志对心理的调节主要表现为可以调节人的认识活动和情绪活动。如排除干扰、专心学习等，都是意志对认识活动的调节；而遇到危险时，保持镇静或自我安慰是对情绪的调节。

4. 意志过程是与克服困难相联系的

意志对行为的调节并不是轻而易举的，有时会遇到各种困难，因此意志过程的实现往往与克服困难相联系，克服困难意味着对行动的预定目的的坚持。

小资料：面对几种自己都喜欢的商品，而自己的财力只允许购买一种时；或者喜欢购买名牌商品、高档商品，但有限的经济条件不能满足这一愿望时；或者想货比三家，购买质优价廉的商品，而自己又没有更多的时间时；或者自己对商品认识的能力有限，不能确定商品的内在质量时，都会给消费者的购买行动造成一定的困难，妨碍购买目的的实现。面对这样或那样的困难，意志坚强的消费者通过意志上的努力，最终将困难克服，确保购买目的的实现；相反，意志薄弱的消费者在困难面前常常是束手无策，他对困难不作深入地调查和研究，也不重视困难的程度，易于感情用事，缺少理智思考，表现出马虎从事、冒险轻率的购买行为，或者因优柔寡断、缺乏主见而坐失良机。（资料来源：《消费心理学》，范明明主编，中国财政经济出版社，2005）

二、消费者的意志品质

消费者的意志品质是其意志的具体体现，在实际消费活动中表现为有些消费者购买商品时果断、迅速、沉着、冷静、独立性强，而有些消费者则犹豫、彷徨、冲动、草率、独立性差。消费者的这些不同表现，一方面是由他们的个性特征不同决定的；另一方面则反映了他们意志品质的差别。消费者的意志品质主要表现在以下四个方面。

（一）自觉性

这是指消费者在购买行动中有明确的目的，能充分认识自己行动的正确性、合理性以及行动的结果。富有自觉性品质的消费者能自己督促自己采取行动以实现购买目的。在购买活动上，他既能吸取别人的正确意见，又能不受别人错误意见的干扰，这是因为他的购买目的和行动计划是在权衡各种利弊基础上制定的，对购买行动的正确性有明确的认识，所以他的购买行动有条不紊。而自觉性较差的消费者，其购买行为缺乏计划性和条理性，容易盲目接受他人的暗示，或者不加分析地拒绝他人的意见，从而妨碍其购买行为的顺利实现。

（二）果断性

消费者善于明辨是非好坏，当机立断，毫不犹豫地做出决定并执行决定，这就是意志的果断性。具有果断性的消费者对所购买的商品能够根据各种信息正确地判断各种利弊因素，迅速做出是否购买的决定。这样的消费者不仅善于当机立断做出购买决定和执行决定，还善于等待、把握时机。但是果断性差的消费者则表现为优柔寡断、犹豫不决、决策过程患得患失等。意志的果断性是以勇敢和深思熟虑为前提的，不能与草率行事混为一谈。草率行事似乎也是当机立断，但缺乏深思熟虑，它不顾行动本身和环境条件，也不顾行动结果及其影响而盲目从事。

（三）坚毅性

这是消费者坚信购买行为的目的、方法正确，坚持不懈地克服各种困难，坚持执行购买决定的品质。要达到一定的购买目的，特别是对于一些具有较大意义的目的的实现，需要有充沛的精力和顽强的毅力。坚毅性不仅表现为有坚持购买或坚持不购买的决心，还包含着顽强奋斗的精神，即在较长的时间内，努力克服内部和外部困难，坚决完成购买任务。如有的消费者不辞辛苦、不怕周折、四处奔波，直至购买到某种商品，这就是坚毅性的表现。与坚毅性相反的是见异思迁、虎头蛇尾、半途而废，这类消费者购买活动的效率和成功率都比较低。需要注意的是，要把坚毅性和固执性区别开来。固执性是自以为是，固执己见，这类消费者即使发觉客观条件已发生了变化，或者有人提出更好的办法，甚至已经意识到自己的行为是徒劳无功的，仍一意孤行；而坚毅性则包含一定的灵活性，在客观条件发生变化时善于改变方法甚至停止行动，并采取符合新条件的新行动。

（四）自制性

善于控制和支配自己的行动、克制自己的情绪和冲动，就是意志的自制性的体现。自制性反映着意志的抑制机能，主要表现为能够约束自己，不干扰购买目的的实现。在购买商品时，营业员与顾客有时会发生矛盾，自制性强的顾客能控制自己的情绪坚持说理，不和对方争吵；而缺乏自制的顾客则容易意气用事，可能吵得面红耳赤，这既影响购买行为的完成，又会造成心理上的创伤。所以消费者与营业员都应该培养自己的自制能力，以便更好地与对方交往。

消费者购买活动的意志品质主要体现在自觉性、果断性、坚毅性和自制性上，良好的意志品质对更好地完成购买活动是非常必要的。因此，培养良好的意志品质值得每一位消费者重视。

三、消费者意志过程的分析

消费者的意志过程可分为决策、执行和体验 3 个阶段。

（一）决策阶段

决策阶段包括购买动机的冲突及取舍，购买目的及购买对象的确定，购买地点、购买方式的选择，购买计划的制订等。这些选择有时取决于消费者对具体情况的认识和自身的经验，有时取决于不同购买动机之间的矛盾斗争。该阶段是意志开始参与的准备阶段。

（二）执行阶段

执行阶段是消费者按照预定的决策方案组织实施的过程，是意志活动的高峰。因为执行阶段有时并不顺利，商品的质量、价格、式样等有时并不都完全符合消费者的要求，这就需要消费者进行比较和权衡。这不仅要求消费者具有一定的智力、体力，甚至还要忍受种种不愉快的体验、遭受挫折，并要处理在准备阶段没有料到的新情况。消费者如果意志薄弱，就可能放弃执行购买决策，只有有意识地自觉排除外界干扰因素，战胜所面临的全部困难，才能较好地执行购买决策，完成购买活动。

（三）体验阶段

消费者对所购商品或劳务的意志体验阶段是意志过程的最后发展阶段。例如使用商品的过程是否与预想一致，是否取得了其他附加效果等，这些都可以检验和评判其当初购买决策的正确与否。如果结论比较满意，消费者就有可能在意志的肯定下再次惠顾，如果在意志的体验阶段遭到否定或产生矛盾，就会使消费者在以后的购买中考虑回避或减少对该商品的购买。

消费者购买过程中的心理活动从对某种商品的认识过程开始，经过情感过程和意志过程，就基本完成了一次购买活动。针对不同的商品，这一过程的作用时间有的较长，有的则较短暂，而且由于对某些商品的习惯性购买，有的过程将省略，但这并不等于可以缺少某个心理活动过程，而是这种心理活动过程早已被消费者体验和熟悉。

【本章小结】

消费者购买商品，总是先从对商品的认识过程开始。感觉是人脑对直接作用于一种感觉器官的外界事物的个别属性的反映。感觉的一般规律有适宜刺激、感受性、适应、相互作用。知觉是人脑对直接作用于人的感官的客观事物的整体属性的反映。它是在感觉的基础上把感觉的材料加以综合整理，从而形成对事物的完整映像和观念。知觉有五个特征，即①知觉的整体性；②知觉的理解性；③知觉的选择性；④知觉的恒常性；⑤知觉的误差性。营销者可以利用感觉的规律以及知觉的特征进行市场营销。注意是人的心理活动对外界一定事物的指向和集中，它具有选择、保持的功能，并能对活动进行调节和监督，从而发挥注意在营销活动中的作用。记忆是人们过去经历过的事情在头脑中的反映，对商品宣传和广告对记忆有一定影响。联想是由一种事物想到另一种事物。在商品的经营策略中要充分运用接近联想、类似联想、对比联想、因果联想和特殊联想等规律。想象是指用过去感知的材料来创造新的形象的过程，在市场营销工作中可以充分运用想象。思维是人脑对客观事物本质特征的间接的和概括的反映，这是人的认识活动的最高阶段，营销活动离不开思维。

消费者的情感是消费者对于客观事物能否满足自己的消费需要而产生的态度体验。应该要培养消费者的积极情感，有效开展营销活动。消费者自觉地确定目的，并支配、调节其行动，通过克服困难实现预定目的的心理过程就是意志过程。消费者心理活动的认识过程、情感过程和意志过程是统一的、密切联系的三个方面。认识、情感和意志过程协同作用，构成了消费者完整的心理过程，左右着消费者的购买行为。

【复习思考题】

1. 什么是感觉？举例说明感觉的种类。如何运用感觉规律开展市场营销工作？

2. 什么是知觉？举例说明知觉的种类，知觉对消费者行为有何影响？

3. 什么是情绪和情感？谈谈情绪原理在营销工作中的运用。

4. 什么是意志？消费者的意志品质表现在哪些方面？

【案例分析】

可口可乐的新配方风波

1985 年春，可口可乐公司总裁 Roberto Goizueta 宣布了一种改进了口味的新产品问世，取名为“Coke”。这种“新”可乐比以前的更甜一点，市场调查表明它比百事可乐更受欢迎。他接着宣布传统的可口可乐品牌将永久性地退出市场，并且原先的配方和神秘配料（Merchandise7X）将被锁在亚特兰大一家银行的保险柜里，永不再使用。新的“Coke”将永久地取代有着 99 年历史的可口可乐。Goizueta 甚至说，新产品是公司历史上最有意义的进步。

这一消息使美国消费者和其他软饮料制造商感到震惊。对此不满的消费者决定用他们的行动对可口可乐公司的决策进行对抗。愤怒的美国消费者向以大西洋沿岸为基地的可口可乐公司强烈抗议，抱怨“一个伟大美国传统的遗失”。在西雅图，一群激动的、忠实于传统的、自称“喝老可口可乐的美国人”制订计划，组织阶层行动联盟来反抗可口可乐公司。他们联合店主、自动售货机拥有者和其他商人发表声明：可口可乐公司配方的改变已经断送他们的生意。接着，6 月份的销售没有像预计的那样上升，供瓶商也加入了要求恢复老可口可乐的阵营……

让老可口可乐配方退休的决策之所以会失误，在于决策者没有对消费者的态度进行深入研究。经理们认为他们做了所有的前期调查，特别是在口味方面，公司花费 400 万美元来试验新配方，新品测试涉及 25 个城市的 20 万消费者。测试反映多数人喜欢新的、更甜的可乐，但这些测试并未包括所有的内容，它忽略了一个重要的因素——成百上千万的消费者与原来的可口可乐有着很强的“感情参与”。他们从小就喝可口可乐，成年后还是喝可口可乐，许多消费者对可口可乐都有一种个人依赖感。“所有投入消费者研究的金钱、时间、和技术都不能反映或显示人们对老可口可乐的深厚持久的感情。”公司主席 Donald Keough 后来说到。公司发言人这样表述：“我们带走的不仅是可口可乐，还有他们和他们的过去的一部分。他们说：‘你们没有权利这么做，快把它拿回来。’”

7 月份，公司改变了原来的决定，宣布原来的品牌和配方以“经典可口可乐”的品牌名称重新被启用。(案例来源：《消费心理学》姜玲玲主编，西南交通大学出版社)

问题：

1. 消费者为什么对可口可乐改配方一事有如此强烈的反对态度？

2. 口味测试是针对消费者的哪些心理活动?

3. 可口可乐公司在针对新配方所进行的市场调查中忽略了消费者的情感和态度，如果你接受委托进行这项内容的调查，你认为应该如何设计这项调查?

【实训练习】

1. 试通过调查说明哪些商品可以利用嗅觉（或味觉、触觉）促进商品销售?

2. 观察某个具有某种嗜好的群体一个星期。他们的活动或产品蕴含了什么类型的情绪?这对于市场营销有什么意义?

第三章
消费者的购买行为

【学习目标】

(1) 掌握消费者需要的含义、特征与分类;

(2) 掌握消费者购买动机的特征及其类型;

(3) 了解消费者购买行为的概念与特征，掌握影响消费者购买行为的因素;

(4) 掌握消费者购买决策的内容及其过程。

【建议学时】 6学时

【导入案例】 杭州“狗不理”包子店是天津狗不理集团在杭州开设的分店，地处商业黄金地段。正宗的狗不理以其鲜明的特色（薄皮、水馅、滋味鲜美、咬一口汁水横流）而享誉神州。但正当杭州南方大酒店创下日销包子万余只的纪录时，杭州的“狗不理”包子店却将楼下三分之一的营业面积租让给服装企业，依然“门前冷落车马稀”。当“狗不理”一再强调其鲜明的产品特色时，却忽视了消费者是否接受这一“特色”，故其受挫于杭州也是必然的了。首先，“狗不理”包子馅比较油腻，不合喜爱清淡食物的杭州市民的口味。其次，“狗不理”包子不符合杭州人的生活习惯。杭州市民将包子作为便捷快餐对待，往往边走边吃，而“狗不理”包子由于薄皮、水馅、容易流汁，不能拿在手里吃，只有坐下用筷子慢慢享用。最后，“狗不理”包子馅多半是蒜一类的辛辣刺激物，这与杭州这个南方城市的传统口味也相悖。

在天津和其他北方城市受顾客欢迎的“狗不理”包子为什么在杭州城受到冷落，这个问题值得深思。“狗不理”包子在杭州“失宠”并非因其自身品质不优、品牌不响，而是“狗不理”从整个营销过程的开始就没有注意到杭州消费者的生活方式和颇具个性化的“口味”。一个产品价值的高低、能否畅销最终是由顾客决定的。“狗不理”包子馅较油腻、不合杭州市民的口味，又不符合杭州市民把包子作为快餐、边走边吃的生活方式，在杭州失宠就在所难免了。由于消费者市场具有地区性、复杂性、易变性、替代性和发展性等特点，天津“狗不理”包子在进入杭州市场前，需先进行市场调研，了解“谁买？为什么买？在何处买？如何买？何时买？买多少？买什么品牌”等问题，了解竞争对手的状况、企业自身的优缺点、外部的威胁和机会等问题。只有这样才能“有的放矢”，采取相应的营销战略和策略。尤为重要的是，产品要有市场，主要不是看产品是否有特色，若消费者不接受，再有特色也枉然，消费者接受才有市场，才是真正的“特色”。总之，天津“狗不理”包子集团只有深刻认识到消费者市场的特点，准确把握消费者行为，才能找准目标市场针对性地实施市场营销策略，使“狗不理”包子不但能打入杭州市场，而且能打入其他地区或城市的市场。(案例来源：http：//cache. tianya. cn/techforum/Content/152/549874. shtml)

在影响消费者行为的众多心理因素中，需要和动机占有重要的地位，并与消费行为的产生有着密切的联系。这是由于人们的消费行为都是有目的的活动，这些目的的实现是为了满足人们的某种需要或欲望。需要是消费者行为最初的原动力，动机则是消费者行为的直接驱动力。由于个性及环境的差异，消费者的购买行为千差万别。消费者的购买行为是由一系列环节、要素构成的完整过程，在这一过程中，购买决策起着主导的作用。决策的正确与否直接决定购买行为的发生方式、指向以及效用的大小。

第一节 消费者的需要

一、消费者需要的含义和特征

（一）消费者需要的含义

需要是个体由于缺乏某种生理或心理因素而产生的内心紧张，从而形成与周围环境之间的某种不平衡的状态。需要的实质是个体为延续和发展生命，并以一定的方式适应环境所必需的客观事物的需求反映，通常以欲望、渴求、意愿的形式表现出来。例如人们感到饥饿时会产生对食物的需要；感到寒冷时会产生对御寒衣物的需要；感到孤独寂寞时会产生对交往、娱乐活动的需要；感到被人轻视时会产生对有助于提高身份地位的高档、贵重商品的需要。这些需要成为人们从事消费活动的内在原因和根本动力。正是为了满足形形色色的需要，消费者才努力实施相应的消费行为。原有的需要满足之后，又会产生新的需要，新的需要又推动新的消费行为发生，如此循环往复，形成延续不尽的消费行为序列。

需要的形成必须具备两个前提条件：一是感到不满足，缺少什么东西；二是期望得到某种东西，有追求满足之感。需要就是由这两种状态形成的一种心理现象，属于个性心理中的个性心理倾向。

任何需要都是有对象的。消费者的需要总是针对能满足自身生理或心理缺乏状态的物质对象而言的。在商品社会中，消费者需要主要体现为对商品和劳务的需要。倘若现实生活中不存在或社会尚不能提供某种商品，那么对这种商品的需要就无从产生，需要本身也就变得毫无意义。然而有时消费者并未感到生理或心理体验的缺乏，但仍有可能产生对某种商品的需要。例如面对美味诱人的佳肴，人们就可能产生食欲，尽管当时并不感到饥饿；又如华贵高雅、款式新颖的服装经常会引起一些女性消费者的购买冲动，即便她们已经拥有多套同类服装。

（二）消费者需要的特征

1. 需要具有对象性

人们的一切需要总是针对于某个或一系列的具体事物或内容，即需要具有对象性，离开了具体事物、具体目标、具体内容，就无所谓需要。

2. 需要的多样性和差异性

多样性和差异性是消费者需要的最基本特征之一，它既表现在不同消费者需求的差异上，也表现在同一消费者需要内容的多元化。

不同消费者在年龄、性别、民族传统、宗教信仰、生活方式、文化水平、经济条件、个性特征、所处地域的社会环境等方面千差万别，由此形成了多种多样的消费需要。每个消费者都按照自身的需要选择、购买和评价商品。例如有人以经济实用作为选择标准，有人则要求商品外观美观新颖，从而鲜明地显示出不同消费者之间消费需要的差异性和异质性。另外，同一消费者的需要也是多元的。消费者不仅有生理、物质方面的需要，还有心理、精神方面的需要；不仅要满足衣、食、住、行方面的基本要求，而且希望得到娱乐、审美、运动健身、文化修养、社会交往等高层次需要的满足。不仅如此，消费者需要的多元性还表现在同一消费者对某一特定消费对象常常同时有多方面的要求，如既要求商品质地优良、经济实惠，又要求商品外观美观新颖、具有时代感、能够展示独特个性等。

3. 需要的层次性和发展性

消费者的需要是有层次的，例如充饥、御寒属于低层次的需要，而受人尊重、实现自我属于较高层次的需要。在通常情况下，消费者必须先满足低层次的需要，在低层次需要得到满足的基础上才能追求高层次的需要。但在特殊情况下，需要的层次顺序也可以改变，可能跨越低层次需要去满足高层次需要，也可能在高层次需要满足之后，转而寻求低层次需要的满足。

就发展性而言，消费者的需要是一个由低级向高级、由简单向复杂不断发展的过程。这一过程随着满足需要的消费对象在内容、范围、方式上的改变而发展变化。早期社会由于生产力水平低下，人们仅能提供和获取少量而简单的物质产品，其需要也只限于果腹、御寒、生命安全等基本的要求。随着生产力水平的提高，劳动者向社会提供的物质产品日益增多，人们的需要内容也日益扩展。现代社会，随着物质产品的极大丰富和新的消费领域、消费方式的不断涌现，人们的消费需要在内容和层次上不断更新和发展。消费者不仅把吃得营养、穿得漂亮、住得舒适、用得高档作为必须满足的基本需要，而且要求通过商品和劳务消费满足社交、尊重、情感、审美、求知、实现自我价值等多方面的高层次需要。

4. 需要具有伸缩性和周期性

伸缩性又称需求弹性，是指消费者对某种商品的需要会因某些因素，如支付能力、价格、储蓄利率等的影响而发生一定程度的变化。从支付能力看，在一定时期内，多数消费者的支付能力是有限的。消费者需要的多样性与有限的支付能力之间的矛盾，使消费者的需要只能有限地得到满足，这就是需要表现出一定的伸缩性的主要原因。伸缩性还表现在消费者对需要的层次高低、内容多寡和程度强弱上。有的消费者以最高级需要为目标，坚持宁缺毋滥的原则，有的消费者则安于一般需要的满足，喜欢大众化的商品；有的消费者要求多项需要同时满足，有的则只追求某一项需要满足；有的消费者的需要极其强烈，有的则相对较弱。

消费者的需要还具有周期性的特点。需要在获得满足后，随着时间的推移还会重新出现，并显示出明显的周期性。重新出现的需要不是对原有需要的简单重复，在内容、形式上也有所变化和更新。因此，消费者需要的周期性循环出现不仅是需要形成和发展的重要条件，也是社会经济发展的直接推动力。消费者需要的周期性主要由消费者的生理运行机制及某些心理特性引起，并受自然环境变化周期、商品生命周期和社会时尚变化周期的影响。在这些因素的共同作用下，消费者需要的周期性呈现出多种不同的表现形式。例如对食品的需要周期具有间距短、循环快、重复性高的特点；服装的需要周期直接受气候变化的影响，表现出明显的季节性，而某些流行时尚的变化周期则具有不确定性，一种着装方式可能在消退 5 年、10 年甚至很长一段时间后又重新流行起来。

5. 需要的可变性和可诱导性

消费者需要的形成、发展和变化直接受到所处环境状况的影响和制约，这些环境因素包括社会环境和自然环境。因此，一定阶段社会政治经济制度的变革、伦理道德观念的更新、生活和工作环境的变迁、社会交往的启示、广告宣传的诱导以及生态环境的变化等，都可能改变消费者需要的具体内容，使某一种需要转变为另一种需要、潜在的需要转变为显现的需要、微弱的需要转变为强烈的需要。

消费者需要具有可诱导性，通过人为地、有意识地给予外部诱因或改变环境状况，引导消费者的需要按照预期的目标发生变化和转移。许多企业正是利用消费者需要的可变性和可诱导性这一特点开展广告宣传、倡导消费时尚、创造示范效应、施以优惠刺激，从而有效地影响、诱导消费者形成、改变或发展需要。

6. 需要具有连续性

这是指需要往往不断出现，不断满足，再出现，再满足，周而复始地循环，永无止境。当一种需要被满足后，另一种新的需要就会被激活，成为人们行动的新的目标和动力。而且在许多情况下会有多种需要同时产生，但总是有一种需要居于主要地位，起支配作用。当主要需要被满足后，原先占次要地位的需要就可能上升为主要需要，从而成为支配人们行为的新的目标和动力。

二、消费者需要的分类

为了便于对需要进行理解与把握，我们将从不同的角度对需要进行分类。

（一）根据需要的起源分

根据需要的起源，消费者需要可以分为生理需要和社会需要。生理需要是指个体为维持生命和延续生命，对衣、食、住、睡眠、安全等基本生存条件的需要。这种需要是人作为生物有机体与生俱来的，是由消费者的生理特性决定的。社会需要是指消费者在社会环境的影响下所形成的、带有人类社会特点的需要，如社会交往的需要、对荣誉的需要、自我尊重的需要、表现自我的需要等。这种需要是人作为社会成员在后天的社会生活中形成的，是由消费者的心理特征决定的，又称为心理需要，它对维系社会的存在和发展有重要的作用。

（二）根据需要的对象分

根据需要的对象，消费者需要可以分为物质需要和精神需要。物质需要是指对与衣、食、住、行有关的物品的需要。在生产力水平较低的社会条件下，人们购买物质产品在很大程度上是为了满足其生理性需要。但随着社会的发展和进步，人们越来越多地运用物质产品体现自己的个性、成就和地位，因此，物质需要不能简单地对应于前面所介绍的生理需要，它实际上已日益增多地渗透着社会需要的内容。精神需要是指消费者对精神生活和精神产品的需要，如对科学、技术、文化、教育、艺术、知识、道德、审美、健身等的需要，还包括对人们之间的相互理解、沟通、友情、关心和情感交流的需要等。精神需要是人的高层次需要，是人们掌握知识、追求真理、探索自然和社会发展规律的动力。

小资料：孔老夫子永远不可能想到，在2 500年后，他与一个小女子有了不解之缘，就是这个小女子，开口万言，闭口成理，将他的经典巨著《论语》演绎成普世的心灵鸡汤。她的《论语心得》“以白话诠释经典，以经典诠释智慧，以智慧诠释人生，以人生诠释人性，以人性安顿人心”。这个小女子就是于丹。由幕后的策划到走上《百家讲坛》的公众人物，由美女教授到一个明星专家，于丹这个名字已经远远超越了“超女”“易中天”的知名度，刹那间跃居各大报纸、网络的显要位置。

《百家讲坛》7天的演说，让于丹以及她的“论语心得”蹿红中国，而且势不可当，学术的超女来了，一时间成了人们街谈巷议的话题。媒体的推波助澜使其火爆效应在数月后仍不减当初。而3月份于丹的《庄子心得》的问世，再一次掀起新高潮。无论是于丹的个人品牌传播，还是其旗下两个产品的销售，很多书商都为此叹为观止。

然而树大定会招风，对“学术超女”于丹的批判从其蹿红之日就接踵而至。先是北京、清华等大学的10名博士联名抛出“将反对于丹之流进行到底”的檄文，檄文中称于丹对传统文化殊无敬畏，阉割中国传统优秀文化，用媚俗的方式传播有害的思想。10位博士甚至要求她从《百家讲坛》下课，并向电视观众道歉。之后在在于丹签名售新书时，一名反对者竟打着“孔子很生气”的旗号现场抗议，一时间褒贬不一，于丹成了一种文化现象。

问题：你如何看待“于丹现象”？

分析提示：于丹的《论语心得》是在当前浮躁的社会背景下诞生的，它可以答疑解惑，让人各有所悟，满足人们的即时的需要、现实的需要，所以才会引起众人的追捧。在当今中国，人们面临着越来越多的物质诱惑和精神困惑，而《论语心得》恰恰用心灵鸡汤般的语言，穿越了两千多年的时间隧道，紧扣了21世纪人们面临的心灵困惑，让人有所感、有所思、有所悟。《论语心得》给了人们最需要的、最想要的、最有意义的精神食粮，这是对需求的一种迎合。（资料来源：《消费者行为学》，荣晓华主编，东北财经大学出版社，2004）

（三）根据需要的层次分

消费者需要可以分为生存需要、享受需要和发展需要。生存需要是指消费者为了维持生存而产生的对基本生活物品的欲望和要求，如对粮食、空气、水、衣服、房屋等的需要，这是人类最基本的需要。如果这些基本需要得不到起码的满足，就会造成严重的社会问题。

享受需要是消费者为增添生活情趣，实现感官和精神愉悦而产生的欲望和要求，如对文化娱乐、体育健身、旅游、社交活动等的需要。随着社会进步和生产力的发展，享受需要会变得愈来愈重要。

发展需要是指消费者为发展智力和体力、提高个人才能、实现人生价值而对所需消费品的欲望和要求，如对教育、书籍、电脑、滋补品等的需要。随着现代科学技术的发展，人的发展需要将显得更加突出和重要。

（四）根据需要的实现程度分

按照需要的实现程度不同，消费者需要可以分为现实需要和潜在需要。现实需要是指消费者具有明确的消费意识和足够的消费能力，已经或即将实现的消费要求和欲望。潜在需要是指消费者的消费意识和消费能力目前尚未完全具备，但已列入消费计划的要求和欲望。现实需要与潜在需要因人而异，因具体的消费品而异。例如购买电脑一类的高科技产品，对有的消费者是消费现实．而对有些消费者还是一种愿望。

第二节　消费者的购买动机

一、动机及购买动机

正常人只要在头脑清醒的时候，他的任何一种带目的性的行为都是由一定的动机所驱使的，而动机则是在需要的基础上产生的一种心理倾向。动机是一种推动人们为达到特定目标而采取行动的迫切需要，是行为产生的直接原因。当人的这种需要必须通过购买行为才能获得满足时，便产生了对商品的购买动机。

一般人们有什么样的需要就会相应地产生什么样的动机。例如人的肚子饿了，需要吃东西，只要他身上有钱，而商店又有食品出售，他就会产生购买食品的动机，动机一旦产生就会推动他到商店去买食品充饥。因此，心理学上把凡是由需要而产生的引起个人去从事某种活动，并使活动指向一定目标激励个人行动，以满足个人需要的主观因素叫做动机。而购买动机是直接驱使消费者进行某种购买活动的内部动力，它反映了消费者在心理上、精神上和感情上的需求，实质上是消费者为满足某些需求采取购买行为的动力。

二、购买动机的功能

购买动机是消费者需求与其购买行为的中间环节，具有承前启后的中介作用。购买动机对购买行为有以下 3 种功能。

（一）始发和终止行为的功能

动机是人们行为的根本动力，消费者的购买行为就是受购买动机的驱使而进行的。当动机指向的目标达成，即消费者在某方面的需求得到满足之后，就会终止有关具体行为。此时，相同的购买动机会暂时消失，而原有动机获得满足之后，新的动机又会相续而起，从而引起新的消费行为。

（二）指引行动方向的功能

动机不仅能引起行为，而且还能使行为指向一定的方向。动机的这种功能在消费活动中表现为：一方面它使人们的购买行为具有一定的目标和方向，即满足人们某方面的需求；另一方面它可以使消费者在购买动机的冲突中进行选择，即首先满足人们最强烈、最迫切的需要。

（三）维持与强化行动的功能

动机的实现大都需要一定的过程。在人们实现目标的过程中，动机将贯穿于行动的始终，不断激励人们为实现目标而努力行动，直至动机的最终实现。另外，动机对人的行动还具有重要的强化作用，即由某种动机引发的行动结果对该行为的再生具有加强或减弱的作用。使人满意的动机结果能够保持和巩固行为，也称正强化；反之，则减弱和消退行为，称为负强化。

三、消费者购买动机的特征

（一）迫切性

购买动机的迫切性是由消费者的高强度需求引起的。如有人对骑自行车本身不感兴趣，但搬到新家后，上班远了，乘车又不方便，看到邻居骑车上下班很方便，就会产生迫切需要一辆自行车的想法。

（二）内隐性

内隐性是指消费者出于某种原因而不愿让别人知道自己真正的购买动机的心理特点。如某些尚未用上电的农村，一些姑娘结婚时非要让男方买电视机，美其名曰以后使用，实质上其真正的购买动机可能是为了显示自己的身价及富有程度，满足自己的虚荣心。

（三）可变性

在消费者的诸多消费需要中，往往只有一种需要占主导地位（即优势消费需要），同时还具有许多辅助的需求。当外部条件成熟时，占主导地位的消费需要将会产生主导动机，辅助性的需要将会引起辅助性动机。主导性的动机能引起优先购买行为，一旦消费者的优先购买行为实现，优势消费需要得到满足，或者消费者在购买决策过程或购买过程中被新的刺激所影响，原来的辅助性购买动机便可能转化为主导性的购买动机。

小案例：女律师简妮·布洛菲尔特小姐终于攒够了买车的钱，她兴冲冲地来到一家经营汽车的大公司，看中了这里出售的海蓝色“西尔斯”牌小轿车。价格尽管贵一点，但她喜欢这种车的颜色和样式，而且“西尔斯”这个牌子和名称也叫她喜欢。不巧售货员正要去吃午饭，他对她说，如果简妮小姐愿意等待30分钟的话，他一定乐意立即赶回来为她服务。简妮小姐同意等一会儿，总不能不让人吃饭呀，就是再多等30分钟也没关系，要紧的是她特意挑选今天这个日子来买车，无论如何都必须把车开回去。她走出这家大公司，看见街对面也是一家出售汽车的公司，便信步走了过去。售货员是个活泼的年轻人，他一见简妮进来，立即彬彬有礼地问："我能为您效劳吗?"简妮微微一笑，告诉他自己只是来看看，消磨一下时间。年轻的售货员很热情地陪她在销售大厅参观，并自我介绍说他叫汤姆。汤姆陪着简妮聊天，很快两人便变得很投机。简妮告诉他自己是来买车的，可惜这里没有她想要的车，只好等那家公司的售货员回来了。汤姆很奇怪简妮为什么一定要今天买到车。简妮说："今天是我的生日，所以我特意挑选今天这个日子来买车。"汤姆笑着向简妮祝贺，并和身旁一个同伴低声耳语了几句。不一会儿，这个同伴捧着几支鲜艳的红玫瑰进来，汤姆接过来送给简妮，说："祝你生日快乐!"简妮的眼睛亮了，她非常感谢汤姆的好意。他们越谈越高兴，什么海蓝色"西尔斯"，什么30分钟，简妮都想不起来了。突然，简妮看见大厅一侧有一辆银灰色的轿车，色泽是那样的柔和诱人，他问汤姆那是辆什么牌子的轿车。汤姆热心地告诉了她，并仔细地介绍了这辆车的特点，特别指出这辆车价钱比较便宜。简妮觉得自己就是想要买这种车。结果简妮·布洛菲尔特小姐驾了一辆自己原来根本没有想到的车回家了，车上插着几支鲜艳的红玫瑰。简妮的生日充满了欢乐。这个案例表明消费者的购买动机是复杂的、也是多变的。(资料来源：http：//www. 5ucom. com/info/2806. shtml)

(四) 模糊性

有关的研究表明，引起消费者购买活动的动机有几百种，其中最普遍的是多种动机的组合作用。有些是消费者意识到的动机，有些则处于潜意识状态，这往往表现在一些消费者自己也不清楚自己购买某种商品到底是为了什么。这种模糊性主要是由于人们动机的复杂性、多层次性和多变性而造成的。

(五) 矛盾性

当个体同时存在两种以上消费需要且两种需要互相抵触、不可兼得时，内心就会出现矛盾。这时人们常常采用"两利相权取其重，两害相权取其轻"的原则来解决矛盾。只有当消费者面临两个同时具有吸引力或排斥力的需要目标而又必须选择其一时才会产生矛盾的感觉。

四、购买动机的类型

由于消费者需要的多样性及客观环境因素刺激的复杂性，使得购买动机形成一个多层次、多方面、多形式的结构繁杂的体系。购买动机分为两大类：一类是一般购买动机；另一类是具体购买动机。

（一）一般购买动机

一般购买动机是指建立在消费者为其生存和发展而进行的各种消费活动基础上的带有普遍性的购买动机。认识一般购买动机对我们进一步分析消费者的具体购买动机具有重要的指导意义，它可细分为生理性购买动机与心理性购买动机。

1. 生理性购买动机

这是指消费者为保持和延续生命而引起的各种需要所产生的购买动机。生理因素是引起消费者的生理性购买动机的根源，消费者为了使生命得以延续，就必须寻求温饱、安全，能够组织家庭和繁衍后代，同时还包括增强体质与智力。所有这些需要都必须通过各种商品来加以满足，购买这些商品的购买动机都是以生理需要为前提的。在现代社会中，纯粹受生理需要驱使的购买动机是很少的，往往是生理性购买动机与其他非生理性购买动机相混，有时很难加以区分。其混杂的程度一般与消费水平有密切的联系。消费水平越高，相互混杂的程度就越高。

2. 心理性购买动机

这是指由消费者的心理活动而引起的购买动机。由于消费者的心理活动具有复杂多变的特点，所以心理性购买动机更为复杂和难以把握，它分为以下 3 类：

（1）感情购买动机。感情购买动机即消费在购买活动中由情绪和情感变化而引起的购买动机，包括情绪动机和情感动机两种。情绪动机是由消费者的喜、怒、哀、乐、惧、惊等情绪触发的动机。情感动机是由人的道德感、群体感、美感等人类高级情感而引起的购买动机。例如人们出于爱国而购买国产商品、为加深友谊而购买礼品、为了爱美而购买化妆品等都属于这类动机。情绪动机带有某种冲动性，具有不稳定的特点。而情感动机则具有相对的稳定性和深刻性，往往反映出消费者的精神面貌。

小资料：美国麦尔·休·高浦勒斯制鞋公司经过市场了解，发现美国人购买鞋子的目光已不仅仅停留在“质优价廉”上，更多的是对能体现和寄托消费者自我情绪的个性、情感型产品的需求。于是，该公司设计人员便发挥想象力，设计能激发人们购买欲望，引起感情共鸣的鞋子，并有意赋予鞋子以不同个性的情感色彩，如“男性情感”“女性情感”“优雅感”“野性感”“轻盈感”“年轻感”等。此外，他们还费尽心机地给鞋起了一个个稀奇古怪的名字，如“笑”“哭”“愤”“怒”“爱情”等，充分满足消费者的情感需求，同时高浦勒斯公司也因此创造了巨额利润。（资料来源：http：//www.3722.cn/listknowhow.asp？articleid =36024）

（2）理智购买动机。理智购买动机即消费者经过对商品的质量、价格、用途、款式、品种等进行分析、比较以后而产生的购买动机。理智性购买动机是建立在消费者对商品具备和能够进行客观认识的基础上的，这要求消费者具有一定的商品知识，一般在生产资料的购买、集团消费品的购买和个体消费者对高档生活用品的购买中较为常见。理智性购买动机驱使下的购买活动比较注重商品的质量，讲究商品的实际使用价值，要求价格便宜、使用安全方便、服务周到等。它具有客观性、实用性、周密性的特点，与消费者的经济收入有较强的相关性。随着消费水平的提高，原属于理智性购买动机的商品会逐步转化为感情性购买动机的商品。

（3）惠顾购买动机。它是指消费者基于感情与理智的经验，对特定的商品、商标、牌号和商店等产生特殊的信任和偏爱，而重复、习惯购买的一种购买动机，这种动机又称习惯性购买动机。因顾客长期惠顾而自然形成的习惯，一般不会受到外界环境和其他购买行为的影响，是相当稳定的。形成该动机的原因是多方面的，有可能是商品本身的质量上乘、外观精美、商标信誉好等；或是商店的服务周到、商品丰富多彩、价格公平、地点方便等；还可能是生产厂商的社会口碑等在消费者的购买活动中屡经考验，从而在消费者的心目中树立了美好的形象，成为消费者的购买习惯。

（二）具体购买动机

现实生活中因为每个人的需要、兴趣、爱好、性格、文化与教育程度、生活经验、风俗习惯、价值观念等的不同，消费者的购买心理要远比一般购买动机复杂、具体得多，常见的有如下几种。

1. 追求实用的动机

追求实用的动机属于理智型心理动机，是以追求商品的实际使用价值为主要目的的购买动机，一般发生在日用品的消费中。消费者只愿意购买具有他所认定使用价值的商品，如果商品的使用价值不明确或徒有虚名、毫无用处，则消费者就会放弃购买。发生这种消费动机的条件有 3 种：一是消费者已经形成实用性消费观，这成为他购买所有商品的一条准则，选购商品把商品的实用性放在第一位；二是消费者的经济实力有限，没有能力追求商品的精美外表或购买价格昂贵、知名度很高但实用性差的商品；三是商品的价值主要表现为它的实用性，消费者没有必要去追求商品个别的特性，如人们对一些日用品的消费以实用性消费动机为主。

2. 求新心理动机

求新心理动机属于感情型心理动机，是以追求商品的新颖为主要目的的心理动机。它的核心是“时髦”“奇特”。具有求新心理动机的消费者购买商品时，较为重视商品的款式和流行式样，追求时髦和与众不同，而把商品的实用性和价格的合理性放在次要地位。具有这种心理动机的人通常是经济条件较好的城市男女青年，他们购买商品时容易受广告宣传和消费潮流的影响，表现出明显的感情性和冲动性，这与青年勇于创新但缺乏经验的心理特征是一致的。如某消费者虽已有一双质量优良、耐穿的皮鞋，但现在厂商推出了一种款式新颖别致的皮鞋，消费者为追求时髦便会去购买。

3. 求美心理动机

求美心理动机属于感情型心理动机，是以追求商品的欣赏价值和艺术价值为主要目的的心理动机。它的核心是“装饰”和“美化”。具有求美心理动机的消费者购买商品时较为重视商品本身的造型美、色彩美、艺术美，把商品对人体的美化、对环境的装饰、对其身份的表现等作用放在突出位置上，追求商品带来的美的心理享受。这种心理动机在讲究修饰打扮而又有一定的经济实力的中青年妇女和文艺界的人士中比较多见，这与他们的文化、美学修养和职业特点有关。

4. 求廉心理动机

求廉心理动机属于理智型心理动机，是以追求物美价廉为主要目的的购买动机。它的核心是“价廉”和“物美”。具有求廉心理动机的消费者购买商品时较为注重商品价格的变动，喜欢选购处理价、优惠价、特价、折价商品，而对其质量、花色、造型、包装等不很挑剔。这种心理动机与消费者的经济条件有关，但也包括经济收入较高而节俭成习的人。

5. 求名心理动机

求名心理动机属于感情型心理动机，是以显示个人的地位和名望为主要目的的购买动机。它的核心是“显名”和“夸耀”。具有求名心理动机的消费者购买商品时，重视商品的社会声誉和象征意义，以达到显示其生活水平、社会地位和个性特征的心理目的。这种心理动机在购买前往往采取隐含形式，购买后以某种方式表现出来。一般说来，伴随求名心理动机，往往有不适度消费和社会攀比心理。

小案例：香港酒店业有一项新的服务——代客保管剩酒，也就是将顾客喝剩的酒保管起来，陈列在一个精致的玻璃柜内，使所有人都看得见，瓶颈上吊有一个制作精美的卡片，标明主人的身份。这项新服务正是因为巧妙地把握了消费者的心理动机而受到了欢迎。

首先妙在使顾客的惠顾动机常存。因为大多数顾客再用餐时，首先会想到为他保存剩酒的酒店，待喝光剩酒后又会点要新酒，循环往复下去，酒店生意自然兴隆。其次妙在刺激顾客的炫耀动机。因为稍有身份的顾客总希望放在酒柜里标有自己名片的酒昂贵精美，这样一来，顾客挑选的酒类档次越高，酒店的利润也就越多。最后还妙在酒店为自己做了无声的广告。顾客喝剩的酒店家并不自行处理，而是小心翼翼地放进精制酒柜，挂上考究的卡片保存着，这足以使顾客对酒店产生十足的信任感与亲切感。

保管剩酒的做法真可谓一箭三雕、煞费苦心，令人不得不叹服酒店老板独到的生意经。（资料来源：《叩开“上帝”的心扉》，张小瑞主编，中国商业出版社，1994）

6. 求信心理动机

求信心理动机属于惠顾型心理动机，是以追求某一商品或某一商店的信誉和表示对其的信任而经常购买某种商品或光顾某一商店的心理动机，它的核心是“好感”和“信任”。具有这种心理动机的消费者在购买商品时，从经验和印象出发，对某种商品、某个厂家、某个商店、某个营业员有特殊好感，非此不购。这主要由消费者的个性特征和心理定势的影响所致，一经形成便不易改变。

小案例：一位从美国归来的访问学者讲述了他在美期间经历的一件事情。一天，他推着购货车在美国一家超市选购货物的时候不小心将货架上的4瓶杜康酒碰落，瓶破酒洒。他主动找到售货小姐，表示歉意并愿意赔偿。小姐一面安慰他、检讨自己照顾不周，一面给经理打电话，说因自己照顾不善而让顾客受惊。更出乎他意料的是，经理来后满脸堆笑向他赔不是，掏出手帕为他擦去溅在身上的酒污，一再声称：“是我的职员没把货架放稳，责任在我，让您受惊了，实在对不起。”并陪他采购完货物，送出商场。据这位学者说，他那次是倾其囊中所有，装了满满一车回家，并且以后每周一次的购物都要到该商场去。他粗略估了一下，他花在该商场的钱较他弄翻酒瓶所造成的损失多出不止百倍。

思考：此商场经理对待顾客打翻酒瓶一事的处理方式如何激发了消费者的购买动机？(资料来源：《消费心理学》，刘军主编，机械工业出版社，2009)

7. 嗜好心理动机

嗜好心理动机属于惠顾型心理动机，是以满足个人特殊偏好为主要目的的心理动机。它的核心是“偏好”和“嗜好”。具有嗜好心理动机的消费者经常重复、持续、稳定地去购买某一类个人偏好的商品。这种心理动机与消费者的生活习惯、业余爱好、专业特长等有关系，也是生活水平提高，消费向深度和广度发展的表现。

8. 从众心理动机

从众心理动机属于感情型心理动机，是以在购买某种商品方面要求与别人保持同一步调为主要特征的心理动机，它的核心是“仿效”和“同步”。具有这种心理的消费者的购买动机是在相关群体和社会风气的影响下产生的。从众心理往往驱使这类消费者购买和使用别人已经拥有的商品，所以这类消费者一般是不太理智和成熟的。

小案例：日前，市场研究公司TNS推出了《中国汽车品牌健康和需求细分研究》。

TNS中国汽车研究通过在中国主要汽车市场进行相关调查，发现消费者购买汽车不再仅仅是为了找到一个代步工具或为了彰显身份，而是衍生到更为“外向性”的消费需求。研究发现，“彰显成功”“社交融入”“基本出行”等购买动机明显下降（分别下降9%、3%、3%），而“增加受欢迎度”“带来更多自由”及“吸引关注”成为增长最多的购车动机（分别增长5%、4%、3%）。此外一些家庭因素，如“照顾家庭”（增长了5%）、“让家人开心”（增长了3%）也成为购车的重要因素。调查结果同样发现，消费者的品牌忠诚度稍有提升（从38%升至40%）。安全性、耐用性及良好的操控性已成为消费者对各类车型的基本要求。中国汽车消费者对汽车性能的优化提出了更高要求，也更加重视汽车内部设计以及舒适性。这对不同类型汽车的生产厂家提出了更多要求：更多的小型车购买者希望享有最新科技（增长了3%）以及更好的导航装置（增长了4%）；而豪华车主则更关注汽车油耗的经济性（增长了3%）。过去，较低的油耗一向是中低端汽车的主要卖点，但现在高端汽车购买者也同样关注这个问题，这将为环保技术在中国汽车市场上的发展提供大量机遇。（资料来源：http：//auto. sohu. com/20091117/n268259171. shtml）

第三节 消费者的购买行为

一、消费者购买行为的含义及其一般特征

（一）消费者购买行为的含义

行为是指人们在外部刺激的影响下，经由内部经验的折射而产生的、具有目的性的活动，它是个体与环境交互作用的结果。人的行为十分复杂，它受人的内部特性和外部环境两方面的影响。由于每个人都是一个独特的世界，即使在相同的环境下，也可能表现出不同的行为。同时，人的行为也受环境的影响，不同的环境也会导致不同的行为。

如果人的行为发生在消费者的购买活动中，就自然产生了消费者的购买行为。所谓购买行为，就是指消费者为满足某种需要而在购买动机的驱使下以货币换取商品的行为。每个人为了维持其生存，都必须不断地消费他们所需要的各种物品，以满足其生理和心理需要。所以，消费者购买行为是人类社会活动中最具普遍性的一种行为方式，包括消费者个人或其家庭为满足需要而进行的一切活动，包含寻找、购买、评价商品和劳务等一系列的过程。

（二）消费者购买行为的一般特征

1. 消费者的购买行为与其心理现象紧密相连

消费者的购买行为是消费者心理的外在表现，消费者的心理现象是消费者行

为的内在制约因素和动力。消费者的心理活动过程和个性心理特征是消费者心理现象的两个方面，它们制约着消费者的一切经济活动，通过消费者的购买行为具体地表现出来。所以我们在认识购买行为时，必须将消费者的购买活动与人的心理过程和个性心理特征紧密结合起来。

2. 个人的消费行为必然受到社会群体消费的制约与影响

个人不仅是自然人、经济人、有思想的人，而且必然是社会人，是某种社会群体，如一个家庭、一个社会阶层、一个民族或种族等不同集体的成员。作为某种社会群体的成员的消费者，其消费行为必然受到所处的自然环境和社会环境的影响。

3. 消费者购买行为具有明确的目的性和很强的自主性

消费的目的是为了满足消费者的需要，消费者购买行为的直接目的是实现消费者的消费动机，所以消费者购买行为的目的是非常明确的。人们到商店购买食品的目的不外乎以下几个原因：一是出于饥饿；二是出于对一种新口味食品的好奇心；三是出于证实他人的说法与广告宣传的内容等。对于消费者购买行为的自主性，则是消费行为区别于其他行为的重要标志之一。任何消费行为的进行都是在人们自主地支付了货币之后才能实现的，现代商业的发展使消费者支付货币的时间具有更大的灵活性，但支出相应的货币才能获取商品的所有权与使用权这一基本前提并没有发生本质的变化。这决定了消费行为必然要以自觉自愿地支付货币才能取得商品的所有权为特征，即消费者的购买行为是自主进行的。

4. 消费购买行为具有很强的关联性

关联性有两种表现：当消费者满足一种消费需要实现一种消费动机时，他可能会为了得到更加满意的消费效果而对另一些相关商品产生消费需要和消费动机，如人们购买西服一般都需要相应的领带、衬衫及合适的皮鞋等商品与之配套，这是消费行为关联性的表现之一；当消费者满足了一种消费需要或实现了一种消费动机的时候，还可能产生新的消费需要，并激发新的消费动机。如上述消费者在购买西服及配套商品后，发现穿上西服后人的精神状态发生了变化，希望自己内在的气质也有所改变，于是增加了对知识的渴望，从而激发了受教育的需要，产生购买书籍的动机，这是消费者购买行为关联性的又一种表现。

5. 消费者购买行为具有发展变化性

消费者购买行为是人类社会行为的一个组成部分，随着社会各种条件的发展而不断地变化发展。消费者本人的生理、心理的变化，如年龄的增加、消费习惯的改变、某一时间内的情绪与情感的变化、个人生活中的重大改变等都会对购买行为带来影响。从社会环境来看，社会的风俗习惯会因时间的推移而改变原来的面貌，消费的时尚、潮流等也会不断更新，消费者所处世界的物质文明与精神文明都会不断提高，所有这些都有可能改变消费者的购买行为。

二、消费者购买行为类型

（一）根据消费者购买行为的不同态度分类

1. 习惯型

习惯型消费者在消费过程中，对某些品牌的商品具有特殊的感情，喜欢购买并长期使用。这种类型的消费者往往认定一种或几种品牌的产品、一家或几家商店的商品，购买时习惯于去自己熟悉的商店，而且在购买商品时成交速度快，购买行为表现出很强的目的性。这种购买类型的人的购买行为是建立在了解或信任的基础上，较少受广告宣传和时尚的影响。

小资料：在一项研究中，研究者观察了120位消费者在3家连锁店购买洗衣粉的行为。观察结果表明，72%的消费者只看了一种品牌包装的洗衣粉，11%的消费者看了两种以上品牌或包装的洗衣粉，83%的消费者只拿起了一种洗衣粉，4%的消费者拿起了两种以上的洗衣粉。很明显，多数消费者几乎没有在不同品牌或同一品牌不同包装的洗衣粉产品之间作比较分析。（资料来源：《现代消费心理学》，朱惠文，毛利蓉主编，浙江大学出版社，2004）

2. 理智型

理智型消费者善于观察、分析和比较，有较强的选择商品的能力。他们在采取购买行为前，注意收集商品的有关信息；购买时慎重、理智、不受他人及广告宣传的影响，挑选商品仔细、认真；在整个购买过程中保持高度的自主，并始终由理智来支配行动。

3. 经济型

经济型消费者有经济头脑，会对收支统筹安排，计划性强，选择商品的能力也比较强。这种类型的消费者对价格的变化非常敏感，选价心理比较严重，往往以价格的高低作为选购商品的标准。具体又有两种情况：一种是对同类商品中价格较低者感兴趣，认为经济实惠，这类消费者对商品价格的差异性特别敏感，削价、优惠价、折扣价等对他们有很强的吸引力；另一种是对同类商品中价格较高者感兴趣，认为价格高质量一定会好，这类消费者对优质名牌商品特别青睐。

4. 冲动型

冲动型消费者选购商品的能力不强。他们的心理反应强烈、敏感，情感变化快而不稳，没有明确的购买计划，选购商品考虑不周到，往往受商品的外观、广告宣传、推销活动等外界因素的影响，对商品不去进行分析比较，草率购买而且买后常常后悔。

5. 从众型

从众型消费者缺乏主见，对所购商品不去分析、比较，常常受众多人同时购买趋向的影响，只要是众多人购买、消费的商品就认为不错，于是自己也去购买。这种消费者比较常见，在购买服装、服饰等方面表现比较突出。

6. 疑虑型

疑虑型消费者的心理特征表现为优柔寡断，在购买中虽然细致、谨慎，但犹豫不决、拿不定主意。他们可能是性格内向，也可能是新购买者或者是奉命购买者。

7. 想象型

想象型消费者的感情丰富、想象力强，常常因商品的款式、颜色、包装等外形美而引起联想。同时也容易受购物环境和营销人员提供的服务的感染，因此心血来潮，促成购买行为。

（二）根据消费者购买目标的选定程度分类

1. 确定型

确定型即消费者在具体购买前已有明确的购买目标，对所要购买商品的种类、品牌、价格、性能、规格等早已确定，并能提出具体而明确的要求，一旦商品符合意愿就果断购买。这一购买行为的全过程都是在非常明确的目标指导下完成的。

2. 半确定型

半确定型就是消费者在购买商品前，对所需要商品已有一个大体的认识，但对一些具体情况还缺乏了解，在购买时仍需要进行进一步的了解、判别与比较，直至达到满意后才决定购买。由于他们在销售现场的注意力比较分散，指向性也不集中，还在各种商品之间犹豫，所以他们需要与销售人员进行信息交流。销售人员可见机参谋，以坚定其购买决心。

3. 不确定型

这种类型的消费者没有明确的购买目的，他们只是由于顺路或散步进入商店，漫无目的地浏览商品。若能唤起其需要，有了购买目标，消费者会马上发生购买行为，但也可能在浏览一番之后不买任何东西。究竟发生购买行为与否，与商店内外部环境及消费者的心理状态有关。对这类消费者，销售人员应主动热情服务，尽量引起他们的购买兴趣。

（三）根据消费者对商品的认识程度分类

1. 深涉型

这类消费者对有关商品的知识有较深入的了解，能通过各种手段对商品有较为全面的判别。在购买过程中，他们善于比较和挑选，比较自信并能向销售人员提出各种商品技术方面的细节问题，有把握地按照自己的意愿购买商品。

2. 浅涉型

这类消费者对所购商品的知识只有初浅的了解，他们期望销售人员提供更丰富的商品知识，加深自己对该商品的认识。他们有时对商品有一些似是而非的认识，这会影响他们的购买选择。这类消费者所占比例较多。

3. 初涉型

这类消费者对某些具体的商品缺乏认识，也缺乏购买和使用的经验，在购买过程中表现为走两个极端：要么是不假思索，在销售人员的推荐下毫不犹豫地购买；要么是犹豫不决，希望销售人员更深入地介绍商品。

（四）根据消费者介入程度和所购商品的品牌差异程度分类（见表3-1）

表3-1　根据消费者介入的程度和所购商品的品牌差异程度分类

品牌差异程度	购买参与程度	
	高	低
大	复杂的购买行为	寻求多样性的购买行为
小	减少失调感的购买行为	习惯性的购买行为

1. 习惯性的购买行为

对于价格低廉、经常购买、品牌差异小的产品，消费者不需要花时间进行选择，也不需要经过收集信息、评价产品特点等复杂过程，因而其购买行为最为简单。消费者只是被动地接收信息，出于熟悉而购买，也不一定进行购后评价。这类产品的营销者可以用价格优惠、电视广告、独特包装、促销等方式鼓励消费者试用、购买和续购其产品。

2. 寻求多样性的购买行为

对于品牌差异明显的产品，消费者不愿花长时间来选择和评估，而是不断变换所购产品的品牌。这样做并不是因为对产品不满意，而是为了寻求多样化。针对这种购买行为的消费者，市场营销者可采用销售促进和占据有利货架位置等办法保障供应、鼓励消费者购买。

3. 减少失调感的购买行为

对于品牌差异不大，消费者不经常购买，而购买时又有一定的风险的商品，消费者一般要比较、看货，只要价格公道、购买方便、机会合适，消费者就会决定购买。购买后消费者也许会感到有些不协调或不够满意，在使用过程中，会了解更多情况，并寻求种种理由来减轻、化解这种不协调，以证明自己的购买决定是正确的。经过从不协调到协调的过程，消费者会有一系列的心理变化。针对这种购买行为的消费者，营销者应注意运用价格策略和人员推销策略，选择最佳销售地点，并向消费者提供有关产品评价的信息，使其在购买后相信自己做了正确的决定。

4. 复杂的购买行为

对不常购买的贵重产品，由于产品品牌差异大，购买风险大，消费者需要有一个学习过程，广泛了解产品性能、特点，从而对产品产生某种看法，最后决定购买。对这种复杂购买行为，营销者应采取有效措施帮助消费者了解产品性能及其相对重要性，并介绍产品优势及其给消费者带来的利益，从而影响购买者的最终选择。

三、影响消费者购买行为的主要因素

消费者的购买行为从表面上看是个人的经济行为，从事物的内在联系及其发展角度看，消费者的购买行为受到多种复杂因素的影响。主要影响因素可以分为文化因素、社会因素、个人因素和心理因素 4 大类（见表 3-2）。每个因素对消费者购买行为的影响程度都有所不同，其中影响最深远的是文化因素，它影响到社会的各个阶层和家庭，进而影响到每个人的行为和欲望。个人心理特征对消费者的购买行为起着最直接的决定作用。商品流通企业若要准确地把握消费者的购买行为，必须分析影响消费者购买行为的有关因素。

表 3-2　影响消费者购买行为的主要因素

文化因素	社会因素	个人因素	心理因素
文化 亚文化 社会阶层	相关群体 家庭 社会角色	年龄和生命周期阶段 职业 经济状况 生活方式 个性和自我概念	动机 知觉 学习 信念和态度

（一）文化因素

文化、亚文化和社会阶层等文化因素，对消费者的行为具有最广泛和最深远的影响。文化通常是指人类在长期生活实践中建立起来的价值观念、道德观念以及其他行为准则和生活习俗。任何文化还都包含着一些较小的群体或所谓的亚文化群，如民族亚文化群、宗教亚文化群、地理亚文化群等。它们以特定的认同感和影响力将各成员联系在一起，使之持有特定的价值观念、生活格调与行为方式。另外，人类社会中存在社会阶层，具有相似的社会经济地位、利益、价值观倾向和兴趣的人组成的群体和集团就是社会阶层。

小案例： 大宝是北京三露厂生产的护肤品，在国内化妆品市场竞争激烈的情况下，大宝不仅没有被击垮，而且逐渐发展成为国产名牌。在日益增长的国内化妆品市场上，大宝选择了普通工薪阶层作为销售对象。既然是面向工薪阶层，销售的产品就一定要与他们的消费习惯相吻合。一般来说，工薪阶层的收入不高，很少选择价格较高的化妆品，而他们对产品的质量也很看重，并喜欢固定使用一种品牌的产品。因此大宝在注重质量的同时，坚持按普通工薪阶层能接受的价格定价。其主要产品“大宝SOD蜜”市场零售价不超过10元，日霜和晚霜也不过是20元。价格同市场上的同类化妆品相比占据了很大的优势，本身的质量也不错，再加上人们对国内品牌的信任，大宝很快争得了顾客。许多顾客不但自己使用，也带动家庭其他成员使用大宝产品。大宝还了解到，使用大宝护肤品的消费者年龄在35岁以上者居多，这一类消费者群体性格成熟，接受一种产品后一般很少更换。这种群体向别人推荐时又具有可信度，而化妆品的口碑好坏对销售起着重要作用。大宝正是靠着群众路线获得了市场。（资料来源：《市场营销实务》，吴国章主编，北京理工大学出版社，2008）

（二）社会因素

消费者购买行为也受到诸如相关群体、家庭角色等一系列社会因素的影响。

1. 相关群体

相关群体是指对消费者的态度和购买行为具有直接或间接影响的组织、团体和人群等。消费者作为社会一员，在日常生活中要经常与家庭、学校、工作单位、左邻右舍、社会团体等发生各种各样的联系，因而亲戚、朋友、同学、同事、邻居都可能对其购买活动产生这样那样的影响，他们就成为其相关群体。尤其在中国，顺从群体意识是中国文化的深层结构之一，因此人们往往有意无意地按照或跟随周围人的意向决定自己购买什么、购买多少。

2. 家庭

家庭是社会组织的一个基本单位，也是消费者最基本的相关群体之一，因而家庭对消费者购买行为的影响显然最强烈。一个人从出生就生活在家庭里，家庭在个人消费习惯方面给人以种种倾向性的影响，这种影响可能终其一生。而且家庭还是一个消费购买决策单位，家庭各成员的态度和参与决策的程度都会影响到以家庭为消费购买单位的商品的购买。

3. 角色

角色是指个人在群体、组织及社会中的地位和作用。一个人在一生中会参加许多群体，如家庭、班级、俱乐部及其他多种社团组织。每个人在各个群体中的位置可用角色身份来确定，在不同的环境中扮演着不同的社会角色、塑造不同的自我、具有不同的行为。每一种身份都对应一种地位，反映社会对他的评价和尊重程度。消费者往往结合考虑自己的身份和社会地位做出购买选择，许多产品和品牌由此成为一种身份和地位的标志或象征。因此，角色身份的不同会在很大程度上影响消费者的购买行为。

（三）个人因素

消费者购买行为受其个人因素的影响，这些因素主要包括以下几方面。

1. 消费者的经济状况

经济状况好坏直接决定了消费者的购买力，从而决定他们能购买哪些商品以及购买的数量。经济状况好坏主要取决于可支配收入的水平、储蓄、资产、借贷能力，以及对花费和储蓄的态度。如果某个人有足够的可支配收入、储蓄、借贷能力，他更喜欢花钱而不是储蓄，那么这个人是高档、时尚商品的购买者。

2. 消费者的职业和地位

不同职业的消费者对于商品的需求与爱好往往不尽一致。一个从事教师职业的消费者一般会较多地购买书报杂志等文化商品；而对于时装模特儿来说，漂亮的服饰和高档的化妆品则更为他们所需要。消费者的地位不同也影响着其对商品的购买，如身在高位的消费者往往会购买能够显示其身份与地位的较高级的商品。

3. 消费者的年龄与性别

消费者对产品的需求会随着年龄的增长而变化，在生命周期的不同阶段，相应地需要各种不同的商品。如在幼年期，需要婴儿食品、玩具等；而老年期则更多需要保健和延年益寿产品。不同性别的消费者的购买行为也有很大差异。烟酒类产品较多为男性消费者购买，而女性消费者则喜欢购买时装、首饰和化妆品等。

4. 生活方式

生活方式是一个人在生活中所表现出来的活动、兴趣和观点的综合模式。来自同一社会阶层、同一亚文化群体、甚至同一职业的消费者可能具有不同的生活方式。商品流通企业要研究商品和品牌与具有不同生活方式的各群体之间的关系，例如一个家用电脑公司发现其商品的目标顾客是成就型的知识工作者。

5. 个性和自我概念

人的个性和自我概念不同会影响其购买行为。

（1）个性。消费者的个性构成了消费者千差万别的购买行为。例如有些人走进商店，喜欢与售货员交谈、开玩笑、表情外露，这些人容易受售货员的宣传而购买商品。而有些人走进商店，沉默寡言、动作迟缓、内心活动复杂而感情不外露，这些人不容易受售货员的宣传而购买商品。

（2）自我概念。自我概念或称自我形象，是指个人对自己的能力、气质、个性等特征的自我评价。例如有些人购买服装时，只要自己认为这种服装的式样、颜色符合自己要求，不管别人看法如何，都会立即购买。而有些人购买服装时，即使见到一种服装的式样、颜色比较符合自己的要求也不会立即购买，而是先要征求一下他人的意见。如果有人说不好看，他就不会购买，反之则立即购买。可以看出消费者在选购商品时，自我概念会影响其购买行为。

（四）心理因素

（1）动机。动机迫使人们采取相应的行动来获得满足。

（2）知觉。这个世界充满了各种刺激。人们对同一刺激物会产生不同的知觉。

（3）学习。学习是由于经验所导致的感觉、态度和行为的改变。消费者在购买和使用商品的过程中，逐步获得和积累经验，并根据经验调整购买行为。消费者爱好的形成、偏爱的产生，都是通过消费实践学习得来的。

（4）信念和态度。人的信念和态度都会影响购买行为。

第四节　消费者的购买决策

一、消费者的购买决策定义

决策是指人们为实现某种目的，从思维到做出决定的过程。具体而言，是指人们为了达到预定的目标而采用科学的方法，对两个或两个以上的方案进行合理选择的过程。决策是否正确关系到事业的成败、企业的生死。因此无论是企业或个人都希望能够做出正确的决策。

消费者的购买决策就是指消费者在具有明确的购买目的前提下，对两个或两个以上的购买方案进行合理选择，最终达成购买决定的活动。它是购买目的的确定、购买动机的形成和购买方案的抉择过程，是购买行为实施前极为重要的准备过程。

正确的决策可以使消费者以较少的费用、时间，购买到称心如意的商品，使消费者获得最大限度的满足感。而错误的决策则会使消费者的个人资源发生浪费，其需要无法或得不到完全满足甚至导致不同程度的心理挫折，进而影响以后的购买行为。所以购买决策是消费者购买过程的一个重要环节。

小案例：北京新华信息市场咨询公司采用拦截访问的方式，在北京亚运村汽车交易市场共成功访问到206位被访者，经分析得出如下结论：

多数人购车决策周期在6个月左右。

汽车是“大件”，一般认为越是大件，购买决策的时间越长。然而事实却令人惊讶，购车家庭的决策周期远比想象中的要短。

被访者对“您家从开始决定买车到最终购买大约需要几个月？”根据回答可

知最有代表性的决策周期是 6 个月。26.7% 的购车家庭决策周期正好是 6 个月，同时累计有 74% 的购车家庭是在 1 ~6 个月完成购车的。

家庭购车仍是男人主导，但女性作用不可忽视。

男人与汽车似乎有剪不断的情缘。汽车之于男人如同衣服之于女人。正如研究人员所预料的那样，男性在家庭购车决策中仍然占主导地位。调查显示，在已婚家庭中，女人占 1/3 的决定权，也就是说在汽车刚刚进入家庭的中国，女性的决策地位只有男人的一半。

尽管如此，研究人员分析女性决策的未来走势将会看好。根据新华社的调查研究，对于一些较为复杂的消费品，如电子/数码产品、汽车、互联网等，男性对新事物的接受速度比女性快，因此理所当然地充当了市场领导者的角色（这也许和男性喜欢冒险的天性有关）。但随着这种产品的普及（在消费者中的拥有率达到一定程度），女性将逐渐成为推动市场增长的主力。

单身与已婚家庭购车决策差异大。

已婚家庭是私人购车的主要力量。调查显示，有 22% 的购车人是单身。很显然，与已婚家庭相比，单身决策时主要是自己做主（74%），而已婚者无论男性还是女性都必须和配偶商量。已婚家庭中，男性被访者声称自己做主的比例占到 63%，女性被访者声称自己做主的比例占到 52%。鉴于男性被访者多于女性被访者，推算出已婚家庭男性平均占到 58% 的决策，女性占到 35% 的决策。

同时，单身和已婚家庭都会适当邀请其他人参与购车决策。除本人和配偶外，参与者还包括其他家人和朋友。在已婚家庭，其他家人会参与 7% 的决策；单身者不仅积极地邀请未婚妻/夫（6%）、其他家人（18%）参与决策，还会有朋友们参与进来（2%）。（资料来源：《消费者行为学》，荣晓华主编，东北财经大学出版社，2006）

二、消费者购买决策的内容

消费者购买决策的内容主要有以下几个方面。

（一）为什么买（Why）

权衡购买动机。消费者的购买动机是多种多样的，同样购买一台洗衣机，有的是为了节约家务劳动时间，有的是为了规避涨价风险，有的则是为了显示富有。

（二）买什么（What）

确定购买对象。这是决策的核心和首要问题，不仅要确定购买哪一类商品，还要确定具体的对象及具体的内容，包括商品的名称、品牌、款式、规格和价格。

（三）买多少（How）

确定购买数量。购买数量一般取决于实际需要、支付能力及市场供应情况。如果市场供应充裕，那么消费者不急于买，买的数量也不会太多；如果市场供应紧张，那么即使不是目前急需或支付能力不足需要负债也可能购买。

（四）在哪里买（Where）

确定购买地点。购买地点是由多种因素决定的，如路途远近、可挑选的品种数量、价格以及服务态度等。它既与消费者惠顾动机有关，也与消费者的求廉动机、求速动机有关。

（五）何时买（When）

确定购买时间。购买时间也是购买决策的重要内容，它与主导购买动机的迫切性有关。在消费者多种购买动机中，往往由需要强度高的动机来决定购买时间的先后缓急；同时购买时间也与市场供应状况、营业时间、交通情况和消费者可供支配的空闲时间有关。

（六）如何买（Which）

确定购买方式。购买方式包括函购、邮购、网购、预购及代购，支付方式包括付现金、开支票、分期付款等。

三、消费者的购买决策过程

消费者的购买决策因为受到很多包括消费者自身在内的因素的影响，使得购买决策过程非常复杂。为了进一步了解消费者的购买决策是如何做出的，我们有必要对消费者的购买决策过程进行详细的分析，为了解和掌握消费者的购买行为打下基础。

在实际生活中，我们看到的仅仅是消费者的购买行为，而看不到其购买决策过程，但我们可以通过对消费者购买行为的研究来推测其购买决策过程。有很多学者通过对消费者购买行为的长期分析创立了一些解释购买决策过程的基本模式，影响较大的模式将消费者的购买决策过程分为 5 个阶段，即确认需要、收集信息、比较评价、决定购买及购后评价（见图 3-1）。这 5 个阶段是分析消费者购买决策过程的理论模型。事实上，消费者并非在所有的购买决策中都经过这 5 个阶段。例如有的商品的购买决策可能要花费几个月甚至几年的时间，但有的商品的购买决策也许只要几分钟甚至几秒钟的时间。显然，后者的购买决策相当简单，消费者不必全部经过这 5 个阶段，可能会跃过其中的某个或某几个阶段，也可能会对某些阶段的次序进行重新组合。

图 3-1　消费者的购买决策过程

（一）确认需要

消费者购买过程从确认需要开始。消费者发现了现实情况和理想状态的差距就产生了需要。这种需要可能由内部刺激引起，如身体所感到的饥饿、寒冷等；也可能是由于外部的刺激所引起，如电视上看到的商品广告从而引起的购买欲望，或者是朋友刚买的新车及其热心的劝说挑起的对某种品牌的车的购买欲望等。在这一阶段，营销人员应研究消费者的心理，及时发现他们的问题和需要。

（二）收集信息

消费者为了满足其需要往往会主动地以各种方式寻找所需要的信息。消费者信息来源一般包括如下 4 个方面：

（1）个人来源，指消费者的家庭成员、朋友、邻居或其他熟人。

（2）商业来源，指宣传、推销员、经销商、展销会等。

（3）大众来源，即大众传播媒介、消费者评估组织等。

（4）经验来源，即消费者自身通过参观、试用、实际使用、联想、推论等方式所获得的信息。

这些信息来源对消费者的影响程度取决于消费者所要购买的商品类型、消费者自身特点、搜集资料的方式等的区别。一般消费者得到的多数商品信息来自商业来源，这些来源由营销者控制着。最有效的来源是个人来源，尤其是在消费者对服务的选择上。商业来源通常只是通知购买者，但是个人来源会为购买者证明和评估商品好坏。

（三）比较评价

每一种方案都有其优缺点，而且由于消费者的价值观、经济状况、消费观念和消费心理的差异，不同消费者对同一购买方案的看法也不尽相同，可能会产生完全不同的评价，所以其评价的结果差异很大。例如有的消费者以价格低廉为基本尺度，有的消费者则以是否流行作为标准，有的希望商品结实耐用，有的追求个性化，还有的宁愿从众等。

（四）决定购买

消费者在对各种方案进行综合的比较评价之后就可以确定满意的方案。此时消费者已经形成了一定的购买意图，消费者根据购买意图做出购买决策和实现购买行为。但有了购买意图并不表示消费者会立即做出购买决策和实施购买行为，有时也会受两个因素的影响而改变购买决定。第一个是影响购买决策的其他人对该产品的态度。如果外部探索的结果与自己的购买意图相一致，则会增强购买意图，促使消费者尽早做出购买决策和实施购买行为；如果相反，则会削弱购买意图，甚至取消购买意图。第二个是未预料到的环境因素变化。消费者可能从期望的收入、期望的价格和期望的利益等因素出发，打算去买一种产品，但是未预料到的环境因素变化可能改变人们的购买意图，并最终影响到购买决策。

（五）购后评价

消费者做出购买决策和进行购买活动的目的是为了消费，而只有从商品或服务的消费中得到利益和满足才是真正达到了消费的目的。消费的前提是购买，消费者是否从商品和服务的消费中获得利益和满足，只能在购买以后才能表现出来。如果得到了这种利益或满足，则消费者表现出对购买活动的满意感，为进一步继续购买或反复购买奠定了基础；如果相反，一般不会出现反复购买的现象。所以，消费者的购后评价关系到下一次的购买决策，是影响购买决策的重要因素之一。

【本章小结】

在现实生活中，各种各样的购买行为都是由消费者的购买动机引起的，而消费者的购买动机又是以其需要为基础的。

消费者需要是指消费者对获取以商品或劳务形式存在的消费品的要求和欲望。消费者需要可从不同的角度进行分类：根据需要的起源，可以把消费者的需要分为生理需要和社会需要；根据需要的对象，可以把消费者的需要分为物质需要和精神需要；按照需要的层次不同，可以分为生存需要、享受需要和发展需要；按照需要的实现程度不同，可以分为现实需要和潜在需要。

当人的某种需要必须通过购买行为才能获得满足时，便产生了对商品的购买动机。购买动机对购买行为有始发和终止行为、指引行动方向和维持与强化行动的功能。购买动机具有迫切性、内隐性、可变性、模糊性和矛盾性等特征。一般情况下，将购买动机分为两大类：一类是一般购买动机，另一类是具体购买动机。

购买行为就是指消费者为满足某种需要而在购买动机的驱使下，以货币换取商品的行动。消费者的购买行为与其心理现象紧密相连；个人的消费行为必然受到社会群体消费的制约与影响；消费行为具有明确的目的性和很强的自主性；消费行为具有很强的关联性；消费行为具有发展变化性。

消费者购买行为可分为很多种类型，根据消费者购买行为的不同态度可分为习惯型、理智型、经济型、冲动型、从众型、疑虑型、想象型；根据消费者购买目标的选定程度可分为确定型、半确定型、不确定型；根据消费者对商品的认识程度可分为深涉型、浅涉型、初涉型；根据消费者介入程度和所购商品的品牌差异程度可分为简单型、多变型、和谐型、复杂型。

消费者购买行为的一般模式为“刺激—反应”模式，该模式包括3个变量，即内外刺激因素、消费者心理活动过程和反应因素。影响消费者购买行为的主要因素有文化因素、社会因素、个人因素和心理因素4大类。

消费者购买决策是指消费者在具有明确的购买目的的前提下，对两个或两个以上的购买方案进行合理选择，最终达成购买决定的活动。消费者的购买决策过程分为5个阶段，即确认需要、收集信息、比较评价、决定购买、购后评价。

【复习思考题】

1. 什么是消费者需要？有何特征及类型？
2. 什么是消费者购买动机？有何功能及类型？
3. 什么是消费者购买行为？影响消费者购买行为的因素有哪些？
4. 什么是消费者购买决策？有哪些内容？试述消费者购买决策过程。

【案例分析】

阿雯选车的故事

阿雯是上海购车潮中的一位普通的上班族，35岁，月收入万元。以下真实地记录了在2004年4月至7月间，她在购车决策过程中如何受到各种信息的影响。

阿雯周边的朋友与同事纷纷加入了购车者的队伍，看他们在私家车里享受优美的音乐而不必费力抗拒公车的拥挤与嘈杂，阿雯不觉开始动心。另外，她工作地点离家较远，加上交通拥挤，来回花在路上的时间要近3小时，她的购车动机越来越强烈。只是这时候的阿雯除了坐车的体验，除了直觉上喜欢漂亮的白色、流畅的车型和几盏大而亮的灯以外，对车几乎一无所知。

初识爱车

阿雯是在上司的鼓动下上驾校学车的。在驾校学车时，未来将购什么样的车不知不觉成为几位学车者的共同话题。

“我拿到驾照就去买一部1.4自排的波罗。”一位MBA同学对波罗情有独钟。虽然阿雯也蛮喜欢这一款小车的外型，但她怎么也接受不了自己会同样购一款波罗，因为阿雯有坐波罗1.4的体验。那一次是4个女生（在读MBA同学）上完课，一起坐辆小波罗出去吃中午饭，回校时车从徐家汇汇金广场的地下车库开出，上坡时不得不关闭了空调才爬上高高的坡，想起爬个坡便要关上空调，实实在在地阻碍了阿雯对波罗的热情，虽然有不少人认为波罗是女性的首选车型。

问问驾校的师傅吧，师傅总归是驾车方面的专家，“宝来是不错的车”，问周边人的用车体会，包括朋友的朋友，都反馈过来这样的信息：在差不多的价位上的车，开一段时间感觉还是德国车不错，宝来好。阿雯的上司恰恰是宝来车主，阿雯尚无体验驾驶宝来的乐趣，但后排的拥挤却已先入为主了。想到自己的先生人高马大，宝来的后座不觉成了胸口的痛。如果有别的合适的车，宝来仅会成为候选吧。

不久一位与阿雯差不多年龄的女邻居在小区门口新开的一家海南马自达专卖店里买了一辆福美来，便自然地向阿雯做了“详细介绍”。阿雯很快去了家门口的专卖店，她被展厅里的车所吸引，销售员热情有加，特别是有这么一句话深深地打动了她：“福美来各个方面都很周全，反正在这个价位里别的车有的配置福美来都会有，只会更多。”此时的阿雯还不在意动力、排量、油箱容量等抽象的数据，直觉上清清爽爽的配置，配合销售人员正对阿雯心怀的介绍，令阿雯在这一刻已锁定海南马自达了，于是乐颠颠地拿着一堆资料回去。福美来成了阿雯心中的首选，银色而端正的车体在阿雯的心中晃啊晃。

亲密接触

阿雯回家征求先生的意见。先生说，为什么放着那么多上海大众和通用公司的品牌不买偏偏要买“海南货”？它在上海的维修和服务网点是否完善？两个问题马上动摇了阿雯当初的方案。

阿雯不死心，便想问问周边驾车的同事对福美来的看法。“福美来还可以，但是日本车的车壳太薄”，宝来车主有多年的驾车经验，他的一番话还是对阿雯有说服力的，阿雯开始有种无所适从的感觉，好在一介书生的直觉让阿雯关心起了精致的汽车杂志。随着阅读的试车报告越来越多，阿雯开始明确自己的目标了，8～15 万的价位，众多品牌的车都开始进入阿雯的视野。此时的阿雯已开始对各个车的生产厂家，每个生产厂家生产哪几种品牌，同一品牌的不同的发动机的排量与车的配置、基本的价格都已如数家珍。上海通用的别克凯越与别克赛欧、上海大众的超越者、一汽大众的宝来、北京现代的伊兰特、广州本田的飞度 1.5、神龙汽车的爱丽舍、东风日产的尼桑阳光、海南马自达的福美来、天津丰田的威驰，各款车携着各自的风情在马路上或飞驰或被拥堵的时时刻刻，都在向阿雯展示着自己的神采。阿雯常用的文件夹开始附上了各款车的排量、最大功率、最大扭距、极速、市场参考价等一行行数据，甚至 4S 店的配件价格。经过反复比较，阿雯开始锁定别克凯越和本田飞度。

特别是别克凯越，简直是一款无懈可击的靓车啊！同事 A 此阶段也正准备买车，别克凯越也是首选。阿雯开始频频地进入别克凯越的车友论坛，并与在上海通用汽车集团工作的同学 B 联系。听了同学的介绍，阿雯增强了对别克凯越的信心，也知道了近期已另有两位同学拿到了牌照。但不幸的是，随着对别克凯越论坛的熟悉，阿雯很快发现费油是别克凯越的最大缺陷，几乎是飞度两倍的油耗，想到在将来拥有车的时时刻刻要为这油耗花钱，阿雯的心思便又活了。还有飞度呢，精巧、独特、省油，新推出 1.5 VTEC 发动机的强劲动力，活灵活现的试车报告，再加上在论坛里飞度除了因是日本车系而受到抨击外没有明显的缺陷，令人忍不住想说就是它了。正巧这一阶段广州本田推出了广本飞度的广告，阿雯精心地收集着有关广本飞度的每一个文字，甚至致电广本飞度的上海 4S 店追问其配件价格。维修人员极耐心地回答令阿雯对飞度的印象分又一次得到了增加。

此时，阿雯对电视里各种煽情的汽车广告却没有多少印象。由于工作、读书和家务的关系，她实在没有多少时间坐在电视机前。而地铁里的各式广告按道理是天天看得到，但受上下班拥挤的人群的影响，阿雯实在是没有心情去欣赏。

只是纸上得来终觉浅，周边各款车的直接用车体验对阿雯有着一言九鼎的说服力，阿雯开始致电各款车的车主了。朋友 C 已购了别克凯越，问及行车感受，说很好，凯越是款好车，值得购买。同学 D 已购了别克赛欧，是阿雯曾经心仪的 SRV，质朴而舒适的感觉，令阿雯常常觉得它宛如一件居家舒适的棉质恤衫，同学说空调很好的呀，但空调开后感觉动力不足。朋友 E 已购了飞度（1.3），她说飞度轻巧、省油，但好像车身太薄，不小心用钥匙一划便是一道印痕，有一次去装点东西感觉像“小人搬大东西”。周边桑塔纳的车主、波罗的车主，等等，都成为阿雯的“采访”对象。

花落谁家

阿雯的梦中有一辆车，漂亮的白色、流畅的车型、大而亮的灯，安静地立在阿雯的面前，等着阿雯坐进去。但究竟花落谁家呢？阿雯自己的心里知道，她已有了一个缩小了的备选品牌范围。究竟要买哪一辆车，这个“谜底”不再遥远……

讨论题：

1. 根据消费者购买行为类型分析，阿雯选车是属于哪一类购买行为，为什么？

2. 试运用消费者决策过程的五阶段模型分析阿雯选车所经历的相关阶段。

【实训练习】

1. 调查分析消费者花数百倍于自来水的价钱去买瓶装水的动机。

2. 试调查分析诸如购房、买车或家电、出国留学等复杂性的购买行为过程。

3. 以购买牙膏和汽车为例，分析消费者在做出购买决策时的不同之处。

第四章
消费者的个性心理

【学习目标】

(1) 明确消费者个性的含义及特点，了解消费者个性的内部结构；

(2) 理解消费者个性心理与消费行为的内在联系；

(3) 掌握气质的含义和特征，理解消费者气质与消费行为的内在联系；

(4) 掌握性格的含义与特征，理解消费者性格与消费行为的内在联系；

(5) 明确能力的含义、类型与差异，理解消费者能力与消费行为的内在联系；

(6) 明确兴趣的含义、特点及类型，理解兴趣与消费者购买行为的内在联系。

【建议学时】 5 课时

【导入案例】 电影《海上钢琴师》讲述了这样一个故事：邮轮弗吉尼亚号上，一位黑人工人丹尼在头等舱的钢琴旁发现了一个被遗弃的新生儿。丹尼不顾他人的嘲笑独自抚养该婴儿，并取名为“1900”，用数字作名字的风格通常是后现代的做法，可是这个人其实生活在上个世纪初，他和我们这个时代隔着上百年。1900 跟随着弗吉尼亚号往返靠泊于各个码头而逐渐长大，然而不久，好心人丹尼在一次意外事件中丧生，这个叫 1900 的孩子又落单了。不过后来奇迹出现了，被遗弃在钢琴旁的孩子有着非凡的音乐天赋，他无师自通弹起钢琴，而且弹奏的音乐自成一派。从此，1900 开始了在海上弹奏钢琴的旅程，吸引了越来越多慕名而至的旅客。他在这艘往来欧美的巨轮上迎送了一批又一批的客人，为他们演奏。无论哪个舱位的客人都被他的音乐折服，成千上万的人曾经合着他的音乐踏舞。然而旅程结束的时候，每个人都是那么匆忙地奔向陆地上的某个角落，几乎没有人会记得这个叫 1900 的人。他就是孤独的海上钢琴师，一个百年以前的怪僻天才，一个执着而偏激的理想主义者，一个敏感，骄傲而脆弱的人。期间，1900 邂逅了一位美丽动人的女孩，她的出现使得 1900 的内心开始波动，他燃起了欲踏足陆地的冲动。然而 1900 顾虑于自己在陆地上没有出生证明、没有生日、没有身份，就好像这个人从来没出生过一样，所以最终他没有离开船。他生于船、长于船、死于船。

案例启示：埃里克森的人格发展理论认为，青少年面临的最主要发展障碍是获得自我认同感——一种对于自己是谁，将要去何方，在社会中处于什么位置的知觉。而自我认同感是在应对许多选择中形成的：我想要什么样的职业，大千世界中我属于什么位置等。而片中的1900似乎一生都在思考这个问题，却又一生没能圆满解决这个问题。他不知道自己该何去何从，自己能够或应该成为什么样的人，在偌大的世界中处于何位置，所以他只能留在船上，不断重复颠簸的旅程。（资料来源：2006年全国三级心理咨询师考试题）

在日常消费中，消费者都经历着认知、情感、意志等心理活动过程，这一过程体现着消费者心理活动的普遍性规律。正是在这一基本规律的作用下，消费者的行为表现出某些共性。然而不同消费者的购买行为又是千差万别、各具特色的。消费者的个性心理特征的形成和发展受先天因素和后天因素的共同影响。消费者的个性心理特征的差异，总是通过不同的购买行为表现出来。因此，研究和了解消费者的个性心理，不但可以解释不同消费者的不同购买行为，而且可以在一定程度上预测不同消费者未来不同的消费趋势，对商品经营企业来说这无疑是非常有意义的。

第一节　消费者的个性心理概述

个性是在个体生理素质的基础上经由外界环境的作用逐步形成的。个性的形成既受遗传和生理因素的影响，又与后天的社会环境尤其是童年时的经验具有直接关系。

一、消费者个性的含义

个性（Personality），心理学中称为人格，该词来源于拉丁语Persona，最初是指演员所戴的面具，其后是指演员和他所扮演的角色。心理学家引申其含义，把个体在人生舞台上扮演角色的外在行为和心理特质都称为个性。关于个性的定义，迄今仍是众说纷纭。这里我们引用施契夫曼和卡努克对个性所下的定义：个性是指决定和折射个体如何对环境做出反应的内在心理特征。内在心理特征包括使某一个体与其他个体相区别的具体品性、特质、行为方式等多个方面。因此，个性是个综合性概念，它包括气质、性格、能力和兴趣等多种心理特征。

个性首先是建立在人的生理基础之上，因而个性心理具有生理属性。这是人生来就有的解剖生理特点，主要表现在基本神经反应的品质、天资和气质等方面，包括了人体感觉器官、运动器官和神经系统等的特点和类型。生理素质通过遗传获得，是个性心理产生的物质基础。

个体后天在社会实践活动中所逐渐形成的心理因素则是个性心理的社会属性，主要表现在人生观、兴趣、爱好、能力和性格等方面。个人所处的社会环境、生活经历、家庭背景等方面因素，对个性心理的形成、发展和转变具有决定性作用。正是由于个性的生理属性和社会属性的不同，决定了消费者个性心理的差异。

二、消费者个性的特点

个性作为反映个体基本精神面貌的本质的心理特征，具有相对稳定性、整体性、独特性和可塑性等基本特点。

（一）稳定性

个性的稳定性是指消费者经常表现出来的，表明消费者个人精神面貌的心理倾向和心理特点。偶尔或暂时出现的心理现象并不能成为主体的个性特征。

（二）整体性

个性的整体性是指消费者的各种个性倾向、个性心理特征以及心理过程都是有机地联系在一起的。它们之间紧密结合、相互依赖，形成个性的整体结构。

（三）独特性

个性的独特性是指在某一个具体的、特定的消费者身上，由独特的个性倾向以及个性心理特征组成的独有的、不同于他人的精神风貌。正是这些独具的精神风貌使不同消费者的个性带有明显的差异性。

（四）可塑性

个性的可塑性是指个性心理特征随着主体的经历而发生不同程度的变化，从而在每一阶段都呈现出不同的特征。个性的稳定性并不意味着一成不变，随着环境的变化、年龄的增长和消费实践活动的改变，个性也是可以改变的。

三、消费者个性的内部结构

从内部结构看，消费者的个性心理主要由个性倾向性和个性心理特征两部分组成。所谓个性倾向性，是指消费者在社会实践活动中对现实事物的看法、态度和倾向，具体包括需要、动机、兴趣、爱好、态度、理想、信念、价值观等。个性倾向性体现了人对社会环境的态度和行为的积极特征，对消费者心理的影响主要表现在心理活动的选择性、对消费对象的不同态度体验，以及消费行为模式上。

个性心理特征是气质、性格、能力等心理机能的独特结合。气质显示个体心理活动的动力特征；性格则反映个体对现实环境和完成活动的态度上的特征；能力体现个体完成某种活动的潜在可能性特征。气质、性格、能力3者的独特结合构成个性心理的主要方面。研究消费者的个性心理与其行为的关系，主要就是研究不同消费者在气质、性格、能力等方面的差异及其在消费行为上的反映。

四、消费者个性与消费者行为

（一）运用个性预测购买者行为

大多数个性研究是为了预测消费者的行为。营销研究者认为个性特征应当有助于预测品牌或店铺偏好等购买活动。虽然几项研究发现了关于个性与产品选择和使用之间存在相关关系的证据，但个性所能解释的变动量是很小的。迄今为止，即使是在颇具结论性的研究中，个性所能解释的变动量也不超过10%。个性对行为只有较小的预测力，实际上并不奇怪，因为它只是影响消费者行为的众多因素中的一个因素而已。即使个性特征是行为或购买意向的有效的预示器，能否据此细分市场还取决于很多条件。

小案例：在20世纪50年代，美国学者伊万斯（Evans）试图用个性预测消费者是拥有"福特"汽车还是"雪佛莱"汽车。他将一种标准的个性测量表分发给"福特"和"雪佛莱"车的拥有者，然后对收集到的数据用判别分析法进行分析。结果发现，在63%的情形下，个性特征能够准确地预测实际的汽车所有者。由于即使是在随机情况下这一预测的准确率也仅达到50%，所以个性对行为的预测力并不很大。伊万斯由此得出结论，个性在预测汽车品牌的选择上价值较小。（资料来源：《消费者行为学》，江林主编，首都经济贸易大学出版社，2007）

（二）个性与品牌选择

品牌个性是品牌形象的一部分，它是指产品或品牌特性的传播以及在此基础上消费者对这些特性的感知。目前，越来越多的研究人员开始摈弃那种认为个性特征对消费者决策行为的影响放之四海而皆准的假设，相反认为具体的品牌具有激发消费者一致性反应的作用。

品牌个性具有一定的主观性，然而它一旦形成就会与其他刺激因素共同作用于信息处理过程，使消费者获得这一品牌是否适合自己的印象。品牌个性不但使其与其他品牌相区别，而且它还具有激发情绪和情感，为消费者提供无形利益的功效。

小案例：有一个公司为它的4个品牌的啤酒分别制作了不同的广告。每一则广告宣传一个品牌，每一品牌被描绘成适宜于具有某一特定个性特征的消费者。

比如其中一个品牌的广告上是一位“补偿型饮酒者”，他正值中年，有献身精神，对他来说，喝啤酒是对自己无私奉献的一种犒劳。其他几个品牌分别被赋予“社交饮酒者”（如在大学同学联谊会上的豪饮者）、“酒鬼”（认为自己很失败而嗜酒）等“个性”。该试验让250位饮酒者观看这4则广告并品尝广告中宣传的啤酒，然后让他们按自己喜欢程度对这4种啤酒排序，同时填写一份测量其“饮酒个性”的问卷。试验结果显示，大多数人喜欢品牌个性与他们自己的个性相一致的啤酒。这种好恶倾向非常明显，以致大多人认为至少有一种品牌的啤酒不适于饮用。他们不知道，其实这四个品牌的啤酒是完全一样的。（资料来源：《消费者行为学》，江林主编，首都经济贸易大学出版社，2007）

（三）个性与新产品购买

消费者使用新产品有先有后，有些人是新产品的率先使用者，而另一些人则是落后使用者。率先使用者和落后使用者有哪些区别性特征，这是营销者特别希望了解的。消费者的创新性实际上反映的是消费者对新事物的接受倾向与态度，有些人对几乎所有新生事物采取排斥和怀疑的态度，另外一些人则采取开放和乐于接受的态度。

消费者对新产品的率先或落后使用，主要受消费者的“教条主义倾向”和“社会性格”等个性特质的影响。教条主义倾向反映了个体对不熟悉的事物或与其现有信念相抵触的信息在多大程度上持僵化立场。一般教条倾向严重的人很可能选择既有产品或已经成名的产品，从而成为新产品的落后使用者；少教条性的人更可能选择创新性产品，即成为新产品的率先使用者。社会性格是用来描述个体从内倾到外倾的个性特质。内倾型消费者倾向于运用自己内心的价值观或标准来评价新产品，他们更可能成为新产品的率先使用者；相反，外倾型消费者倾向于依赖别人的指引做出是非判断，因此成为创新采用者的可能性相对要小。

（四）个性与购买决策

虽然个性用于预测购买结果的效果并不尽如人意，但它对解释不同购买决策阶段上的行为却颇有帮助。目前，关于这方面的研究主要集中于个性与信息处理变量的关系上，其中主要涉及认知需要与风险承担等概念。

认知需要，是指个体进行思考的努力程度，或者说它是指个体喜爱思考活动的程度。广告如何影响消费者对产品态度的形成与认知需要有密切的关系。研究发现，高认知需要者更多地被广告的内容与陈述质量所影响，而低认知需要者更多地被广告的边缘刺激，如陈述者的吸引力所影响。

风险承担，即是否愿意承担风险将直接影响消费者对诸如新产品推广和目录销售等营销活动的反应。在个性研究中，风险不仅表现为决策后果的不确定性，它也意味着对将要发生损失的个人预期。一些消费者被描绘成“T 型顾客”，这类顾客较一般人具有更高的寻求刺激的需要，很容易变得腻倦，他们具有追求冒险的内在倾向，更可能将成功和能力视为生活的目标。与此相反，风险规避者更可能将幸福和快乐视为生活的首要目标。

第二节　消费者的气质差异

气质是消费者典型的个性心理特征之一，对消费者的购买行为起着重要的影响作用。消费者气质的差异导致每个消费者在进行各种消费活动时表现出不同的心理活动过程，形成各自独特的购买行为色彩。

一、气质的含义和特征

从消费心理学的角度看，气质是指个体心理活动的典型的、稳定的动力特征。这些动力特征主要表现在心理过程的强度、速度、稳定性、灵活性及指向性上。情绪的强弱、意志努力的强度、耐受力的大小等属于心理过程的强度；知觉的快慢、思维的敏捷性等属于心理过程的速度；情绪的稳定性、注意力集中时间的长短等属于心理过程的稳定性；兴奋与抑制转换快慢、注意转换的难易等属于心理过程的灵活性；心理活动是倾向于外部事物，还是倾向于内心活动，体现心理活动过程的指向性特点。

气质作为个体典型的心理动力特征，是在先天生理素质的基础上通过生活实践在后天条件影响下形成的。由于先天遗传因素不同及后天生活环境的差异，不同个体之间在气质类型上存在着多种个别差异。这种差异会直接影响个体的心理和行为，从而使每个人的行为表现出独特的风格和特点。如有些人热情活泼、善于交际、表情丰富、行动敏捷，而另一些人则比较冷漠、不善言谈、行动迟缓。这种气质的差异和影响同样存在于消费者及其消费活动中，对于同一商品，不同气质类型的消费者会采取完全不同的购买行为。

气质作为个体稳定的心理动力特征，一经形成便会长期保持下去，并对人的心理和行为产生持久影响，也就是说，一个人的气质往往表现出相对稳定的、持久性的特点。人们常说的“江山易改，本性难移”指的就是气质的稳定性与持久性。但是随着生活环境的变化、职业的熏陶、所属群体的影响以及年龄的增长，消费者的气质也会有所改变，当然，这一变化是相当缓慢的、渐进的过程。

二、气质学说与类型

长期以来，心理学家对气质这一心理特征进行了多方面研究，从不同角度提出了各种气质学说，并对气质类型做了相应分类。

（一）主要的气质学说

1. 体液学说

早在公元前5世纪，古希腊的著名医生希波克拉底就提出了气质的体液学说，认为人体的状态是由体液的类型和数量决定的。他通过临床实践研究，认为人体内有四种体液：血液、黏液、黄胆汁、黑胆汁。根据每种体液在人体内所占比例不同，可以形成四种不同的气质类型。血液占优势的属于多血质，黏液占优势的属于黏液质，黄胆汁占优势的属于胆汁质，黑胆汁占优势的属于抑郁质。希波克拉底还详细描述了四种典型气质的行为表现，由于他的理论较易理解，所以这一分类方法至今仍为人们所沿用，但其关于体液存在的观点始终未得到生理学和现代医学的验证。

2. 血型学说

日本学者古川竹二等人认为气质与人的血型有一定联系。人的血型有四种，即O型、A型、B型、AB型。其中，O型气质的人意志坚强、志向稳定、独立性强、有支配欲、积极进取；A型气质的人性情温和、老实顺从、孤独害羞、情绪波动、依赖他人；B型气质的人感觉灵敏、大胆好动、多言善语、爱管闲事；AB型气质的人则兼有A型和B型的特点。这一学说在日本较为流行。

3. 体形说

德国的精神病学家克瑞奇米尔根据临床观察研究，认为人的气质与体形有关。属于细长体形的人具有分裂气质，表现为不善交际、孤僻、神经质、多思虑；属于肥胖体形的人具有躁狂气质，表现为善于交际、表情活泼、热情；属于筋骨体形的人具有黏着气质，表现为迷恋、一丝不苟、情绪具有爆发性。

4. 倾向学说

这种学说由瑞士著名心理学家容格提出，它以个人倾向性作为标准，将人的气质分为外倾型和内倾型两种。容格认为外倾型的人易以环境作为行为出发点，凡事但求适应环境，心理活动倾向于外部，活泼、开朗、容易流露自己的感情，待人接物决断快，但比较轻率，独立性强，缺乏自我分析和自我批评，不拘泥于一般的小事，善于交际。内倾型的人以自我作为行为的出发点，凡事以自我为中心，心理活动倾向于内部，感情比较深沉，待人接物比较小心谨慎，经常反复思考，常因过分担心而缺乏判断能力，但对事总是锲而不舍，能够自我分析和自我批评，不善于交际。这一学说在西方心理学界有较大的影响。

5. 高级神经活动类型学说

俄国心理学家巴甫洛夫通过实验发现，人的高级神经活动在心理的生理机制中占有重要地位。高级神经活动具有 3 大基本特性，即强度、平衡性、灵活性。所谓强度是指大脑皮层细胞经受强烈刺激或持久工作的能力；平衡性是指兴奋过程的强度和抑制过程的强度之间是否相当；而灵活性是指对刺激的反应速度和兴奋过程与抑制过程相互替代、转换的速度。巴甫洛夫根据上述 3 种特性的相互结合提出高级神经活动类型的概念，指出气质是高级神经活动类型的特点在动物和人的行为中的表现，并据此划分出高级神经活动的 4 种基本类型。

（1）兴奋型。这类人的神经素质反应较强，但兴奋过程与抑制过程不平衡，且兴奋过程时常占据优势，情绪易激动，暴躁而有力，言谈举止有狂热表现。

（2）活泼型。这类人的神经活动过程平衡，强度和灵活性都高，行动敏捷而迅速，兴奋与抑制之间转换快，对环境的适应性强。

（3）安静型。这类人的神经活动过程平衡，强度高但灵活性较低，反应较慢而深沉，不易受环境因素影响，行动迟缓而有惰性。

（4）抑制型。这类人的兴奋和抑制两种过程都很弱，且抑制过程更弱一些，难以接受较强刺激，是一种胆小而容易伤感的类型。

（二）气质的基本类型

由于巴甫洛夫的结论是在解剖实验基础上得出的，因而具有较强的科学依据。同时由于各种神经活动类型的表现形式与传统的体液说有对应关系，因此，人们以体液说作为气质类型的基本形式，而以巴甫洛夫的高级神经活动类型说作为气质类型的生理学依据，把人的气质划分为以下 4 种基本类型。

1. 胆汁质型

这种气质的人高级神经活动类型属于兴奋型。其情绪兴奋性高、抑制能力差、反应速度快但不灵活、直率热情、精力旺盛、脾气暴躁、容易冲动、心境变化剧烈。

2. 多血质型

这种气质的人高级神经活动类型属于活泼型。其情绪兴奋性高、外部表露明显、反应速度快而灵活、活泼好动、动作敏捷、喜欢交往、乐观开朗、兴趣广泛但不持久、注意力易转移、情感丰富但不够深刻稳定。

3. 黏液质型

这种气质的人高级神经活动类型属于安静型。其情绪兴奋性低、外部表现少、反应速度慢，一般表现为沉静安详、少言寡语、行动迟缓、善于克制忍耐、情绪不外露、做事踏实、慎重细致但不够灵活、易固执己见。

4. 抑郁质型

这种气质的人高级神经活动类型属于抑制型。其情绪兴奋性低，反应速度慢而不灵活，具有刻板性、敏感细腻、脆弱多疑、孤僻寡欢、对事物反应较强、情感体验深刻，但很少外露。

以上是4种气质类型的典型表现，而在现实生活中绝对属于某种气质类型的人并不多，大多数人是以某一种气质类型为主，兼有其他气质特征的混合型。同时需要指出的是，一个人的气质无所谓好坏，但对人的品质的形成的影响却有积极和消极之分。了解一个人的气质，有助于根据消费者的各种购买行为发现和识别其气质方面的特点，注意利用其积极的方面，而控制其消极面。

小案例：张某是湖南某大学工商管理专业的一名研究生，毕业时有两家用人单位对她亮了“绿灯”。一家是江苏某技校欲聘请她教书，一家是湖南某工商局欲让她当办公室秘书。她再三思考后，觉得自己的气质不适合做文秘工作，而比较适合搞研究及从事教学工作。因为从性格上讲，她有一种纯情和天真的气质，适合与学生打交道。于是她在别人不理解的眼光中毅然到技校执掌教鞭。幸运的是，她在现在的工作中感到非常的顺心、舒心。她肯定了自己按照气质类型选择职业的正确性。因此我们每个人都应该在了解了自己的气质类型之后，有针对性地选择适合自己的职业。（资料来源：根据气质择业成功人士案例，www.stupress.com/ebook/dxszyzd）

三、消费者的气质类型与消费行为

消费者不同的气质类型特点必然会直接影响和反映到他们的消费行为中，使之显现出不同的，甚至截然相反的行为方式、风格和特点。因此，认识和掌握不同气质特征的消费行为，有助于提高商品销售活动的技巧。

（一）胆汁质类型消费者

胆汁质类型消费者在购买过程中反应迅速，一旦感到某种需要，购买动机就很快形成，而且表现比较强烈；决策过程短，情绪易于冲动，满意与否的情绪反应强烈并表现明显；喜欢购买新颖奇特、标新立异的商品；购买目标一经决定就会立即购买，不愿花太多时间进行比较和思考，而事后又往往后悔不迭。在购买过程中，如果遇到礼貌热情的接待便会迅速成交；如果营业人员态度欠佳或使消费者等候时间过长，则容易引发他们的急躁情绪乃至发生冲突。所以接待这类消费者要眼明手快、及时应答，并辅以柔和的语言与目光，千万不要刺激对方，使消费者的购物情绪达到最佳状态。

（二）多血质类型消费者

多血质类型消费者在购买过程中善于表达自己的愿望，表情丰富，反应灵敏，有较多的商品信息来源；决策过程迅速，但有时也会由于缺乏深思熟虑而作出轻率的选择，容易见异思迁；他们善于交际，乐于向营业员咨询、攀谈所要购买的商品，甚至言及他事。因此，接待这类消费者应主动介绍、与之交谈，要不厌其烦地有问必答，尽量帮助他们缩短购买商品的过程，当好他们的参谋。

（三）黏液质类型消费者

黏液质类型消费者在购买过程中对商品刺激反应缓慢，喜欢与否不露声色；沉着冷静，决策过程较长；情绪稳定，善于控制自己；自信心较强，不易受广告宣传、商品包装及他人意见的干扰影响，喜欢通过自己的观察、比较作出购买决定，对自己喜爱和熟悉的商品会产生连续购买行为。接待这类消费者要有耐心，应有的放矢，避免过多的语言和过分的热情，以免引起消费者的反感。

（四）抑郁质类型消费者

抑郁质类型消费者在购买过程中对外界刺激反应迟钝，不善于表达个人的购买欲望和要求；情绪变化缓慢，观察商品仔细认真，而且体验深刻，往往能发现商品的细微之处；购买行为拘谨，不愿与他人沟通，对营业员的推荐介绍心怀戒备，甚至买后还会怀疑是否上当受骗。接待这类消费者要注意态度和蔼、耐心，对他们可作些有关商品的介绍以消除其疑虑，促成买卖，对他们的反复应予以理解。

第三节　消费者的性格差异

一、性格的含义与特征

（一）性格的含义

性格是指个人对现实的稳定态度和与之相适应的习惯化的行为方式。性格是个性中最鲜明的、最主要的心理特征，它通过人对事物的倾向性态度、意志、活动、言语、外貌等方面表现出来，是个性心理特征最重要的表现。人在现实生活中表现出的一贯性的态度倾向和行为方式，如勤奋、懒惰、诚实、虚伪、慷慨、吝啬、谦虚、骄傲、勇敢、懦弱等，这些都反映了自身的性格特点。

性格与气质同属人的个性心理特征，有时易被混为一谈。两者区别如下。

1. 两者形成的客观基础条件不同

气质的形成直接取决于人的高级神经活动类型，具有自然性质；性格形成的生理基础有高级神经活动类型的影响，但主要受社会环境、教育背景等后天因素影响，具有社会性质。

2. 两者的稳定程度不同

气质具有先天性，受遗传因素的影响，虽然也会受到外界环境的影响，但其变化极为缓慢，具有较强的稳定性；性格主要是后天形成的，是在人与外界环境的相互作用中逐渐形成和发展的，虽然也具有稳定性特点，但与气质相比较容易改变，具有较强的可塑性。

3. 两者的社会评价不同

气质反映的是人在情绪和行为活动中的动力性特征，具有某种气质类型的人在不同的活动中会以同样的方式表现出来。因此气质不受活动内容的影响，也不具有社会评价意义，无好坏之分。性格反映的是人的社会特征，是对客观事物的态度和行为方式，常与他人发生一定的社会关系，产生一定影响，或有益于社会和他人，或有害于社会和他人。因此，性格具有社会评价意义，有好坏之分。

性格与气质的相互联系和相互影响主要表现如下。

（1）气质可以按照每种类型的动力特征影响性格的表现方式，从而使性格带有一种独特的色彩。例如同样是对人友善的性格，胆汁质类型的人表现为热情豪爽，多血质类型的人表现为亲切关怀，黏液质类型的人表现为诚恳，而抑郁质类型的人表现为温柔。

（2）气质可以影响性格形成和发展的速度。例如对于勇敢性格的形成，胆汁质类型的人比较自然和容易，而抑郁质类型的人往往需要经过长时间的努力和锻炼。

（3）性格可以制约气质的表现，也可以影响气质的改变。例如顽强坚定的性格可以克制气质的某些消极方面，使积极方面得到充分发展。一个意志坚强、认真负责的营业员的气质属于胆汁质类型，她在接待顾客时，经常告诫和要求自己切不可急躁冲动，而要保持热情和耐心，动作快而不乱，使顾客得到满意的服务。

在性格与气质的关系中，气质只反映活动的进行方式，而性格则引导着活动的方向，并调节、改变气质因素，使活动达到预定的目标。因此性格是最本质、最核心、最富有代表性的个性心理特征。

（二）性格的特征

性格是十分复杂的心理现象，具有多方面的特征，主要体现在以下 4 个方面。

1. 性格的态度特征

性格的态度特征表现为个人对待客观事物和现实的态度的倾向性特点。这种特征主要体现在 3 个方面：一是对社会、集体和他人的态度上的差异，如热情或冷淡、大公无私或自私自利、富于同情心或冷漠无情、诚实或虚伪等；二是对事业、工作、学习、劳动和生活的态度上的差异，如耐心细致或粗心大意、勇于创新或墨守成规、勤劳或懒惰、节俭朴素或奢侈浮华、努力进取或松懈退却等；三是对自己的态度上的差异，如谦虚或骄傲、自信或自卑、严于律己或放任自流等。

2. 性格的理智特征

性格的理智特征是指人在对事物认知过程中表现出来的个体差异方面的特点。例如在感知方面有主动观察与被动知觉的差异，在想象方面有富于创造性想象和依赖模仿性想象的差异，在思维方面有抽象与具体罗列的性格差异等。

3. 性格的情绪特征

性格的情绪特征是指个人受情绪影响或控制情绪程度状态的特点。主要体现在以下 3 个方面：一是情绪反应的程度，如对同一件事情，有的人反应强烈、体验深刻，而有的人则反应较弱、体验肤浅；二是情绪的稳定性，有的人稳重并善于自控，有的人则极易冲动；三是情绪的持久性，如有些人情绪持续的时间长，留下的印象深刻，而有些人情绪持续时间短，几乎不留痕迹。

4. 性格的意志特征

性格的意志特征是指在意志的作用下，表现出来的对自身行为的自觉调节方式和控制程度的特点。这种特征体现在 4 个方面：一是行为目标明确程度的特征，如做事是有计划性的还是盲目性的，是积极主动的还是消极被动的；二是对自己的行为自觉控制水平的特征，如主动控制还是一时冲动，是自制力强还是放任自流；三是在紧急或困难条件下表现出来的意志特征，如沉着镇定还是惊慌失措，是果断顽强还是犹豫不决；四是对待长期工作的意志特征，如严谨还是马虎，坚毅还是半途而废等。

上述几个方面的性格特征相互联系，构成一个统一整体。每个人不但有不同的性格特征，而且这些特征的结构也不相同，从而使同一性格特征在不同的人身上表现出差异性。人们的个性特征差异是极其丰富的，很难找出两个性格特征和结构完全相同的人。这反映到消费者的消费行为上就构成了千差万别的消费性格。

小案例：陈某是某校高二学生，最近她十分苦恼，因为总是得罪人，于是她向心理老师咨询，询问如何才不会得罪人，搞好人际关系。她得罪人的原因是因为她没耐性，稍微有些不合意就急躁起来，弄得她现在独来独往，心里很不是滋味。在咨询中了解到，小时候她就很耐不住性子。她要的东西必须马上就得到否则就哭闹。上小学时，父母早晨都很忙，没时间给她梳头，只好自己梳。因为行动匆忙，有时落下一绺头发没梳上去，她就急得一把拽下来。她成绩挺好，有时给同学讲题，讲一两遍还不明白她就烦了，“怎么还不明白呢？不就是这样，这样吗？”结果使得同学很不好受，再也不问她了，她也挺后悔，觉得不该这样，但一着急就控制不住了。如果别人要她重复一下刚才讲过的一句话，她也不耐烦，“我都说过了，谁叫你没听？”做事也如此，不是把同学的杯子弄破了，就是把别人的东西弄丢了。骑车有时急匆匆的，下车就走，因为忘了锁，已经丢了好几辆车。跟同学争论问题出不了结果，又发怒了：“算了，我不跟你吵，急死人了。”跟朋友一起走，假设朋友有点事她就不耐烦地说：“快点，这么磨蹭，麻烦死了。”就这样，朋友们一个个都离她而去，尽管她很热心，但谁也不愿意请她帮忙。其实陈某的主要原因倒不是得罪人，从根本上来说是性格问题。（资料来源：2005年南安市中学心理健康教育案例）

二、性格的理论学说及类型

长期以来许多心理学家高度重视性格理论的研究和探讨，并尝试从不同的角度对人的性格进行分类。有关性格的理论学说及分类比较典型的主要有以下几种。

（一）机能类型说

这种学说主张根据理智、情绪、意志等3种心理机能在性格结构中所占的优势地位来确定性格类型。其中理智占优势的性格称为理智型，这种性格的人善于冷静地、理智地思考和推理，用理智来衡量事物，行为举止多受理智的支配和影响；情绪占优势的性格称为情绪型，这种性格的人情绪体验深刻，不善于进行理性思考，言行易受情绪支配，处理问题喜欢感情用事；意志占优势的性格称为意志型，这种性格的人在各种活动中都具有明确的目标，行为积极主动，意志比较坚定，较少受其他因素干扰。

（二）向性说

美国心理学家艾克森提出按照个体心理活动的倾向来划分性格类型。并据此把性格分为内倾、外倾两类。内倾型的人心理内倾、沉默寡言、情感深沉、待人接物小心谨慎、性情孤僻、不善交际。外倾型的人心理外倾、对外部事物比较关心、情感容易流露、待人接物比较随和，开朗、大方、善于交际。

（三）独立—顺从说

这种学说按照个体的独立性把性格分为独立型和顺从型两类。独立型表现为善于独立发现和解决问题，有主见，不易受外界影响，较少依赖他人。顺从型则表现出独立性差，易受他人影响，人云亦云，抉择问题时犹豫不决。

（四）价值倾向说

美国心理学家阿波特根据人的价值观念倾向，将性格划分为以下6种类型。

（1）理论型。这种性格的人求知欲旺盛，乐于钻研，擅长于观察、分析和推理，自制力强，对于情绪有较强的控制力。

（2）经济型。这种性格的人倾向于务实，从实际出发，注重物质利益和经济效益。

（3）艺术型。这种性格的人重视事物的审美价值，善于审视和享受各种美好的事物，以美学或艺术价值作为衡量标准。

（4）社会型。这种性格的人具有较强的社会责任感，以爱护、关心他人作为自己的职责，为人善良随和、宽容大度、乐于交际。

（5）政治型。这种性格的人对于权力有较大的兴趣，十分自信，习惯自我肯定，也有的人表现为自负、专横。

（6）宗教型。这是指那些重视命运和超自然力量的人，一般有稳定甚至坚定的信仰，逃避现实，自愿克服比较低级的欲望，乐于沉思和自我否定。

（五）性格九分法

近年来，性格九分法作为一种新的性格分类方法在国际上开始引起重视并逐渐流行开来。这种分类把性格划分为 9 种基本类型。

（1）完美主义型。其特征表现为谨慎、理智、苛求、刻板。

（2）施予者型。其特征表现为有同情心、感情外露，但可能具有侵略性，爱发号施令。

（3）演员型。其特征表现为竞争性强、能力强、有进取心、性情急躁、为自己的形象所困扰。

（4）浪漫型。其特征表现为有创造性、气质忧郁、热衷于不现实的事情。

（5）观察者型。其特征表现为情绪冷淡、超然于众人之外、不动声色、行动秘密、聪明。

（6）质疑者型。其特征表现为怀疑成性、忠诚、胆怯、总是注意着危险的信号。

（7）享乐主义者型。其特征表现为热衷享受、孩子气、不愿承担义务。

（8）老板型。其特征表现为独裁、好斗、有保护欲、爱负责任、喜欢战胜别人。

（9）调停者型。其特征表现为有耐心、沉稳、善于安慰人，但可能因安于享受而对现实不闻不问。

从上述理论介绍中可以看出，由于不同学者在划分性格类型时的研究角度和所持的依据各不相同，因而得出的结论也各不相同。这说明性格作为主要在社会实践中形成并随环境变化而改变的个性心理特征，具有极其复杂多样的特质构成与表征，单纯以少数因素加以分类是难以涵盖其全部类型的。同理，由于消费活动与其他社会活动相比更为复杂、多变，因此，消费者的性格类型更难于作出统一界定，而只能结合具体的消费实践加以研究和划分。

三、消费者的性格与消费行为

消费者千差万别的性格特点，往往表现在他们对消费活动的态度和习惯化的购买行为方式以及个体活动的独立性程度上，从而构成千姿百态的消费性格。从不同的角度，消费性格可以划分为不同的类型，体现出不同的消费行为。

（一）从消费态度角度划分

1. 节俭型

节俭型消费者崇尚节俭，反对不必要的开支和浪费。他们在选购商品时较为注重商品的质量和实用性，不太重视商品的品牌和外观，不喜欢华而不实、中看不中用的商品，受商品外在包装及商品广告宣传影响较小。

2. 保守型

保守型消费者的性格一般比较内向，消费态度大都比较严谨、固执，习惯于传统的消费方式。接受新产品、新观念比较慢，有时甚至很困难。在购物时，喜欢购买传统的和有过多次使用经验的商品，不太愿意冒险尝试新产品。

3. 自由型

自由型消费者的消费态度比较随意，没有长久、稳定的消费模式。在选购商品时表现出较大的随机性，选择商品的标准也往往多样化，经常根据实际需要和商品种类的不同采取不同的选择标准，同时受外界环境及广告宣传的影响较大。

（二）从购买方式角度划分

1. 习惯型

习惯型消费者往往根据以往的消费和使用经验采取购买行动。当他们一旦对某种品牌的商品熟悉并产生偏爱后，便会经常重复购买，不易改变自己的观点和行为。

2. 慎重型

慎重型消费者大都较稳重，遇事冷静、客观，情绪不易外露。选购商品时，常根据自己的实际需要和购物经验作出决定，受外界影响小，不易冲动，具有较强的自控能力。他们在购物之前往往会广泛搜集有关信息，经过慎重的考虑、比较和选择之后才会作出购买决定。

3. 挑剔型

挑剔型消费者大都具有一定的商品知识和购买经验，在选购商品时主观性强，较少征询他人意见。选购商品极为细心，有时甚至很苛刻，对售货员的推荐介绍有相当敏感的戒备心理。

4. 被动型

被动型消费者大多缺乏商品知识和购买经验，对商品品牌、款式等没有固定的偏好，选购商品时缺乏自信和主见，希望得到别人的意见和帮助。因此售货人员的宣传和推荐往往会对这类消费者的购买行为产生较大的影响。

5. 冲动型

冲动型消费者的情绪特征非常明显，对外部刺激的反应非常敏感。在选购商品时以直观感觉为主，易受广告宣传、产品包装等因素影响，并喜欢追求新产品和时尚商品。对商品价格、功能考虑不多，常凭个人一时冲动购买。

我们要注意，在实际购买活动中，由于环境的影响，消费者的性格往往表现得比较模糊。所以在判断和分析消费者的性格特征时，必须考虑性格的稳定性特点，而不能凭一时的购买态度和偶然的购买行为对其消费性格做出判定。

第四节　消费者的能力差异

能力总是和人们完成一定的活动联系在一起，离开了具体活动就不能表现人的能力。消费者的能力则是通过消费活动表现出来，因此研究消费者的能力结构及其对消费者行为的影响具有重要的现实意义。

一、能力的含义

所谓能力，就是指人顺利完成某项活动所必须具备的，并且直接影响活动效率的个性心理特征。实践中，要成功地完成一项活动，往往需要具备多种综合能力。其中包括观察力、记忆力、想象力、思维能力、注意力，以及听觉、运算、鉴别能力和组织能力等。这些不同种类的能力彼此联系、相互促进、共同发挥作用。当然，不同的活动需具备不同的能力结构，所需的能力强度也不相同。例如在进行购买活动时，一般商品的购买只要求消费者具有注意力、记忆、思维、比较和决策的能力。而购买特殊商品时则还须加上鉴别能力和检验能力等。

对能力的理解要注意两点：首先，能力是顺利完成某项活动的主观条件。消费者只有具备良好的观察能力、记忆能力和思维能力等，才能保证购买活动的顺利进行。其次，能力总是与人的活动相联系，并直接影响人的活动效率。人的能力总是存在于人的活动之中，并通过活动表现出来，同时也只能从活动的效率和效果中看出其能力的大小和强弱。

人的能力的形成和发展与许多因素有关。研究表明，人的能力发展与遗传因素有关。但遗传因素仅是能力形成和发展的自然基础，只是提供了心理发展的可能性，要转化为现实性还需要环境因素的配合。环境对人的能力形成与发展起着重要的作用，因而许多学者强调早期教育的重要性。同时人的社会实践是能力发展的关键因素。人在改造客观世界的实践活动中逐渐形成和发展了各种能力。另外人的心理因素与人的能力发展也有着密切的联系。许多研究表明，远大的理想、浓厚的兴趣以及顽强的意志等，可以极大地促进一个人能力的发展。

二、能力的类型与差异

（一）能力的类型

人的能力是由多种具体能力构成的有机结构体。依据不同的标准，能力可以划分为不同的类型。

1. 依据作用方式不同，可以分为一般能力和特殊能力

一般能力是顺利完成各种活动所必须具备的基本能力，如观察能力、记忆能力、思维能力、想象力、注意力等。它是人们完成任何活动所不可缺少的，是从事各种活动的前提条件。特殊能力是顺利完成某种专业活动所必须具备的能力，如创造力、鉴赏力、组织领导能力等。

2. 依据在能力结构中所处地位的不同，可以分为优势能力和非优势能力

优势能力是指在能力结构中处于主导地位、表现最为突出的能力。非优势能力则是处于从属地位，表现比较微弱的能力。优势能力与非优势能力在每个人身上相比较而存在。任何人都不可能是全才，但只要具备某一方面的优势能力同样可以获得成功。

（二）能力的差异

由于受到环境、教育、社会实践等众多因素的影响，人与人之间在能力上存在着个别差异，正是这些差异决定了人们的行为活动具有不同的效率和效果。具体而言，能力的差异主要表现在以下几个方面。

1. 能力类型的差异

能力类型的差异是指人的能力在类别上以及在同类中的不同能力之间的差别。例如有些人的一般能力比较强，而特殊能力较弱；有些人的认知能力较强，而操作能力较弱。在同类的认知能力中，有些人观察能力、知觉能力较强，而记忆能力或想象能力较弱。人的能力类型的差异虽然是客观存在的，但这并不表明一种类型的能力优于另一种类型的能力，因为在任何类型能力的基础上，各种能力都可以得到相应的发展。每个人都可以根据自身的特点，发展与之相适应的各种能力，以适应各种社会实践活动的需要。

2. 能力水平的差异

能力水平的差异是指不同的人之间在同种能力的发展水平上存在高低的差

别。如果在相同条件下，一个人从事某项活动的顺利程度和取得的成绩高于别人，那么在一定程度上表明他的能力比其他人强。研究发现，就一般能力来看，在全世界人口中，智力水平基本呈正态分布，即智力极低或智力极高的人很少，绝大多数的人属于中等智力。表 4-1 是美国心理学家推孟（L. M. Terman）抽取 2904 个年龄在 2 ~ 18 岁的人进行测验得出的智商情况。可以看出，表两端的百分数都很小，而中间部分很大。

表 4-1　智力水平等级划分表

智　商	等　级	人口比例/%
139 以上	非常优秀	1
120 ~ 139	优秀	11
110 ~ 119	中上	18
90 ~ 109	中智	46
80 ~ 89	中下	15
70 ~ 79	及格	6
70 以下	低智	3

（资料来源：《普通心理学》，王雁主编，人民教育出版社，2002）

3. 能力表现时间的差异

能力表现时间的差异是指不同人之间在同种能力的发展上表现出时间早晚的差别。对于某种能力，有的人表现得早一些，而有的人却表现得比较晚。有的人是“人才早熟”，有的人是“大器晚成”。消费者能力表现的早晚主要与后天消费实践的多少及专门训练的程度有关。

小资料：根据历史记载，我国许多名人在幼年时期就显露其才华。李白“五岁读六甲，十岁观百家”；杜甫“七龄思即壮，开口咏《凤凰》”；明末爱国诗人夏完淳 5 岁知五经，9 岁擅辞赋古文，17 岁壮烈牺牲。近年来，全国各地更是涌现出一些早慧儿童成为小画家、小音乐家、小文学家等。在中国科技大学，自 1978 年以来已招收多期少年班大学生，他们都是十四五岁就上了大学。

事实上，大器晚成的人在古今中外不乏其例：姜子牙辅佐周武王，72 岁才任宰相；著名画家齐白石 40 岁才表现出绘画才能；人类学家摩尔根发表基因遗传理论时已 60 岁了；苏联学者伊·古谢娃 40 岁才学文化，后跟儿子一起毕业于农业大学，73 岁完成博士论文。

一般说来，科学家做出贡献的最佳年龄是中年。专家们认为，中年人年富力强，精力充沛，既有丰富知识经验，又有较强的抽象思维能力和记忆能力，思维敏捷，较少保守，易于革新，勇于创造，是成才的好时机。有人对 301 位诺贝尔奖获得者做了统计，结果表明，30 ~ 45 岁是人的智力最佳年龄区。301 位诺贝尔奖获得者中有75%的人获诺贝尔奖时年龄处于这个最佳年龄区，当代世界上杰出的科学家取得成就的年龄的峰值在36岁。（资料来源：《普通心理学》，王雁主编，人民教育出版社，2002）

三、消费者的能力构成

在市场经济条件下，消费者必须具备多方面的能力，以适应消费活动复杂化和多样化的要求。消费者的能力由以下几个方面构成。

（一）从事各种消费活动所需要的基本能力

消费者从事各种消费活动所需要的基本能力包括对商品的感知、记忆、辨别能力，对信息的综合分析、比较评价能力，购买过程中的选择、决策能力，以及记忆力、想象力等，这些基本能力是消费者实施消费活动的必备条件。基本能力的高低强弱会直接造成消费行为的方式和效果的差异。

1. 感知能力

感知能力是指消费者对商品的外部特征和外部联系加以直接反映的能力。感知能力是消费行为的先导，通过它，消费者可以了解商品的外观、色彩、气味、轻重以及所呈现的整体风格，从而形成对商品的初步印象，为消费者进一步对商品做出分析判断提供依据。消费者感知能力的差异主要表现在速度、准确度和敏锐度方面。感知能力的强弱会影响消费者对消费刺激的反应程度。感知能力强的消费者能够对商品的微小变化和同类商品之间的细微差别清晰辨认；感知能力弱的消费者则可能忽略或难以区分细小的变化。

2. 分析评价能力

分析评价能力是指消费者对接收到的各种商品信息进行整理加工、分析综合、比较评价，进而对商品的优劣好坏做出准确判断的能力。分析评价能力的强弱主要取决于消费者的思维能力和思维方式。有的消费者思维的独立性、灵活性和抽象概括力很强，能够根据已有信息对传播源的可信度、他人行为及消费时尚、企业促销手段的性质、商品的真伪优劣等做出客观的分析，在此基础上形成对商品的全面认识、对不同商品之间差异的深入比较，以及对现实环境与自身条件的综合权衡；有的消费者则缺乏综合分析能力，难以从众多信息中择取有用信息，不能迅速做出清晰、准确的评价判断。

3. 选择决策能力

选择决策能力是消费者在充分选择和比较商品的基础上，及时果断地做出购买决定的能力。消费者的决策能力直接受到个人性格和气质的影响。由于性格特点和气质类型的不同，有的消费者在购买过程中大胆果断，决断力强，决策过程迅速；有的人则常常表现出优柔寡断，易受他人态度或意见的左右，反复不定。

决策能力还与对商品的认识程度、使用经验和购买习惯有关。消费者对商品的特性越熟悉、使用经验越丰富、习惯性购买驱动越强、决策过程越迅速，决策能力也便相应加强；反之，决策能力会相对减弱。

此外，记忆力、想象力也是消费者必须具备和经常运用的基本能力。消费者在选购商品时，经常要参照和依据以往的购买、使用经验及了解的商品知识，这就需要消费者具备良好的记忆能力；而丰富的想象力可以使消费者从商品本身想象到该商品在一定环境和条件下的使用效果，从而激发其美好的情感和购买欲望。

（二）从事特殊消费活动所需要的特殊能力

特殊能力主要是指消费者购买和使用某些专业性商品所应具有的能力。它通常表现为以专业知识为基础的消费技能。由于特殊能力是针对某一类或某一种特定商品的消费而言的，而商品的种类成千上万，因此消费者的特殊能力也有多种多样的表现形式。除适用于专业性商品消费外，特殊能力还包括由某些一般能力高度发展而形成的优势能力，如创造力、审美能力等。

（三）消费者对自身权益的保护能力

消费者作为市场经济的主体之一，享有多方面的权力和利益。这些权力和利益经法律认定就成为了消费者的合法权益。然而，这一权益的实现并不是一个自然的过程，尤其在我国市场经济尚不成熟的环境中，由于法制不健全，市场秩序不规范，侵犯消费者权益的事例常有发生。这在客观上要求消费者自身不断提高自我保护的能力。

四、能力与消费行为表现

消费者的能力特性与消费行为直接相关，其能力差异必然使他们在购买和使用商品的过程中表现出不同的行为特点。具体可以分为以下几种典型类型。

（一）成熟型

这类消费者通常具有较全面的能力构成。他们对于所需要的商品不但非常了解，而且有长期的购买和使用经验，对商品的性能、质量、价格、市场行情、生产情况等方面的信息极为熟悉。因此在购买的过程中，他们通常注重从整体角度综合评价商品的各项性能，因而能够正确辨认商品的质量优劣。这类消费者由于具有丰富的商品知识和购买经验，加之有明确的购买目标和具体要求，所以在购买现场往往表现得比较自信、坚定、自主性较高，能够按照自己的意志独立做出决策，并较少受外界环境及他人意见的影响。

（二）一般型

这类消费者的能力构成和水平处于中等状态。他们通常具备一些商品方面的知识，但仅掌握有限的商品信息，缺乏相应的消费经验，主要通过广告宣传、他人介绍等途径来了解商品。在购买之前，一般只有一个笼统的目标，缺乏对商品的具体要求，因而很难对商品的内在质量、性能、适用条件等提出明确的意见。限于能力水平，这类消费者在购买过程中往往更乐于听取销售人员的介绍和厂商的宣传，并经常主动向销售人员或其他消费者进行咨询，以求更全面地搜集信息。由于商品知识不足，他们会显现出缺乏自信，需要在广泛征询他人意见的基础上做出决策，因而容易受外界环境的影响。

（三）缺乏型

这类消费者的能力构成和水平均处于低下状态。他们不但不了解有关商品的知识和信息，而且不具备任何购买经验。在购买之前，往往没有明确的购买目标，仅有一些朦胧的意识和想法；在选购过程中，对商品的了解仅建立在直觉观察和表面认识的基础上，缺乏把握商品本质特征及消费信息内在联系的能力，因而难于做出正确的比较选择；在制定决策时，经常表现出犹豫不决，极易受环境影响和他人意见左右，其购买行为常常带有很大的随意性和盲目性。这种状况通常仅存在于对某类不熟悉商品或新产品的消费者中，以及不具备或丧失生活能力的婴幼儿、老年人和残疾人消费者中。

任何能力及行为类型都是相对的。消费者可能在某一方面或某一类商品的消费中表现为成熟型，而对于另一类商品的消费又表现为一般型。此外随着生活经验的积累以及个人有意识地自我培养，消费者的能力水平也会不断提高。

第五节　消费者的兴趣差异

消费者购买行为的发生，除了因对商品的需要而产生的购买动机有直接关系外，还与兴趣密切相关。因此，研究消费者的兴趣具有重要的现实意义。

一、兴趣的含义和特点

（一）兴趣的含义

所谓兴趣，是指一个人力求接触和认识某种事物的一种意识倾向。当一个人对某种事物感兴趣时，就会关注、积极探索并为其投入大量时间和精力。例如对邮票感兴趣的人，就会想尽办法对古今中外的各种邮票进行收集、珍藏和研究。

兴趣是以需要为前提和基础的，人们需要什么也就会对什么感兴趣。在现实生活中，由于人们的需要是多种多样的，因此人们的兴趣也是十分广泛的。同时，兴趣受社会性制约，不同社会环境、阶层、职业以及文化层次的人，感兴趣的事物往往有所不同。随着年龄的变化和时代的变迁，人的兴趣也会发生变化。

（二）兴趣的特点

1. 倾向性

兴趣的倾向性是指兴趣所指向的客观事物的具体内容和对象。人们的任何兴趣都是针对一定的事物而产生的，至于人们兴趣的对象是什么却因人而异。例如许多女性消费者对逛街购物有极大的兴趣，而绝大部分男性消费者却对此丝毫不感兴趣。

2. 效能性

兴趣的效能性是指兴趣对人们行动所产生的作用和效果。兴趣在人们身上发生后，所起的作用因人而异。有些人的兴趣很容易诉诸实践行动，而有些人只停留在好奇和期望的状态，不会产生实际效果。例如有的消费者对某种商品不仅感兴趣还下决心购买，体现在行动上的效能就高；而有的消费者仅仅是有兴趣而不购买。

3. 广泛性

兴趣的广泛性是指感兴趣的客观对象范围的大小。兴趣的范围因人而异，有的人兴趣范围广泛，琴棋书画样样爱好；有的人对什么事情都不感兴趣，百无聊赖。一般而言，兴趣广泛，学习的知识就较多，经验就比较丰富；兴趣狭窄，就会缺乏掌握信息、知识和经验的机会。因此，兴趣的广泛性是人的心理及行为充分发展的前提条件之一。

4. 稳定性

兴趣的稳定性是指人的兴趣持续时间的长短。兴趣的稳定性对消费者的购买行为具有一定的影响，兴趣稳定的消费者对商品了解细致，品牌忠诚度较高；而缺乏稳定兴趣的消费者对商品容易见异思迁、喜新厌旧，品牌忠诚度不够。

二、兴趣的类型

人们的兴趣很广泛，概括起来可以分为以下几种类型。

（一）物质兴趣和精神兴趣

这是依据兴趣的内容和倾向性来划分的。物质兴趣是指人们对物质生活的兴趣，如消费者对衣、食、住、行等方面的渴望和爱好；精神兴趣是指人们为满足精神需求而形成的态度倾向，如对文学、艺术的爱好等。

（二）直接兴趣和间接兴趣

这是依据兴趣与指向对象的关系来划分的。由事物本身引起的兴趣称直接兴趣，如青年学生由于对牛仔服的喜爱而省吃俭用去购买它。对某种事物本身没有兴趣而对于这种事物未来的结果有兴趣，这种兴趣称为间接兴趣，如为升学晋职而引起对外语的学习兴趣。

三、兴趣与消费者的购买行为

在购买活动中，兴趣对消费者的购买行为有着较大的影响，这种影响主要表现在以下几个方面。

（一）兴趣有助于消费者为未来的购买活动作准备

消费者如果对某种商品感兴趣，往往会主动搜集有关信息、积累知识，为未来的购买活动打下基础。例如一个喜爱汽车的人，平时就会关注汽车的品牌、价格等，真正购买时就有大量的参考信息。

（二）兴趣能使消费者缩短决策过程，尽快做出购买决定并加以执行

消费者在选购自己感兴趣的商品时，一般来说心情比较愉快、注意力比较集中、态度积极认真，这样使得购买过程易于顺利进行。

（三）兴趣可以刺激消费者对某种商品重复购买或长期使用

消费者一旦对某种商品产生持久的兴趣，就会发展成为一种个人偏好，从而促使他固定地使用，形成重复的、长期的购买行为。例如有人已习惯使用黑人牙膏，对其有了偏好，不管有何新的牙膏产品问世他都不改变习惯，总是购买黑人牙膏。

总之，兴趣对消费者的购买行为有着重要的影响。很难想象一个对某种商品不感兴趣的消费者，他会经常地、积极地、主动地购买这种商品。因此在营销实践中，培养消费者对本企业产品的兴趣具有十分重要的意义。

小案例：上海著名的嗓音专家林俊卿博士年轻时兴趣广泛而多变。他五岁时迷上了音乐；六七岁时爱上了绘画；再长大一些的时候，他又对木工活、象棋、桥牌产生了兴趣；他甚至学会了一手好的烹饪技术。但是他自己在众多兴趣爱好面前毫不手忙脚乱，而是合理调整，以达到最理想状态。他是医科大学毕业的，职业是小儿科医生，业余时间也客串当男中音歌唱家，拥有了在医学和声乐方面的强烈兴趣和深厚功底。林俊卿博士后来索性融众长于一身，潜心嗓音医疗研

究。在多年的从医生涯中，他使无数失声演员恢复了艺术青春，重新登上了舞台，他本人也因之而成为业绩斐然的嗓音专家。林俊卿博士的故事证明：如果他没有广泛的兴趣爱好，不是既懂医学又懂声乐，就不可能成为业绩斐然的嗓音专家。而倘若他用心不专，一会儿潜心医道，一会儿痴迷绘画，就绝不可能业有所成。（资料来源：依据兴趣择业成功人士案例，www. stupress. com/ebook/dxszyzd）

【本章小结】

个性是指决定和折射个体如何对环境做出反应的内在心理特征。个性是个综合性概念，它包括气质、性格、能力和兴趣等多种心理特征。个性心理具有生理属性和社会属性，具有相对稳定性、整体性、独特性和可塑性等基本特点。研究和了解消费者的个性心理构成与特点，不但可以解释不同消费者的不同购买行为，而且可以在一定程度上预测不同消费者未来不同的消费趋向。

气质是指个体心理活动的典型的、稳定的动力特征。气质是在先天生理素质的基础上，通过生活实践，在后天条件影响下形成的。由于先天遗传因素不同及后天生活环境的差异，不同个体之间在气质类型上存在着多种个别差异。这种差异会直接影响个体的心理和行为，从而使每个人的行为表现出独特的风格和特点。

性格是指个人对现实的稳定态度和与之相适应的习惯化的行为方式。从不同的角度，消费性格可以划分为不同的类型。从消费态度角度划分为节俭型、保守型、自由型；从购买方式角度划分为习惯型、慎重型、挑剔型、被动型、冲动型等。

能力是指人顺利完成某项活动所必须具备的，并且直接影响活动效率的个性心理特征。消费者在消费活动中必须具备相应的感知能力、分析评价能力、选择决策能力、记忆力、想象力以及一些特殊能力等。这些能力的高低强弱会导致消费行为方式和效果的差异。

兴趣是指一个人力求接触和认识某种事物的一种意识倾向。兴趣有助于消费者为未来的购买活动作准备；兴趣能使消费者缩短决策过程，尽快做出购买决定并加以执行；兴趣可以刺激消费者对某种商品重复购买或长期使用。

【复习思考题】

1. 何谓个性？个性具有什么特征？消费者个性的内部结构如何？
2. 什么是气质？气质有哪几种类型？
3. 销售人员在接待不同气质类型的顾客时应分别注意哪些问题？
4. 什么是性格？性格与气质有什么区别和联系？
5. 性格有哪些主要特征？有哪些主要类型？
6. 什么是能力？能力有哪些主要类型和主要差异？
7. 在消费活动中，顾客应具备哪些基本能力？
8. 什么是兴趣？兴趣对消费者购买行为有什么影响？

【案例分析】

顾客意见征询函

在“中国质量万里行”活动中，不少制造、销售伪劣商品的工商企业被曝光，消费者感到由衷的高兴。3 月 15 日是世界消费者权益日，某大型零售企业为了改善服务态度、提高服务质量，向消费者发出意见征询函，调查内容是“如果您去商店退换商品，销售员不予退换怎么办”，要求被调查者写出自己遇到这种事时是怎样做的。其中有这样几种答案：

(1) 耐心诉说。尽自己最大努力，苦口婆心慢慢解释退换商品原因，直至得到解决。

(2) 自认倒霉。向商店申诉也没用，商品质量不好又不是商店生产的，自己吃点亏，下回长经验。

(3) 灵活变通。找好说话的其他售货员申诉，找营业组长或值班经理求情，只要有一人同意退换就有望解决。

(4) 据理力争。绝不求情，脸红脖子粗地与售货员争到底，不行就往报纸投稿曝光，再不解决就向工商局、消费者协会投诉。

(资料来源：《消费心理学》，马义爽主编，北京经济学院出版社，1996)

问题：

1. 这个调查内容能否反映出消费者个性心理特征的本质？为什么？

2. 上述四种答案分别反映出消费者哪些气质特征？

【实训练习】

结合所学知识，根据下列气质测试量表测试自己的气质类型。

测试要点：请在 30 分钟内如实回答下列题目。你认为很符合自己情况的记 2 分，比较符合的记 1 分，介于符合与不符合之间的记 0 分，比较不符合的记 -1 分，完全不符合的记 -2 分。(注：先拿好纸笔注明各题的得分，而不累加)

(1) 做事力求稳妥，一般不做无把握的事。

(2) 遇到可气的事就怒不可遏，想把心里话全说出来才觉得痛快。

(3) 宁可一个人干事，不愿很多人在一起做。

(4) 到一个新环境很快就能适应。

(5) 厌恶那些强烈的刺激，如尖叫、噪声、危险镜头等。

(6) 和人争吵时总是先发制人，喜欢挑衅。

(7) 喜欢安静的环境。

(8) 善于和人交往。

(9) 羡慕那些善于克制自己感情的人。

(10) 生活有规律，很少违反作息制度。

(11) 在多数情况下情绪是乐观的。

（12）碰到陌生人觉得很拘束。
（13）遇到令人气愤的事能很好的自我克制。
（14）做事总是有旺盛的精力。
（15）遇到问题总是举棋不定、难以决断。
（16）在人群中从不觉得过分拘束。
（17）情绪高昂时觉得干什么都有趣，情绪低落时又觉得什么都没意思。
（18）当注意力集中于一事物时，别人很难使我分心。
（19）理解问题总比别人快。
（20）碰到危险情景，常有一种极度恐惧感。
（21）对学习、工作、事业有很高的热情。
（22）能够长时间做枯燥、单调的工作。
（23）符合兴趣的事情干起来劲头十足，否则就不想干。
（24）一点小事就能引起情绪波动。
（25）讨厌做那种需要耐心的细致工作。
（26）与人交往不卑不亢。
（27）喜欢参加热烈的活动。
（28）爱看感情细腻、描写人物内心活动的作品。
（29）工作学习时间长了常感到厌倦。
（30）不喜欢长时间谈论一个问题，愿意实际动手干。
（31）宁愿侃侃而谈，不愿窃窃私语。
（32）别人总是说我闷闷不乐。
（33）理解问题常比别人慢些。
（34）疲倦时只要短暂的休息就能精神抖擞，重新投入工作。
（35）心里有话宁愿自己想，不愿说出来。
（36）认准一个目标就希望尽快实现，不达目的誓不罢休。
（37）学习、工作同样一段时间后，常比别人更疲倦。
（38）做事有些莽撞，常常不考虑后果。
（39）希望老师讲授新知识时讲得慢些，多重复几遍。
（40）能够很快地忘记那些不愉快的事情。
（41）做作业或完成一件工作总比别人花时间多。
（42）喜欢运动量大的体育活动或参加文艺活动。
（43）不能很快地把注意力从一件事转移到另一件事上去。
（44）接受一个任务后，就希望把它迅速解决。
（45）认为墨守成规比冒风险强。
（46）能够同时注意几件事物。
（47）当我烦闷时别人很难使我高兴起来。

(48) 爱看情节跌宕起伏、激动人心的小说。

(49) 对工作抱认真严谨、始终一贯的态度。

(50) 和周围人的关系总是相处不好。

(51) 喜欢复习学过的知识，重复做能熟练做的工作。

(52) 希望做变化大、花样多的工作。

(53) 小时候会背的诗歌，我似乎比别人记得清楚。

(54) 别人说我"出语伤人"，可我并不觉得这样。

(55) 在体育活动中，常因反应慢而落后。

(56) 反应敏捷，头脑机智。

(57) 喜欢有条理而不甚麻烦的工作。

(58) 兴奋的事常使我失眠。

(59) 老师讲新概念，常常听不懂，但是弄懂以后很难忘记。

(60) 假如工作枯燥无味，马上就会情绪低落。

一、评分方法

根据上述评分原则为各题打分，并累计不同气质类型的总分。4 种气质类型相应的题号如下：

胆汁质：2，6，9，14，17，21，27，31，36，38，42，48，50，54，58。

多血质：4，8，11，16，19，23，25，29，34，40，44，46，52，56，60。

黏液质：1，7，10，13，18，22，26，30，33，39，43，45，49，55，57。

抑郁质：3，5，12，15，20，24，28，32，35，37，41，47，51，53，59。

二、测试结果

确定气质类型：第一，如果某类气质得分高出其他 3 种 4 分以上，你就属于该类气质；如果该类气质得分超过 20 分则为典型型；如果该类气质得分在 10 ~ 20 分则为一般型。第二，有两类气质得分相近，其差异低于 3 分，而且高于其他两种类型 4 分以上则属于这两种气质类型的混合型。第三，有 3 种气质的得分接近且均高于第四种则为这 3 种气质的混合型。

三、4 种气质类型主要特征

胆汁质：直率、热情、具有快速的反应力，行动敏捷，情绪冲动，具有克服困难、坚忍不拔的意志，但不考虑是否成功。易爆发、狂热，不可抑制，具有外倾性，但若精力耗尽便会失去信心。

多血质：敏捷好动、善于交际、反应灵敏。在新环境里不感到拘束，在工作学习上精力充沛，且效率高，表现出机敏的工作能力，善于适应变化的新环境。在集体中心神愉快，朝气蓬勃，具有外倾性，对什么都感兴趣，但情感易变，缺乏持久力。这类人可以成为有效的活动家、领导家。

黏液质：安静、稳重、沉着、沉默寡言、三思而行。生活中是坚持而稳重的工作者，严于遵守既定的生活秩序和工作制度，不为外因而分心。态度上持重，不易激动或转移注意力。

抑郁质：情趣体验深刻，行动迟缓，往往为微不足道的事情动感情，具有高度的敏感性，易产生幻想、胆小、孤僻、恐惧。

四、小结

总之，气质是没有好坏之分的，只有适合与不适合之别。一般地说，各种气质类型都有其优点和缺点。气质只是人的性格和能力发展的一个前提，各种气质类型的人都有可能在事业上取得成就。气质本身是不能预测成就大小的，了解自己气质类型的目的主要在于尽量根据自身的特点选择最适合的发展方向和人生道路。

第五章

消费群体与消费心理

【学习目标】

(1) 了解消费群体的概念及分类，了解消费群体对消费心理的影响；

(2) 掌握不同年龄消费群体的消费心理；

(3) 掌握如何针对不同群体特征制定相应的营销策略。

【建议学时】 5课时

【导入案例】 黑龙江省教育科学研究院最近的一份中小学生消费调查显示：1万个中小学生家庭中的6~15岁的孩子，平均每人每月消费500~800元以上的占74.5%，家庭收入中三成用在孩子身上的占90%，五成用在孩子身上的占56%。在服饰上，至少有一套名牌服装的孩子占半数以上，35%的孩子有2~3套，10%的孩子有4套以上（一套名牌儿童服装价格在150~500元）。孩子的零用钱每人每年平均300元，上小学的孩子经常买零食的占80%以上，30%的家长给他们的孩子用高档儿童系列化妆品。还有不少家长领孩子拍过高档的“儿童写真”，价格在千元左右……

在哈尔滨市，中小学生消费攀比现象日益升温。暑假后记者采访发现，哈尔滨各大商场或专卖店里的文教用品、服装鞋帽等柜台生意很火。在哈尔滨百货大楼，100多元的铅笔刀、200元的波姆斯童装以及140元一个的印有米老鼠图案的书包等都卖得很好。一些中学生家长则带着孩子去体育用品专卖店，价格二三百的名牌运动鞋或运动衫成为许多男孩子新学期的“闪亮装备”。（案例来源：《消费心理学》杨海莹主编，高等教育出版社，2006）

消费者的消费活动过程都伴随着相当复杂的心理活动，这是由社会因素和个人因素复合作用形成的。社会因素包括人们的年龄、性别、职业、经济收入、文化习惯等，其差异使消费者形成了互有区别的群体消费心理。

第一节　消费群体概述

一、消费群体的概念及分类

群体是指人们在相互交往的基础之上所形成的团体或组织，处于这个团体或组织中的成员或具有共同的特征、或具有共同的目的、或从事共同的活动、或具有共同的需要。消费群体是指具有某些共同消费特征的消费者所组成的群体。

同一消费群体中的消费者在消费心理、消费行为、消费习惯等方面都具有明显的共同之处，而不同消费群体成员之间在消费方面存在着许多差异。一般来说，消费者都具有一定的群体意识和归属感，遵守群体的规范和行为准则，承担角色责任，同时也会意识到群体内其他成员的存在，在心理上相互呼应，在行为上相互影响。

按照不同标准分类，消费群体有以下几种类型。

（一）根据消费群体组织的特点可以分为正式群体和非正式群体

正式群体是指具有明确的组织结构、完备的组织章程、确切的活动时间的消费群体。正式群体中的消费者必须遵守群体的行为准则，严格保证群体活动的规范性。例如职业协会、消费者俱乐部、同业者联谊会等均属于正式的消费群体，正式群体的规模比较大。与此相反，一般规模较小的或没有明确组织结构与章程的消费群体统称为非正式群体。例如几个相交较密的朋友、多年的邻居、某种兴趣的共同爱好者等都属于非正式群体。

（二）根据群体的成员影响力的大小可划分为首要群体与次要群体

首要群体也称作主要群体或主导群体，是指由有着极其密切关系的消费者所组成的群体。首要群体对其成员的消费心理及消费行为都有十分重要的制约作用。例如家庭、亲朋好友、单位同事便属于首要群体。次要群体也称作次级群体或辅助群体，是指对成员的消费心理与行为的影响作用相对较小的消费群体，通常是由具有某种共同兴趣、需要、追求的消费者组合而成的。

（三）根据消费者对群体意识与态度的不同可分为自觉群体与回避群体

自觉群体是消费者根据自身条件在主观上把自己列为其成员的某个群体，如中年知识分子群体、“老三届”群体、敬业者群体、传统型消费群体等。自觉群体中成员并无直接交往，但是其成员通常会自觉地约束自己的行为使之符合群体规范。回避群体是指消费者自己认为与自己完全不符合并极力避免与之行为相似性的群体。消费者对于回避群体的消费行为持坚决的反对态度，并且也极力排斥其对自身行为的影响。例如高收入者对低收入者的消费行为、成年人对于青少年的消费行为、男性消费者对于女性消费行为等都在一定程度上采取回避态度。

（四）根据消费者与群体联系的时间长短可划分为长期群体与临时群体

长期群体指消费者加入时间较长的群体。长期群体的规范准则对消费者行为具有重大且稳定的影响作用，甚至可能使群体成员形成一定的消费习惯。临时群体只是消费者暂时参与其中的群体。临时群体对消费者行为的影响也是暂时性的，但影响力可能很大。例如参加某企业有奖销售的消费群体，多数成员的参与热情会激发更多人购买欲望，形成一时间的热潮。

二、群体沟通影响消费行为

（一）沟通的含义

沟通是指人与人之间的信息交流，是联络通信的意思。信息是工商企业的生命线，信息灵通，则经营兴隆；信息闭塞，如同盲人骑瞎马，寸步难行。如绍兴某纺织厂曾一度因忽视市场调查，盲目生产，造成万米产品积压，亏损几十万元。后来他们开始重视捕捉信息，在东北牡丹江市推销产品时听说一家丝绸厂试销涤纶布行情很好，于是他们就连夜动身返回，组织力量攻关，设计新工艺，改造原设备，结果新产品在两个月内问世，当年赢利翻了 3 番多。

（二）非正式沟通在营销中的作用

沟通过程有正式和非正式之分。非正式沟通是指正式沟通渠道以外的沟通。例如消费者私下交换意见、议论某商店，或把自己满意的、不满意的商品、商店告诉其他的消费者，也就是平常所指的“传话”。实践证明，非正式渠道传播往往比正式的更有效。有时广播、电视、报纸对某种商品、某家商店大力宣传可能并未引起人们的注意，但若他的亲朋好友告诉他某商品如何好，他便会愿意购买。群体的非正式沟通是一种自然的、普遍的社会现象。这种现象既包含着一定的积极作用，也包含着一定的消极作用，这方面应日益引起商业企业经营者的注意。“传话”行为可能会引起消费者盲目抢购或拒绝购买，造成市场上某种商品突然脱销或滞销，有时可能直接影响商店和企业的声誉，进而影响其经营成败乃至生存。

“传话”行为的发生与以下几个方面因素有关：不满意程度越高，消费者进行消极传话活动的可能性越大；造成不满意的责任在市场方面（如商业机构）

而不是其本人，消费者进行消极传话活动可能性越大；商店对消费者的不满意做出的反应越消极，消费者进行消极传话活动的可能性越大。

由此可见，工商企业应充分注意社会群体对消费者行为的影响，在改善自身经营管理中力争做到根据不同消费群体的特征确立商品的目标市场，使商品适应某一群体的特殊需要；注意社会群体内沟通的不同效果，减少和防止消极“传话”行为的发生，创立、维护工商企业信誉。

三、消费群体对消费心理的影响

人们在群体中相互作用、相互影响就产生了群体心理，如从众、模仿、流行和暗示等。这些群体性的心理现象对消费心理及行为产生制约作用。

（一）从众

个体在群体中常常会不知不觉地受到群体的压力，而在知觉、判断、信仰以及行为上表现出与群体中多数人一致的现象，这就是从众现象。从众现象是一种较普遍存在的心理现象，在消费领域中更是屡见不鲜。如前些年城市居民攀比购买耐用消费品，从众心理致使一些收入不高的家庭也节衣缩食去争购。再如我国近几年来办婚事的消费急剧膨胀，其中也有从众心理的原因。

从众行为既有积极意义，也有消极意义，这主要看从众的是什么样的行为。如宣传消费要量力而行、合理安排、讲究实效、不图虚荣、从而形成一种社会风气，使人们产生从众行为，这是有积极意义的。如果经济条件不许可，却不顾自己的收入水平硬去与别人攀比甚至借债，更有个别人不惜铤而走险，以非法手段来达到目的，这样的从众心理显然是消极有害的。

影响消费者从众行为的因素有：①团体因素。团体规模越大、团体内相同意见的人越多，所产生的团体压力越大，越容易产生从众行为；同时团体的内聚力越强，团体领导者的权威越大、影响力越大，从众行为也越容易发生；再者个体在团体中地位越低，越容易被影响，从众行为也越容易发生。②个体因素。容易发生从众行为的消费者都是对社会舆论和别人意见敏感的人或者是缺乏自信心的人，他们非常注重社会和别人对自己的评价。有资料表明，女性比男性更容易出现从众行为。

小资料：美国社会心理学家阿希曾做过一个著名的实验。该实验以大学生为被试对象。实验材料是 18 套卡片，每套 2 张，每次向被试者出示 1 套卡片。其中 1 张卡片上有一根标准垂直线，另 1 张卡片上有 3 根长短不等的垂直线，其中只有 1 根与标准线等长。实验者要求被试者从 3 条垂直线中选出 1 条与标准线等长的垂直线。实验者设置了特殊的情景，每次实验只有 1 个被试者参加，让几个实验者同伙混在被试者中间冒充被试者，让他们说假话。实验时用 1 张圆桌，真假被试者围桌而坐，实验者每拿出1套卡片，被试者就逐一回答。几个假被试者按规定好的做口头回答，真被试者总是安排在倒数第二个回答。18套卡片呈现18次，第1至第6次假被试都作了正确的选择，当然真被试也作了正确的反应。第7次开始，假被试都故意做出了错误的选择，实验者观察真被试的选择是从众还是独立。实验结果发现：第一，大约有1/4的被试者保持了独立性，每次的选择反应都没有从众。第二，约有15%的被试者平均作了总数的3/4次的从众反应，即从众行为平均4次中有3次。(资料来源：《消费者行为学》，(美) 德尔·霍金斯等著，符国群等译，高等教育出版社，2000)

（二）模仿

模仿是指在没有外界控制的条件下，个体受到他人行为的影响，仿照他人的行为，使自己的行为与之相同或相似。由此我们可知，模仿是自觉或不自觉地效仿一个榜样。模仿是普遍存在的心理现象，从个体对他人的无意识的动作到衣、食、住、行，再到对他人的风度、性格、工作方法、生活方式，乃至对整个社会生活有关的风俗、习惯、礼节、时尚等都存在着模仿。如影迷们总是喜欢模仿他们崇拜的电影明星的装束打扮。连英国王妃戴安娜因怀孕而特地设计的一款底色鲜红夹着黑白色碎花的孕妇服也成为许多英国妇女群起效仿的流行服。

模仿的影响力取决于榜样的崇高威望和地位，也取决于榜样行为的大众化、实用化的程度，有时也取决于榜样的专业性质和地域范围。学习雷锋，我国人民人人皆知，连美国西点军校也开展学雷锋活动，可见影响之大。孙中山先生首创的“中山装”引起群众的广泛模仿，除了中山装确有不少优点外，也与孙中山先生的崇高威望和显赫地位有关。因此企业的经营者应充分利用榜样的感染力，推出新颖、健康的商品，丰富和美化人们的物质生活和精神生活。

值得一提的是，在一些消费领域中的盲目模仿可能会造成自己在美感上东施效颦、在经济上入不敷出。如在服饰方面，不顾自己的身材、肤色、年龄、职业而盲目模仿别人穿着，结果反倒显得难看；用的方面，凡是现代化商品都想要，人家房里有的自己最好也有，弄得房间里转身都转不过来。因此，对他人的消费方式要理智地对待，不要盲从。

（三）流行

流行这种群体心理现象，是社会上相当多的人由于追求某种行为方式，在较短时间内使人们相互之间发生连锁感染，并使之在整个社会中随处可见。模仿可以是个别行为，而流行则已成社会现象。

所谓流行商品，就是一定时期内常常出现的一种为一个群体、阶层的许多人都接受和使用的商品样式。在消费流行中，形成了对某种商品、劳务的需求热，以及对某种消费形式的追求热。消费流行是商品经济发展特有的社会经济现象，其产生的社会基础是生产力的发展和人们物质、精神需要的增长。否则既不可能生产出流行商品来，也不可能使商品具有流行性。因此，我们研究消费流行将有利于新产品的开发。企业生产的新产品要适应消费流行期的不同阶段，要以消费流行规律为依据。

（四）暗示

暗示是指人或环境以含蓄、间接的方式向他人发出某种信息，而使之无意识地接受并做出相应的反应。营销活动中运用暗示方式对消费者的心理和行为施加影响可以使消费者产生顺从性的反映，或接受暗示者的观点，或按暗示者要求的方式行事。

在购买活动中，消费者受暗示而影响决策的行为是很常见的。在营销现场，经常能看到只要有人排队马上就会有人跟着排队的盲目抢购现象，这就是行为暗示的结果。实践证明，暗示越含蓄其效果越好。因为直接的提示形式会使消费者马上产生“想赚我的钱”或“想推销你的东西”的心理反应。“奔驰”轿车的广告语是：“如果有人发现我们的奔驰牌车发生故障、被修理车拖走，我们将赠送你美金一万元。”这就以婉转的方式从反面暗示顾客，奔驰牌汽车的质量绝对有保证。

第二节　不同消费群体心理分析

随着年龄的变化，消费者的衣着、食品、娱乐活动的内容都在发生不同的变化，所以我们按照年龄把消费者粗略地划分为少年儿童群体、青年群体、中老年群体等。男性和女性对商品和服务的要求也明显不同，因而形成不同的消费群体。

一、儿童、少年用品市场心理

儿童、少年消费者主要是指学龄前期到学龄中期的消费者心理学中，习惯把儿童从出生到成人的生理和心理发展分成：乳儿期（0～1岁）、婴儿期（1～3岁）、幼儿期（即学龄前期，3～7岁）、童年期（即学龄初期，7～11岁）、少年期（即学龄中期，11～14岁）和青年初期（即学龄晚期，14～18岁）。世界各国人口结构中少儿人口占的比重比较大，一般都在30%～40%，新中国成立以来我国从少儿所占的比例一直在38%～40%变动。由此可见，这是一个广阔的市场。

（一）儿童心理发展及消费心理特征

1. 儿童心理概况

在人的一生中，儿童时期无论在生理上还是心理上都是一个迅速发展的时期。这个过程呈现出一定的阶段性，如幼儿期向童年期转变，童年期向少年期转变。儿童心理的发展在该阶段已经具有一定的认识能力、意识倾向、知识经验、兴趣爱好、性格意志等心理品质在思维活动方面，虽然主要还是直接与感性经验相联系，但也开始向逻辑思维发展，能在感知的水平上解决简单的问题。

2. 儿童消费心理特征

（1）从纯生理性需要逐渐向带有社会内容的需要发展。儿童在乳婴时期对消费品的需要基本上是生理性需要。随着年龄的增长，儿童的消费欲求开始逐渐向带有社会内容的需要发展。如在所需购买的消费品中逐渐增加个人的意识，尤其是在花色、样式的挑选上表现得更为突出。

（2）从模仿性消费逐步向带有个性特点的消费发展。儿童初期在消费上有极强的模仿心理，因而会产生较强的模仿消费行为，在食品、玩具、服装等方面表现得尤其突出。随着年龄的增长、自我意识的不断形成，儿童的消费心理逐渐向按照自己的需求愿望、带有个性特点的消费方面发展，表现在面对众多的同类商品时能发表自己的购买意见，提出自己的购买选择和要求。

（3）消费情绪从很不稳定向稍微稳定发展。儿童初期，在其模仿性心理作用下，儿童对消费品的喜厌情绪波动很大，其消费心理是很不稳定的。例如儿童在参观一个绘画展览后，会突然发生对绘画的兴趣，马上要求购买一些绘画工具学绘画，但不久以后兴趣又会转移。随着年龄的不断增长及社会消费实践经历增多，知识、经验等不断增加，其消费心理也不断成熟，调控自己情感的能力也在不断增强。

（4）消费品的购买行为逐渐从依赖型向独立型发展。学龄前儿童尚不具备购买商品的行为能力，所以有着极强的依赖性。当儿童进入学龄期后便逐渐学会自己花钱，主要购买一些小食品、小玩具、小学习用品等。在这些方面不仅较充分地反映他们的购买欲望和要求，同时也说明他们逐渐具备了独立购买的能力，向独立型发展。

（二）少年心理发展及消费心理特点

1. 少年心理变化过程

少年期是人生的半幼稚和半成熟相交错的时期，主要表现如下。

（1）心理发展成熟快。这一时期是小学高年级和初中阶段的学龄期。这个时期的知识面不断扩大、社会接触广泛、社会活动趋于增加，其心理发展的变化大、变化快，有的人在社会活动中表现得非常成熟。

（2）个性心理逐渐形成。到了少年期，抽象逻辑思维已占相对优势。同时由于少年的知识经验的不断增加，判断和推理能力有所增强，故能够初步根据客观事物的本质特征和内在联系做出说明和论证，对所接触的客观事物有了一定的独立认识能力并形成自己的观点，心理个性开始逐渐形成。

（3）社会影响对心理发展起着重要作用。儿童时期的心理发展主要受家庭的影响，而在这一时期，少年接触社会多了、接触成年人多了、参加各种社会活动多了、在这些接触和活动中，社会影响对其心理所起的作用逐渐超过家庭的影响。

2. 少年消费心理特征

（1）喜欢与成人比拟。少年在主观上认为自己长大了，已经成人了，在心理上要求得到具有同成人一样的平等地位和权力，同时个人消费心理逐渐形成。因此，他们渴望同成人一样独立地处理自己的消费，尽量争取自己独立的消费行为以实现自己的消费个性，满足自己的生活习惯、兴趣爱好等方面的需要。

（2）购买意识的倾向性趋于稳定。少年在消费中能较自觉地进行比较分析、鉴别等抽象思维活动，对所想购买的商品品种、品质、花色、样式、性能等能做出一定的判断，从而对某种商品产生较稳定的认识，并逐步形成购买习惯。

（3）遵从心理开始形成。在少年期，由于对社会的接触、参加集体活动等逐渐增多，他们的消费观念的形成、消费决策的确定、消费爱好的选择等不断由受家庭影响逐渐转向受集体、群体及同龄人的影响。

（三）少年儿童消费与营销方法

1. 我国少年儿童的消费状况

（1）少年儿童处于相对高消费地位。目前中国城市中的少年儿童一般都是独生子女，父母在孩子的吃、穿、用、玩等方面竭尽全力满足，使少年儿童的高消费现象越演越烈。1、2 年级的小学生肩背米奇书包、手戴卡西欧手表已不是什么稀罕事；而各所中学的车棚里争奇斗艳的名牌山地车、淑女车也成为学校生活的一大风景；至于城市里一些档次很高的专卖店，也时常可见少年儿童的身影，诸如佐丹奴、花花公子等品牌亦是他们课余津津乐道的话题；玩具档次的升级换代同样令人瞠目结舌，总之独生子女消费成为家庭开支中的主要部分，相当一部分独生子女的消费支出高于成年人。

（2）少年儿童饮食消费缺乏科学调理。我国父母对孩子健康的重视一般都超过对自己健康的重视。但由于缺乏营养方面的科学指导，一方面造成儿童营养过剩、“胖墩”增加；另一方面儿童缺铁性贫血及佝偻病患病率较高。上海市儿童保健所的一份最新统计显示，上海每百个 0～6 岁儿童中，有 3 个患肥胖症，比 10 年前增加 5.24 倍。据有关部门对 3 万名城市儿童的调查，缺铁性贫血患儿达 40%，同时维生素 A、B、钙、蛋白质及铁普遍摄入不足。可见父母在如何让孩子吃好的问题上应该更加讲究科学。商业、食品工业也应该加强儿童食品的科研工作。

(3) 儿童消费品生产还不能满足需要。随着国家经济的繁荣，少儿消费品生产有了较大发展，但从实际需求看无论是数量还是质量都还不能满足需要。如在穿、用方面，许多父母反映买不到平底布鞋、合身的服装。购买玩具是父母为孩子进行的智力投资，据调查，全国每年约需30多亿元的玩具，但目前实际供应量每年仅7亿~8亿元，不但数量少，品种也少。美国的玩具品种有10多万种，我国仅1万多种，而且绝大部分是仿制品，质量也有待提高。玩具的安全问题，油漆和涂料含铅、铬、钡等有害金属超标问题及填充物的粉尘问题等都需要得到解决。

2. 少年儿童用品市场的营销方法

(1) 针对儿童的消费心理特点恰当地运用商品定位方法。儿童、少年消费有两种基本情况：一是购买者和消费者一致，即儿童和少年的消费品由他们自购自用。到了少年期，儿童的消费行为由完全的依赖性过渡到半独立性，不但能购买少量个人消费品，而且能向家长提出自己的要求并参与家长的决策。二是购买者和消费者分离，即所用消费品由家长或其他成年人购买。从这一实际出发，为做好儿童、少年消费品的销售工作，必须恰当地进行商品定位，这样才能收到较好效果。

(2) 在营销中对儿童、少年自购自用消费品要尽可能运用儿童语言进行接待。相反凡成年人为儿童、少年购买消费品，就要针对成年人对孩子的关怀与慈爱、情感与希望等进行接待，才能引起他们的购买欲。

(3) 针对儿童、少年的消费心理特点，充分发挥商品直观形象的作用。少年、儿童在购买消费品时仍较多地从简单、直观的感觉去判断商品的好坏，按照个人某一方面的爱好去概括商品的全貌，为了满足自己的好奇心理和时尚追求去确定购买某种商品。因此在产品设计、生产、营销中都要注意充分发挥商品直观形象的作用，科学地激发他们的购买欲望。

(4) 提高商品识记程度，向少年、儿童灌输企业或商品形象。随着年龄的增长，少年、儿童逐步成为家庭购物的影响者、倡议者甚至是决策者。他们或说服长辈购买，或提出购买建议，有些商品还可自己做主购买，因此要将商品的厂牌、商标逐步印入少年儿童的头脑中。可见，设计一些为少儿所熟悉和喜爱的商标与造型，这对推销商品和开拓市场有着长远的影响。

(5) 营销少儿消费品应注意高档、大众和“独生”消费。“望子成龙、望女成凤”是我国民族的传统，目前较多家庭对孩子的投资在一定程度上是以降低父母生活水平为代价的。家长为孩子购买生活消费品时，一方面舍得花钱；另一方面也会考虑“独生子女”这一实际情况，喜欢选价廉物美的大众化中低档商品。所以各生产营销厂家在设计少儿用品时，不仅要结合儿童的生理、心理特点，还要讲科学性、教育性、趣味性、实用性、安全性、卫生性。既要注意生产高档次的消费产品，更要注意大众消费的产品，还包括残疾儿童需要的产品，以满足不同层次消费的需要。目前市场上一方面高档商品充斥；另一方面优质大众化商品供应不足或花色品种不全，消费出现断层。我国尚有 6 000 万人还未完全解决温饱，小康水平还未完全达到，这种国情决定了中低档商品仍是我们生产与销售的主流。

二、青年用品市场心理

青年是人生中从少年向中年过渡的阶段。从心理学角度讲，青年通常是指 18 ~35 岁的人。青年期可进一步划分为初期、中期和过渡期。少年期结束后就进入青年初期，青年中期一般是指 22 ~28 岁前后，青年向中年的过渡期一般是在 35 岁左右。

（一）青年消费者的消费心理特征

1. 追求时尚，强调实用

青年人的典型心理特征，就是内心体验丰富激烈、情绪热烈奔放、感觉敏锐、易于接受新事物、富于幻想。这个心理特征反映在消费心理和购买行为上就表现为追求商品的时尚、新颖、高档，希望所购之物能符合潮流的发展和时代的精神，能满足追求上进、向往未来的欲望和对优越感、美感的追求等心理需求。

青年消费者中消费层次不同，他们之中有生活尚未独立的大学生，有收入可观的个体经营者，有收入各异、不同职业的青年。他们大多具有一定的科学文化知识，社会活动面广，对新产品的追求具有三个特点：一是能反映时代潮流与风格；二是符合科学技术的要求；三是合理实用、货真价实。当然，对于不同的商品，要求也有所不同。

2. 意愿强烈，需求多样

青年正处于人生的成熟期，青年后期经济独立，能按照自己的意愿花钱，领到工薪就想去买自己相中的商品。同时他们对许多商品形成了自己的购买模式和商标依赖。

3. 消费能力相对最强

青年处在消费高峰时期，同中老年比他们的收入水平并不高，但经济收入中直接用于自身消费的比重最大。有些青年，他们收入高，仰慕名牌货，形成了一股新的消费潮流，从高级赛车、名牌服饰到成套家具，从高级组合音响到出国旅游，几乎都成了他们追逐的消费目标。

4. 消费倾向标新立异

青年在消费中求新、求名、求美、求洋的心理动机强烈，喜欢标新立异，要求商品有特色，能表现个性。有的青年还把消费活动与个人的性格、理想、兴趣联系起来，这就使得青年人追求精神享受、注意个人仪表、追求美的消费品。他们常常是书籍、音响、照相机、化妆品、时装的最大购买者。

5. 冲动购买，计划筹款

青年只是刚刚步入成熟，所以在情绪和性格上还具有冲动的一面。表现在购买过程中，就是思想酝酿时间比较短，具有果断、迅速和反应灵敏的特点，只要他们认为商品合意，就会迅速做出购买决定，有时即使超出个人购买能力也要想方设法去购买。但这并不等于他们的购买行为就完全没有计划性，有些青年人为了满足个人欲望，如为购照相机、高级手表等高级消费品，或是到外地旅游，他们可以省吃俭用来筹款实现自己的计划目标。

6. 注重情感，直觉选购

与中老年消费者相比，青年人在购物中情感和直觉起着重要作用。这里所说的情感是指对商品的好恶倾向；直觉是指商品的外在表现给消费者的感知。他们特别看重商品的外形、款式、色彩、商标，对能满足他们的个人需要的商品会产生积极的情感，从而偏爱甚至购买此商品。

小资料：根据麦肯锡对中国移动用户的调查资料：25 岁以下的新一代年轻消费群体将成为未来移动通信市场最大的增值群体。因此中国移动将以业务为导向的市场策略率先转向以细分的客户群体为导向的客户策略，出台了“动感地带”品牌营销策略。“动感地带”将目标客户群体定位于 15 ~25 岁的年轻一族。从心理特征来说，他们追求时尚、对新鲜事物感兴趣、好奇心强、渴望沟通；他们崇尚个性，思维活跃；他们有强烈的品牌意识，但对品牌的忠诚度较低，是容易互相影响的消费群体。从对移动业务的需求来看，他们对业务数据的应用较多，以此满足他们通过移动通信实现娱乐、休闲、社交的需求，中国移动据此建立了符合目标消费群体特征的品牌策略组合，动感的品牌名称、独特的品牌个性、炫酷的品牌语言和犀利的明星代言，不仅满足了年轻人的消费需求，迎合了他们的消费特点和文化，更提出了一种独特的现代生活与文化方式，突出了“动感地带”的“价值、属性、文化、个性”，将消费群体的心理情感注入品牌内涵。由于市场定位准确、策划精妙，中国移动的“动感地带”取得了巨大的成功。（案例来源：http：//bbs. edu - edu. com. cn/thread - 95876 - 1 - 1. html）

（二）青年用品市场特点

1. 消费潜力很大

国外资料显示，15 ~24 岁的青年人约占总人口的 1/5。我国目前 15 ~ 29 岁的青年人占总人口的 32. 05% ，约 3. 8 亿人，这是一个人口众多、消费量大的市场。由于他们具有追求时尚与新颖，且具有冲动性购买等消费心理特征，加之他们的经济收入不断增加，因而青年用品市场是购买潜力很大的市场。

2. 代表商品发展潮流

市场上时尚、新颖商品的消费及其推广往往是从青年用品市场开始逐渐普及的。青年人的消费不仅影响少年儿童，也对中、老年人的消费起着导向作用。如对新产品、时尚商品的推广，往往是由青年人开始而波及成年人的。

3. 连接上、下两代人消费

随着年龄的增长，青年肩负着建立家庭、生儿育女、赡养老人等社会义务，青年用品市场不仅要解决青年人自身的消费需求，还要为他们的子女及老人提供所需的消费品，这便使青年用品市场客观地起着连接上、下两代人消费的作用。

（三）结婚用品与家庭用品的心理影响

结婚和组织家庭是人生的必经阶段。研究和掌握青年人购买结婚用品与家庭用品的心理特点，是营销工作的重要组成部分。

1. 商品需求的特点

（1）购买新婚家庭所需的比较齐全的生活用品。新婚家庭所需基本用品是：服装、装饰品、化妆品、家具、寝具、厨房用品、交通工具、家用电器及各种生活用品，有的还包括住宅的购买和装修等。尽管这些所需品量大类多，需要很高的消费，但他们都有一个比较一致的心理，即要购买齐全、配套协调。同时由于攀比心理的作用，消费层次日趋提高。

（2）购买时机比较集中，具有淡旺季之分。青年人结婚前大都有一个储蓄阶段，具体购买则都集中在结婚前较短的时间内。另外青年人多喜欢在节日或民间认为的“吉日”举行结婚仪式，这样在喜庆的节假日或“吉日”的前夕，往往是购买结婚用品的高峰，农村青年还喜欢在丰收的年景举行婚礼，因此结婚用品的销售具有淡、旺季的分别。

（3）购买商品的质量和档次偏高。一般青年人购买新婚用品，对质量和档次都有要求，所购商品具有质量好和档次高的特征。

2. 购买结婚用品的心理需求

（1）求新求美心理。新家庭的建立象征着新的美好生活的开始，所以新婚用品的购买往往带着强烈的祝愿，围绕着“新”“美”而进行。

（2）寓意良好。人们总是希望生活有美好的结局，因此对所购买的商品有一个共同的心理需求：寓意良好、大吉大利，在精神上给人一种满足感。

（3）感情象征。青年人结婚是感情的结合，因此要求结婚用品在用字、样式、颜色、包装装潢、数量等方面具有很强的感情色彩：或是象征双方感情的真挚；或是表达一方对另一方的爱慕之情；或是用以诱发和增强双方的感情等。随着人们文化教育水平的提高，新婚青年的这种要求越来越强烈，所涉及的商品也越来越广泛，并被不断地赋予新的内容、发生着新的变化。

三、中老年用品市场心理

中年期是由青年向老年过渡的时期。一般习惯把35～50岁的年龄划为中年期。根据生理上的变化又可把中年期划分为中年前期（35～50岁）和中年后期(50～60岁)。年满60岁及60岁以上者，称为老年人。中老年这两个年龄阶段的消费者既有各自的消费心理，又有许多共同之处，尤其是中年后期与老年期靠得更近，所以我们把中老年放在一起进行分析研究。

（一）中老年消费者心理特征

1. 消费能力相对较弱

与青年人相比，中年人的收入较高，但负担较重。俗语说："上有老，下有小"，中年时期要抚养子女、赡养老人，是人生经济负担最重的时期。他们用于自身的消费并不宽裕，主要考虑的是子女成家、家庭开支问题。

老年人在退休前，往往有一个缩减生活费、增加储蓄的阶段，想为下一阶段退休后的生活做准备。许多老年人勤俭度日，能挣少花，而他们的子女却少挣多花，消费水平较高，导致了两代人生活消费的落差。中国是"礼仪之邦"，中老年人的"人情"开支大，这些也影响了中老年人对自己的消费。

2. 消费需求相对集中和稳定

出于对家庭生活现实的考虑，中老年往往比较注意维持与自己的社会角色相应的消费标准与消费内容，不再追求丰富多彩的个人消费。在现实中多凭自己的消费习惯和消费经验，采取理智型和经济型的购买方式。

3. 消费决策求实理智

中老年很少出现强烈的消费冲动，他们理智、求实、从众随俗，比较注意遵循传统的消费习惯。随着物质文化生活水平的提高，中老年消费者的消费观念正在发生着巨大的变化，但对于艰苦朴素、勤俭持家的理解与青年人还有很大的差距，对更新换代的节奏过快及"现代化"味道太强烈的产品常常不能接受。

4. 消费构成与消费要求发生变化

在城市，随着离退休人员的增加，老年消费者更渴望健康长寿。我国离退休人数已达2 200万人，在原有的嗜好和习惯仍然保持不变的情况下，他们的消费支出大部分用于食品和医疗保健方面，穿用部分的比重逐渐下降。

在吃的方面，老年人有着新的、不同于过去的特殊要求。例如随着消化系统功能减弱，味觉、嗅觉变得迟钝，影响了他们的食欲和消化，再加上牙齿脱落影响咀嚼，因此对主食的需求量明显减少，主要吃低糖和容易咀嚼、消化的食物；对副食则讲求营养，爱吃维生素丰富的蔬菜和清淡食品；对高脂肪、高胆固醇食品往往避之若蝎，而对高蛋白和滋补食品非常感兴趣。

对穿的需求，老年人也同年轻时不同。如在面料上讲求轻便、适用。夏季一般喜欢透气性能好的棉、麻、丝绸商品，冬季则希望购买质地轻柔、保暖性能好的商品，诸如人造棉、人造皮、裘皮等。在服装款式和风格上则追求宽松、舒适、穿着方便。这完全适应老年人血液循环功能降低，既怕冷又怕热的生理特点。

用的方面，老年人根据自己肌肉松弛、躯体素质下降、体力减退等特点，更加注意商品的方便性、省力性和实用性。如在家务劳动中，对多功能切菜器、全自动洗衣机等格外青睐；在个人生活用品上，弥补视力、听力不足的老花镜、助听器等（特别是前者）几乎成了老年人的必备之物；在学习用品和文化用品方面，则对适合老年人特点的书法、绘画、垂钓等特别感兴趣。

（二）中老年用品市场的开发

我国中老年占人口总数近1/3，但许多大城市却没有老年人用品商店，老年人的用品没有受到重视。

1. 开拓中老年市场刻不容缓

人到老年，在生理上和心理上都与年轻人有着很大的不同，因此对商品的需求也与年轻人有很大的差异。据调查，老年人消费有“七盼”：一盼饮食方便化。如类似春卷、汤圆、速冻饺子等成品或半成品及低糖、低脂肪的袋装营养保健食品；二盼交通工具轻便化；三盼衣着美观、保健和实用化；四盼娱乐用品多样化；五盼装饰高雅、情趣化；六盼家用电器小型化；七盼信息引导。希望报刊经常刊登一些有实用价值的老年人生活小常识等。可见老年人中蕴藏着巨大的消费潜力，开拓中老年市场刻不容缓。

2. 中老年服装市场的开发

随着生活水平的提高和观念的更新，不少老年人的穿着意识不断加强。新款西装、毛呢风衣、精纺面料茄克、高档羊毛衫、电脑绣花衬衫等服饰正进入老年人的消费范畴。“爱美之心，人皆有之”，中老年也概莫能外，他们也想把自己打扮得年轻些，我国中老年服饰市场大有潜力。现在五六十岁的人，在20世纪50年代和60年代大部分生活比较艰苦，到了20世纪80年代，家庭负担轻了，收入又成倍增加，因此这批人的消费心理已发生了很大变化，想弥补自己在年轻时未能获得的物质享受，把自己打扮得体面一点。

中老年的服装市场开发问题应提到营销活动的重要议事日程上来。中老年的服装开发，首先要注意传统文化与时代潮流的结合。中老年服装的生产、经营单位，应为中老年人设计既适应时代潮流，又能适合中老年心理特点的、色彩和式样活泼而又庄重大方的中老年时装。在销售层次上，也应有高、中、低档之分。

3. 老年退休用品市场的开发

随着长寿者的增多和进入退休年龄者的逐年增加，我国正在迅速向老龄化社会发展。由于老年人有着与青年人不同的生理需要和心理需要，因此如何满足老年人这一特殊消费群体的需要有着重要的社会意义和经济意义。开发“银发市场”，做好老年用品的生产和销售，是社会主义工商企业的应尽职责。

由于老年人的闲暇时间最为充裕，因此营销单位还要注意开发能够充实老年人退休生活的文化娱乐用品，使他们从各种娱乐和社交活动中得到精神享受。

在市场服务中，营销人员要注意热情周到，满足老年人的舒适市场心理和吉祥礼仪性市场心理。另外，老年人在购物时尤其注重商品的纪念价值和意义，因此，厂家在产品设计、广告宣传和商品包装等方面要仔细研究这些心理特点。

四、女性消费心理

不同性别的消费者由于其生理和心理特点不同，因而表现出不同的消费特征。一般认为，独立、自信、外向、竞争等特征是属于男性的，而依赖、顺从、文静等特征通常是属于女性的。虽然这些特征并不为某一性别所特有，但它们仍然影响着消费者的兴趣、需要和行为方式，由此形成消费者的性别特征，因此性别也是市场细分的重要依据之一。女性消费者不但数量多，而且在购买中起着特殊的作用。女性消费者自己使用的日用品基本由自己决定购买和亲自购买。在家庭中，她们担当妻子、母亲、女儿等角色，经常是男性用品、儿童用品、老年用品的购买者，所以其他市场的经营成交也同女性消费者有关。国外调查表明：家庭消费品的购买，女性购买的占55%、男性购买的占30%、夫妻一起购买的占11%、小孩购买的占4%、可见女性是消费品的主要购买者。

（一）女性消费需求特征

（1）对商品的需求范围广。大多数女性消费者处在当家理财的地位，所以凡是家庭所必需的商品甚至访亲送友的礼品，都是她们所关心和要购买的。

（2）对商品的需要层次多。这里的层次是指：消费资料中的生存资料、享受资料和发展资料的层次；也包括家庭成员不同年龄、不同文化、不同辈分的层次；还包括按商品质量和价格所划分的高、中、低层次。

（3）商品需求受模仿、流行的影响大。由于女性在情感上的相对不稳定性和依赖性，她们很容易受外界环境的影响，容易被别人的议论所左右。诸如模仿、流行等社会心理现象在她们的行为中更易见到。这种影响特别表现在发型和面部化妆、首饰和衣服鞋帽等最易看见而又最易于变化的部分，也容易出现在家庭陈设布置上。

（二）女性消费行为特征

购买需求决定购买行为。女性消费者在购买商品时往往表现如下特点。

（1）注重商品的外观形象与情感特征。女性大多购买一般家庭用品、服装鞋帽等。这些商品种类、品牌繁多，色彩款式变化频繁，因而女性选购时比较注重商品的美感，在为丈夫、孩子买商品时则更是带有感情色彩。

（2）注重商品的实用性与实际利益。女性由于料理家务的时间相对多一些，经常采购物品，因而对市场信息掌握较多、购买动机相对更为强烈。但购买时在经济方面考虑较多，如对其所喜爱的商品，若价格太贵或与日常安排有冲突，有时宁可舍弃。注重切身利益这种心理意识在女性购物时表现得也较突出。如一位女性消费者给孩子购买一件上装，不仅要求美观，要与孩子肤色相配，还要考虑洗涤后是否褪色、缩水，还会联想别人会如何评价等。

（3）注重商品的便利性与生活的创造性。我国女性就业率高，在家忙家务，在外忙工作。有人统计，女职工平均每天约有4小时用于家务，占全部闲暇时间的56%以上，节假日更高，这严重挤占了女性休息和学习时间，因而对日用消费品和主副食品的方便性要求日益强烈，同时又喜欢通过自己创造性的劳动使生活更丰富、家庭更美满，所以一些半成品就满足了这种需求。

（4）有较强的自我意识与自尊心。女性消费者常常以购买什么、喜欢什么、使用什么这些标准来分析别人、评价别人、分析自己、评价自己。还喜欢以个人的好恶标准作为对商品的评价标准，希望自己周围的小群体也同意这一标准。女性在一起交谈时，有关家庭和个人消费的话题始终是她们彼此交流和议论的重要内容之一。

（5）挑选商品时通常是“完美主义者”。女性消费者总希望商品能百分之百地符合自己的心愿，所以她们在购买商品时选择时间长，观察仔细，而且经常能发现一些料想不到的细小毛病，表现出“吹毛求疵”的特点。

五、男性消费心理

我国男性人口占总人口的50%还多，其中20岁以上的男子约有3亿人，拥有如此巨大数量的消费对象，男性用品市场应是一个相当广阔的市场，但与女性相比，男性用品市场较为简单。

（一）男性的消费特点

（1）男性购买能力与女性相比，直接用于个人消费的部分却不见得高于女性。尤其是在经济文化较发达的城镇，男性用于个人消费的平均购买力低于女性。这当然与“男女平等”“女士优先”的文化素养有关。但在耐用消费品和家用“大件”方面，男性又具购买决策权。

（2）在消费需求方面，一是男性对满足基本生活需求的商品比较喜欢凑合，尤其是中老年男性。二是由于传统文化的影响，男性在事业上比较有追求，因此对与知识、技能有关的发展类和自我表现类的消费品的需求比女性强烈。三是男子专用的商品相对较少，屈指可数，除了剃须刀就是烟酒了。但事实上烟酒并不一定是男性消费者的“专利”。

（二）男性消费行为特征

（1）男性购买商品，比较多地强调产品的效用及其物理属性，其购买行为常受理性支配，具有更多的自信心，这使他们在高档消费品的选购方面成为直接或主要的承担者。在商店里若看到他们所需要、所喜爱的商品时，他们略加考虑就能决策，购后也很少后悔。

（2）男性的购买动机一旦形成，购买行为就比较果断迅速。他们一般不愿逛商店，不愿在柜台前长时间挑选，拿到商品，稍加浏览，只要没有什么大毛病，就付钱了事。

（3）男性购买物品较少受他人影响，表现出一定的独立性。他们购买时不大需要别人帮助决断。

（4）男性的购买动机不强烈，很少花时间来了解市场动态，对许多日常用品，往往直到需要时才临时购买，有时甚至是奉命购买，而在选购时又不善于讨价还价，在购买动机和对商品价格的敏感性上远不如女性消费者。

第三节　家庭消费心理

家庭是消费群体的最基本类型，也是构成社会的基本细胞。家庭与消费活动有着最为广泛和密切的关系。据统计，人们消费行为的 80% 是由家庭控制或实施的。因此，研究家庭消费心理特征是消费心理学研究的最基本的内容之一。

一、家庭及家庭结构

家庭是以婚姻、血缘和有继承关系的成员为基础组成的一种社会生活单位，父母、子女是家庭的基本成员。家庭首先是两性关系或婚姻关系的结合，在此基础上派生出血缘关系。任何一种社会，不论是出于传统、习俗，还是法律规定，家庭作为一种社会制度与婚姻制度相结合的产物，始终是人类社会生活的基本单位。

家庭作为一个群体是存在着一定的结构的，这种结构体系与人们的消费行为密切相关，其中主要包括人口结构、年龄结构、关系结构和教育结构。

家庭人口结构是指家庭人口的多少，家庭人口的多少会从以下 4 个方面影响家庭的消费。①家庭人口影响商品的消费数量。一般而言，家庭人口的多少与商品消费数量成正比关系。家庭人口多，商品的绝对消费量就大；反之，则小。②影响以家庭为单位消费的商品数量。家庭的数量多，以家庭为单位而购买的商品的消费就多，如家用电器、商品房、汽车等。③影响消费行为的决策过程。家庭人口多，家庭成员的每一位都是各种商品信息的提供者，他或她都会对家庭的购买决策提出自己的观点，这样使得家庭的购买决策变得相对复杂一些。④影响消费水平和消费质量。在家庭收入不变的情况下，家庭人口数量多，人均消费水平就会降低，而人均消费水平降低的直接后果是家庭每个成员的生活质量的下降。相反，如果家庭人口数量少，家庭成员的人均消费水平和消费质量就会相应地得到提高。如丁克家庭的生活负担较轻，他们的收入不菲，他们的文化价值观、社会价值观、家庭价值观与普通人大不相同。

家庭的年龄结构对消费的影响也是显而易见的。对一个家庭来说，经济收入的主要来源是家庭中的父母，因此父母在决策中的地位是绝对的。他们有权决定购买什么、什么时间购买、购买数量的多少等，而家庭中较小的孩子是没有发言权的，但是随着孩子们的年龄增长、社会阅历的丰富，他们为父母出谋划策的机会就增多了，比如更多的中学生对家用电脑的选购、对教育软件的购买有当然的发言权，他们是这些商品的主要消费者。

家庭的教育结构是家庭成员接受教育的程度。就每一个家庭成员而言，其成员受教育的水平越高，他们的购买行为就会更理智、更科学，因为他们会在商品信息搜集、品牌的比较、价格的分析等方面投入更多的精力，甚至在一些特殊商品的购买上，他们还会去向专业技术人员请教，以使自身的购买行为避免盲目性及降低风险，而受教育水平低的人在这些方面的表现就会相对弱一些。

家庭关系结构是指家族内各个家庭之间的购买行为所表现出来的关联性。现实生活中，往往是大家庭与其子女独立成家后形成的小家庭在购买行为上表现出很强的趋同性。我国传统的家庭多为 3 代人组成的家庭。随着社会进步和人们观念的改变，家庭结构正由大变小，一夫一妻一个孩子的小型化家庭结构正在成为我国家庭结构的核心模式。一个家庭中，由于年龄、身份、经济地位不同，不同的家庭成员扮演着不同的角色。少儿阶段正是长知识、长身体的阶段，全靠父母抚养；当青年有独立收入时，变得能为家庭负担一些经济支出；中年是以户主的身份出现在家庭中的，掌握着家庭经济大权，是家庭消费活动的决策者；老年人离退休后，大多数都有一定的经济收入，一般在生活上不同程度地依附于家庭。

二、家庭消费的基本特征

家庭是建立在婚姻、血缘或继承关系基础上的社会生活的组织单位。随着人类社会生活的不断进化，家庭也在经历着从传统模式向现代模式的演变过程。在我国，核心家庭即父母与未婚子女组成的家庭已成为家庭的主要模式，与此同时还存在着许多其他类别的家庭模式。现代家庭消费的基本特征是：

（一）家庭消费的广泛性

作为社会生活的细胞单位，人的生命中的大部分时间是在家庭中度过的。因此家庭消费就成了人们日常消费的主体。在人们购买的商品中，绝大多数都与家庭生活有关，价值较大的比如住房、家具、厨具、家用电器、交通工具；价值较小的如油、盐、酱、醋、茶、烟、酒、常备药品等。家庭消费几乎涉及生活消费品的各个方面。

（二）家庭消费的阶段性

现代家庭呈现着明显的发展阶段性，大致可划分为单身时期、新婚时期、育幼时期、成熟时期、空巢时期5个阶段。处于不同发展阶段的家庭在消费活动方面存在明显的差异，并且表现出一定的规律性。

（三）家庭消费的差异性

由于家庭结构、家庭规模、家庭关系、家庭收入水平等方面的不同，不同家庭的消费行为具有很大的差异性。比如家庭成员比较年轻、家庭规模较小、收入水平又比较高时，一般倾向于购买优质的高档商品，而且消费欲望强烈，较少有储蓄倾向。由于家庭规模大小不等，在选购商品品种、数量方面也具有很大的不同。家庭关系是否融洽也会影响家庭消费行为的倾向性和合理性。总之，受到众多制约的因素的影响，家庭消费各具特色。

（四）家庭消费的相对稳定性

排除家庭剧变的特殊影响，大多数家庭的消费行为具有相对稳定性，这主要是由于家庭日常消费支出存在着相对稳定的比例关系，而且大多数家庭都能维持融洽而紧密的关系。各具特色的家庭消费观念与习惯具有很强的遗传性功能，特定的内外环境对家庭消费的稳定具有重要的维系作用。当然，这种稳定性会随着社会经济的不断发展而呈现稳步上升的趋势。

三、家庭经济收入与消费

消费者任何消费动机的实现，或是生理、心理需要的满足，都要有经济收入作基础。因此，家庭经济收入制约着家庭与个人的购买能力、购买方式、消费结构和生活习惯等。如果经济收入十分有限，其家庭成员的高层次需要和心理性动机就要受到抑制，就要先让位于低层次需要和生理性动机。

通过我国对城市职工收支抽样调查和市场实地调查可以看出家庭经济收入状

况的影响体现在以下方面。

（一）对消费支出结构的影响

按消费结构中生存、享受、发展 3 种属性进行分类，由于家庭收入高低的不同，家庭类型可划分为：

1. 生存消费型家庭

这类家庭用于生存资料的消费开支占总消费的绝大部分。他们所消费的消费品质量不高，以维持正常生活为标准，文化精神方面的消费比重小，家庭消费内容单调。

2. 生活享受型家庭

这类家庭在物质生活方面向高、精方向发展，享受资料的消费在家庭消费资金中占相当大的比重，文化精神消费欲望强烈，家庭消费内容比较丰富。

3. 生活发展型家庭

这类家庭消费内容已达到相当丰富的程度，开始追求高质量、高品位的物质、文化精神方面的消费，发展型消费资料的消费在家庭消费基金中占比较高的比重。

（二）对消费者购买动机的影响

收入高的家庭求新、求美、求名等动机强烈，而收入低的家庭求廉、求实、求利动机强烈。在市场上还发现，有些消费者对简便或不包装的零售食品，对削价、积压、滞销而处理的商品很感兴趣，由此可见，家庭经济状况对消费者选购商品的出发点及目标有影响。

（三）对耐用品拥有量及更新商品的影响

一般讲，家庭实际人均收入水平越高，耐用消费品拥有量越多。在我国素有“三大件”“五大件”之类的消费品的俗称。此外，收入高的家庭相对来说商品更新快、使用周期短，“心理废弃”的现象较多。而收入低的家庭商品更新较慢、使用周期长，不仅正常更新的情况较多，以延迟损耗性消费也多，如家用自行车、电器等，通过维修延长使用寿命，以节省开支。

就我国目前家庭消费而言，具有均等性、稳定性和集约性等特点。所谓均等性，即家庭成员在消费生活方面是平等的。成年人基本上能够共同协商购买决策，全家共享商品的使用价值。所谓稳定性，是指我国家庭收入一般比较固定，因而用于消费支出的金额及各项消费品之间的支出分配比较稳定和均衡；同时，正常的家庭生活受制度和法律保护，家庭成员之间的关系紧密，生活安定、和睦、幸福。所谓集约性，是指家庭通常集中较多的消费资金用于某一项或者某几项消费之上。但也由于每一家庭所属的民族文化、社会阶层、宗教信仰、职业性质及教育程度的制约，形成了各自的家庭消费风格、家庭消费习惯、家庭消费态度等。每个消费者一般都要在一个特定的家庭中生活一定的时间，老一辈家庭成员的消费行为会潜移默化地遗传给下一代家庭成员；同时家庭成员在共同消费中的互相作用又不断改变着、革新着家庭消费意识及行动。从大家庭里分化出去的各个小家庭，乃至每一个家庭成员的消费行为都必然带着原有家庭消费特征的烙印。因此，工商企业在研究消费者行为时绝不能忽视家庭的影响作用。

四、家庭生命周期与家庭消费

家庭生命周期特指一个家庭从最初形成到不断发展直至最后解体的全过程。虽然不同家庭的消费活动具有很大的差异性，但在家庭所经历的不同阶段确实存在着很多共性特征。研究家庭生命周期变化对消费心理的影响，对于营销策略的制定也具有普遍性的指导意义。

（一）青年单身时期的消费

这是崭新家庭组成的前奏时期，特指原有家庭中已经长大成人但尚未结婚的年轻人，在家庭周期研究中称为单身家庭。在我国，单身青年大多并未构成家庭，而是与父母共同生活。单身时期的青年大多有自己独立的收入，尽管收入水平不太高，但可支配收入比重大，一般没有什么经济负担。单身青年大多具有以自我为中心的消费倾向，很少考虑父母及其他亲人的消费需要。他们热衷于最大限度地消费，尽情享受现代生活。他们具有强烈的求新、求名、求美和炫耀、攀比心理。在选购商品时受情绪影响较大，不特别注重实用性，与人交往过程中表现得慷慨、大方，追求潇洒生活。他们往往是时髦服装、声像制品、运动健身、休闲娱乐等相关商品的主要购买者。

（二）新婚时期的消费

这里是指单身男女青年组成新家庭前后的一段时间。在结婚之前的主要购买对象是结婚用品。在我国的传统观念中认为结婚成家是人生的关键转折点，因此对结婚用品的筹办不遗余力，不论城乡，在结婚花费方面都存在攀比之风，一是要购齐高档耐用消费品；二是要备办丰富豪华的喜宴；三是一次备齐四季服装服饰和各种家庭用品。如果新婚夫妇收入较高，或者双方父母积蓄充足，婚后的家庭消费仍会比较正常。受时尚的影响，新婚夫妇多注重文化、体育、旅游等精神方面的消费，追求享乐的心理较为浓厚。对于父母及本人经济收入并不宽裕的新婚夫妇来说，婚后生活将会比较困难。结婚购物用去了全部的积蓄，甚至还为此欠下了大笔债务，这使得结婚前后的消费行为形成巨大的反差。

（三）育幼时期的家庭消费

这是指青年夫妇生育后而子女年龄尚幼的一个家庭发展阶段。这一时期是指子女尚未入学的阶段，国外称之为满巢时期。这个时期的家庭生活相比前一时期有了明显的变化，新婚夫妇的浪漫生活转变为辛苦的育儿奋斗。由于我国实行了一对夫妇只生一个孩子的国策，使家庭明显趋于小型化。家庭规模的小型化对家庭消费带来重大影响，具体为：①家庭小型化的结果，使儿童消费品趋于高档化、多样化，儿童娱乐用品、服装、营养品的需求量将逐步增大。②随着家庭规模趋小，家庭生活用品也趋向小型化。如家庭用炊具、锅碗等。③家庭购买耐用消费品的数量、种类都会增多。④食物支出结构同时也会变化，如在外吃饭的人数增多，方便食品、罐头食品的消费量会增加。⑤家庭用于医疗、文化娱乐等方面的支出比重增大。综上所述，家庭结构的变化不仅对家庭自身消费结构产生影响，对工商企业、服务业等也都产生直接影响。

（四）子女成长时期的家庭消费

这是指子女接受正规教育时期的家庭发展阶段，包括一般家庭生命周期研究中的满巢中期和满巢后期。这个时期由于夫妇已开始或实际步入中年，经济收入有所增加，而子女仍是家庭消费中心，因此家庭消费仍然向子女倾斜，只是所需商品品种有所改变。这时家庭消费的商品主要是子女的形象用品和生活用品。这时父母在购物时会注意征求子女的意见并尽量满足子女的要求。子女在家庭消费中享有越来越大的发言权。同时，家庭耐用品一般也到了更新期，家庭公用商品以及父母所需商品购买的比重有所加大，家庭消费日趋稳定。

（五）空巢时期的家庭消费

子女经济独立并建立自己的小家庭以后，原来的家庭发生了解体，只剩下了老年夫妇，这就是家庭演变的后期——空巢时期。家庭发展到了这个阶段，夫妻二人已经退休或即将退休，工作与生活负担一下子减轻了，但由于退休金的数目有限，家庭消费能力明显下降。老年夫妇一般很少购买大件商品，而仅以日常消费品的购买为主，消费心理也越来越向求实方面转化，选购商品时注意比质量、比价格，很少盲目消费。其中部分积蓄颇丰的老年夫妇可能会追求旅游、保健、娱乐等方面的中高档消费，或是对已成家子女的大额消费提供一定的支持。

尽管现代家庭生活模式多种多样，但是家庭生命周期的演变以及由此引起的消费心理的规律性应当为营销管理者所重视，根据家庭发展阶段的不同制定不同的营销策略。

五、家庭决策方式与家庭消费

家庭购物也需要一个决策过程，甚至有研究者认为这一决策过程在某种程度上类似于公司的决策会议。如果对于一项家庭消费计划全体家庭成员意见完全一致，决策便非常简单。但更多的情况是家庭成员意见存在分歧，这样就需要由权利最大的家庭成员做出决策。一般来说，家庭购买决策者往往是经济收入最高的家庭成员，或是父亲，或是母亲，但也可能是其他家庭成员。以现代核心家庭为例，主要存在 4 种决策类型。

（一）丈夫做主型

丈夫做主型指在家庭中丈夫拥有最高的权利，大小事情均由丈夫做主，因此家庭消费活动安排也理所当然地由丈夫做主。这种家庭中的成员文化水平较低，收入水平也较低，并且以丈夫收入为主，因此家庭观念具有封建落后意识的影响，我国农村中相当一部分家庭属于这种类型。另外一种情况是妻子不善于料理家务而丈夫则显得善于持家，因此家庭消费便由丈夫做主。

（二）妻子做主型

由于社会上残存的性别歧视问题导致大多数重要的社会、职业工作由男性承担，因此在相当一部分家庭中形成了这样一种传统做法：男人赚钱，女人花钱。由于丈夫在外工作繁忙，无暇顾及家务，因此家庭劳动同时也包括家庭采购工作均由妻子承担，这种家庭在城市中比较普遍。妻子做主型的家庭经济条件一般较好，丈夫对于家庭消费支出不太在意，这主要是由女性善于持家的特点所决定的。

（三）共同做主型

共同做主型指家庭消费决策并非由某一个人做主，而是由夫妻双方共同协商后决定，这种家庭在现代城市中比较普遍。这种家庭的主要特点是夫妻双方均具有较高的文化水平，思想开放，不受传统观念束缚，而且夫妻双方关系融洽，具有较多的共同语言。由于决策是经协商后产生的，因此决策过程相对较慢，购买的理智性较强。

（四）各自做主型

由于夫妻双方均有较高的经济收入，各自的事业、个性、生活追求目标具有较大的差异性，为充分尊重对方的兴趣爱好，家庭消费支出便各自做主，互不干扰。这种家庭属于典型的开放性家庭，个性自由、不受家庭规范的约束。当然，这种家庭的产生也不能排除关系不够融洽、矛盾冲突较多的可能性。

事实上家庭决策类型并非由个别因素所决定，也不是固定不变的。实践研究表明很多因素的变化都会使家庭决策类型发生变化，其中主要有 6 项。

（1）家庭经济收入与社会阶层的变化。随着家庭收入水平和社会阶层的提高，家庭决策方式将越来越倾向各自做主的决策，而处于中间水平与阶层的家庭则倾向于共同做主型。

（2）生活方式的变化。如果家庭生活越来越向现代化模式靠拢，如更喜欢外出旅游、观看文艺演出、参加各种社交活动等，那么夫妻一人做主便不再适宜。

（3）家庭生命周期的演变。一般来说，新婚夫妇组成的家庭往往是共同做主型的，随着家庭生活规律的逐步形成，可能会演变成各自做主型，家庭购买已经习惯成自然了。

（4）所购产品的重要性。其实对于不同产品的购买，绝大多数家庭都会采取不同的决策方式。一般的规律是：所购产品价值越高，共同做主的可能性越大；所购产品价值低，则无需进行协商。

（5）购买时间限制。如果购买决策时间较长，通常会采取共同做主的做法；如果购买时间紧迫，则通常是个人做主。

（6）可能的风险性。如果准备购买的是缺乏经验的、具有较大风险的商品，往往会通过协商再作决策，也可个人做主。

【本章小结】

作为社会高级动物的人类，在消费活动中必然会带有人类所属的社会群体特征，表现出群体心理与行为的一致性。本章在介绍群体心理影响规律的基础上，重点讨论在市场营销中常见的年龄群体的消费心理特点。

年龄是常用的划分消费群体的标准。人在不同的年龄阶段会有不同的消费心理需求和购买行为。

家庭是消费群体的最基本的类别，研究家庭消费心理规律性有助于营销管理者制定企业不同的营销策略。

【复习思考题】

1. 什么是社会群体？怎样影响消费者的消费心理？
2. 简述青年人的消费心理特征。
3. 男性与女性消费心理与购买行为存在哪些差异？
4. 儿童消费者有哪些心理特征？儿童消费品市场的营销策略有哪些？
5. 联系实际谈谈家庭生命周期对消费行为的影响。
6. 分别访问五名不同年龄段的消费者，总结不同年龄消费者的消费特点。
7. 作一个非正式的调查，了解自己和周围同学的消费水平，并分析一下如果商家想开拓大学生市场可以从哪些行业入手？

【案例分析】

女性消费心理调查报告

现在，女性不仅已成为主导中国日用消费品市场消费观念的主力军，而且正在日益成为影响中国耐用消费品市场消费观念的主力军。可以这么说，女性已经成为中国消费市场的一支主导消费力量，因此对商家而言，深入了解女性消费者的消费心理和行为就变得越来越重要了。

下面根据CMMS2003年秋季调查的近70 000个样本数据，针对中国女性消费者的消费观念和行为做一浅析，力求能为商家的商品营销决策提供客观的信息。

女性对家庭消费的影响越来越大

女性在消费市场中的地位比较特殊，他们不但对自己所需的消费品进行购买决策，而且也是家庭用品的主要购买者。在家庭中，她们同时承担着母亲、女儿、妻子等角色，她们也是绝大多数儿童用品、老年用品和男性用品的购买者。

从CMMS连续5年的数据中我们发现，超过60%的女性在家庭中负责购买食品和日常用品；在购买家庭耐用消费品时，女性作为主要决策者的比例也呈逐年上升的趋势，2003年，已有近40%的女性成为家庭耐用消费品购买的主要决策者。

不难看出，女性的家庭、事业观较男性更多地偏重于家庭，因此女性往往更愿意付出时间和精力致力于建立一个理想的家庭、营造一个舒适的生活氛围。这就要求女性不仅要关心柴米油盐这些家庭日常生活用品，也要关心冰箱、彩电，甚至家用汽车、家庭住宅等这些家庭耐用品。由此可知，女性成为购买家庭耐用消费品的主要决策者是必然的结果。

女性消费者的特征分析

一、挑剔而冲动的消费者

1. 女性的品牌敏感度不如男性
2. 女性的购物更加细致
3. 女性购物更加非理性
4. 女性消费易受他人影响
5. 女性更重视购物环境

女性和男性在社会和家庭生活中扮演的角色略有不同，女性更加看重家庭而男性更加看重事业，因此男性更加注重自己身份的显示，而名牌通常被看做是身份的象征，因此男性比女性更青睐名牌。女性在选择商品特别是在选择服装上常常更加注重款式和质量，对于品牌并不是十分敏感。

由于女性自身的特点，她们通常在选择商品时比较细致，注重产品在细微处的差别，通俗地讲就是更加“挑剔”。从这点上看，女士的生意并不好做，但厂家如果能在产品的设计和宣传上注重突出某些特点，就会吸引有某些偏好的女性消费者。

虽然女性购物比较“挑剔”，但很多时候少了一些理性，超过40%的女性都对促销商品有购买欲，这个比例大大超过了男性。同时女性更容易受到他人观点的左右，在做购物决策时也不例外，这从一个侧面也反映了女性消费的非理性。不少女性把购物看做一种享受，因此也更注重购物的氛围和商品的外观形象与情感特征，这也正是精品店大受女性欢迎的一个重要原因。

总的说来，女性购买欲望受直观感觉影响大，容易因感情因素产生购买行为。

二、广告和电视的杀伤力大

1. 女性对于广告更加敏感

2. 女性比较喜欢感性化的媒体

与女性对促销活动敏感一样，她们对各类广告也比男性敏感。从媒体接触习惯上来说，女性更容易接受更生动和感性化的媒体，如电视和杂志，而男性常会被一些理性的文字所吸引。女性更习惯于晚上待在家中，那么电视便会成为她们最易于也是乐于接受的信息媒介，电视广告自然更易受到女性的关注。

三、"爱占便宜"的传统消费观

1. 女性对价格更加敏感

2. 女性花钱更谨慎

3. 女性更不愿意承担风险

在商品价格上，女性较之男性更加相信"货比三家，价比三家"的道理。女性消费前往往会针对自己的生活需求进行谨慎的决策；决定购买后，通常还会比较几家商店的同类商品价格，经过一番斟酌比较后，往往会选择最便宜的价格。这个消费习惯似乎也是中国较为传统的消费习惯。女性的理财观念也更加传统，不愿承担过多的风险，这就注定了女性对花销更谨慎、对价格更敏感。这也从一个侧面证明了促销活动对女性购物决策的影响力会比较大。

北京、上海、广州女性消费者的特征比较

一、品牌观和购物观：上海女性最时髦

1. 北京女性更喜欢国产品牌，品牌忠诚度更高，消费更理性

2. 广州女性更注重名牌，对促销活动更敏感

3. 上海女性更相信名人，更崇尚时尚

也许是生活在首都的女性更易受政治氛围的影响，有超过一半的北京女性都表示更愿意购买国产品牌，这一比例远远超过了上海和广州；广州和上海的商业气氛比较浓厚，品牌观念比较强，相比北京女性更看重国内名牌和国外品牌；上海女性很注重生活品质，为了美丽绝对舍得花钱，超过1/4的上海女性都愿意购买昂贵的化妆品。

总体说来，北京女性消费观念在三座城市中最为保守，做购物决策比较谨慎，对品牌的忠诚度也比较高；上海女性和广州女性消费观念相对更新，广州女性喜欢名牌，而上海女性崇尚流行。

二、媒体观：广州女性更喜欢广告

1. 广州女性对广告兴趣最浓厚

2. 北京女性最喜欢平面媒体

广州女性对广告的关注程度远高于北京和上海的女性，北京的文化氛围比较浓，人们还是习惯从传统的平面媒体上获取信息，有近50%的北京女性更倾向于从报纸中获取信息。

三、理财观：北京女性省着花

1. 北京女性花钱更谨慎

2. 上海女性理财观念最新

北京女性对价格最为敏感，理财观念比较谨慎。上海人会“算计”已经成为不争的事实，由于上海商业中心的地位，开放程度比较高，人们的思想比较活跃，再加上上海金融服务业相对发达，人们的生活理念和理财观念也更先进一些，有超过50%的上海女性愿意从银行贷款，花明天的钱享受生活。

看来同为女性消费者，但由于其所处城市的文化背景、经济和社会发展状况不同，在消费观念上会有所差别，因此在制订营销策略时不仅要“男女有别”，还要“因地制宜”。针对不同消费群体采取差异化的营销策略，这样才能在更加广阔的市场上成功营销。

问题：

1. 分析女性消费行为的心理根源有哪些？

2. 举例说明商家如何利用女性消费心理的特点开展营销活动？

【实训练习】

1. 分别访问五名不同年龄段的消费群体，总结不同年龄消费者的消费特点。

2. 作一个非正式的调查，了解自己和周围同学的消费水平，总结一下如果商家想开拓大学生市场可以从哪些行业入手。

第六章
商品与消费心理

【学习目标】

(1) 了解商品名称的作用，熟悉商品命名的心理策略；

(2) 了解商标的心理功能，熟悉商标设计的心理策略；

(3) 了解包装的心理功能及对消费者心理的作用过程，熟悉包装设计的心理要求；

(4) 了解消费者品牌的心理作用过程，熟悉品牌的心理策略；

(5) 熟悉新产品设计、新产品推广的心理策略。

【建议学时】5 课时

【导入案例】露华浓公司每年都要销售价值 10 多亿美元的化妆品、护肤品和香水给全世界的消费者。公司各种成功的香水产品使露华浓在 40 亿美元香水市场中的平价市场上位居第一。严格地说，露华浓的香水也只不过是经过精心调配组合的天然及化学香料而已，但是露华浓知道出售的香水不仅仅是出售香水本身，它出售的是香味给使用者带来的一切利益。

香水的品牌是一项重要的产品属性。露华浓曾经用过“查利”等品牌来打造能够支持每种香水市场定位的形象。去年公司推出了“雅奇”，意思是“女人的力量”，针对美国黑人妇女市场进行推广。奥斯卡·德·拉·丽塔公司的罗芙香水，开始时只作为一个名字出现，选择它是因为它创造了一个异想天开、年轻、魅力和女人味十足的形象，而所有这些又都适合于年轻时髦女人这个目标市场。在确定了香水名字和市场定位之后，公司才选择一种与该名字和定位匹配的香味。

露华浓还仔细地包装香水。对消费者来说，瓶子和包装盒是香水及其形象的最真实象征。香水瓶应该感觉舒服，容易使用，放在商店里展示时能给人以深刻印象，但最重要的是，它们必须支持香水的概念和形象。

因此，当一位妇女购买香水的时候，她买的不仅仅是具有香味的混合液体。她还购买了香水代表的形象、希望、香味、名字和包装，以及它的制造公司和销售商店，所有这些都已经成为整个香水产品的一部分。所以当露华浓出售香水的时候，它不只是在卖有形的产品，它同时也在出售香水所代表的生活方式、自我表现和独创性，成就、成功和地位以及温柔、浪漫、激情和幻想，还有回忆、希

望和梦想。(案例来源:《市场营销管理》,王海斌主编,武汉理工大学出版社,2004)

商品是消费者从事消费活动的对象和载体,消费者的各种心理活动、需求动机、购买决策及购买行为都是围绕商品发生和进行的。消费者对产品的认可、接受与购买情况,决定了商品在市场上的前途,从而也决定了企业的竞争成败乃至生死存亡。为此,在营销实践中,企业必须在商品名称、商标、包装、品牌以及新产品开发等方面考虑消费者的心理因素。

第一节　商品名称与消费心理

一、商品名称的作用

现实生活中,消费者对商品的认识和记忆不仅依赖商品的外形和商标,而且还要借助于一定的语言文字,即商品的名称。在接触商品之前,消费者常以自己对特定名称的理解来判断商品的性质、用途和品质,由此可见,商品名称具有先声夺人的心理效应。所以,生产企业把商品生产出来后赋予它一个恰如其分的名字,对推动商品进入市场、得到消费者的认可十分重要的。其作用表现在如下方面:

(一)标志作用

商品名称与实体结合起来就成了商品标志。取名得当就能产生名副其实、闻名如见物的效果。例如“人参蜂王浆”就标志着该商品是由名贵中药——人参和高级滋补品——蜂王浆为主要原料制成的。

(二)显示作用

商品的名称通常与商品的功能和用途结合在一起,从其名可知其用,如“金嗓子”喉宝、“克咳”胶囊等。

(三)记忆作用

商品的名称通常都是简单、易于记忆的,消费者只需记商品的名称而无需记商品的形体就可以知道商品,例如“全聚德”,提到此名,消费者都知道它是北京的著名烤鸭品牌。

（四）传递作用

商品的名称是语言文字符号，企业要传递商品信息，不管用何种媒体、何种方式都必须借助商品的名称来完成。

（五）激发作用

商品的名称能恰当地对商品的形象进行描述，容易引起消费者注意，产生好奇心，从而激发其购买动机，如“驴打滚”“老头乐”等。

二、商品命名的心理要求

在当今日益丰富的市场上，商品种类繁多，商品名称纷繁复杂，命名方法多种多样。要发挥商品名称对消费者心理活动的积极影响，在商品命名时必须符合以下要求。

（一）名副其实

商品命名是要用概况简洁的文字语言表明商品称谓、用途和特点，使其名称与实体特征相符，达到使消费者一目了然地了解商品用途的作用。例如“热得快”电加热器，人一听便知其是在短时间内迅速加热的电加热器。再如“电饭锅”“山地车”“打气筒”“脚气灵”“洗发水”等商品名称，也很好地反映了名副其实这一要求。

（二）便于记忆

一个易读易记、言简意赅的名称会降低记忆的难度、缩短记忆的过程，有利于消费者记忆的保持。名称一般以 3 ~5 个字为宜，发音要易读、响亮、有韵味，文字要通俗易懂，尽量符合商品的适用范围和相关消费者的知识水平。例如“娃哈哈”饮品给消费者的记忆就很深刻。大众化商品的命名应通俗易懂，尽量避免冷僻、复杂、拗口、费解的字句以及使用范围很小的方言土语，也不宜采用过于专业化的名称。一个难以发音或非常拗口的发音以及不易理解的商品名称，会使消费者购买时感到不便，踌躇退缩，影响购买行为的发生。

（三）引人注意

注意就是把心理活动指向并集中于特定对象的状态。当商品名称瞬间能引起消费者注意时，就会产生强烈的心理效应，促使其进一步去了解商品。所以生产者应根据商品适应范围内消费者的年龄、职业、性别、知识水平等所产生的不同心理要求给商品命名，使消费者产生良好的印象，以引起他们的注意与兴趣。例如女性商品名称应柔和优美、高雅大方；男性商品名称要刚柔相济、浑厚朴实；儿童商品名称则要活泼可爱、充满童趣，比如中年女性的保健品“太太口服液”的名称就比较柔和易记。另外，商品命名还应注意名称的寓意和特色，含义好、有新意的名称能使人过目不忘、印象极深，例如：“金利来”“小护士”“狗不理”“万利达”等。

（四）诱发联想

诱发联想是商品命名的一项潜在功能。它是通过文字与发音使消费者产生良好的联想，从而刺激其购买欲望。如可口可乐公司的“sprite”饮料的中文译名为“雪碧”，该名称使中国的消费者联想到纷纷的白雪、清凉的碧水，产生晶莹剔透、清爽宜人的感觉。商品命名应新鲜脱俗、寓意深远、风趣幽默、内容丰富、情调动人，尽可能地激发消费者对美好事物的回忆和想象，加深其对商品性能的理解，积极影响消费者的购买行为。又如“西铁城”这一品牌名称，很好地表现了表最本质的特点：工艺精湛、计时准确、经久耐用。

（五）避免禁忌

不同的国家、民族由于社会文化传统的差异，有着不同的消费习惯、不同的偏好和禁忌。所以在给商品命名时，一定要考虑到消费者的民族风俗禁忌的心理要求。我国名牌商品“黑妹”牙膏因英文直译名为“Black sister”，此语在美语中含有种族歧视之意，故出口到美国后很不受欢迎。

小资料：汽车制造厂商都想为生产的汽车起个好名字，美妙的名称能取悦客户，打开销路。德国大众汽车公司生产的是桑塔纳高级轿车，意为“旋风”。桑塔纳原是美国加利福尼亚一座山谷的名称，该地因生产葡萄酒而闻名于世。在山谷中，经常刮起一股强劲的旋风，当地人称这种旋风为“桑塔纳”。该公司决定以“桑塔纳”为新型轿车命名，希望它能像桑塔纳旋风一样风靡全球，结果好名字带来了好销路。

也有因取名疏忽而受到“冷遇”的汽车，失败的名字往往使其销路大减。20世纪60年代中期，美国通用汽车公司向墨西哥推出新设计的汽车，名为“雪佛莱诺瓦”，结果销路极差。后来经调查发现，“诺瓦”这个读音在西班牙语中是“走不动”的意思。又如福特公司曾有一款命名为“艾特塞尔”的中型客车问世，但销路不畅，原因是车名与当地一种伤风镇咳药“艾特塞尔”读音相似，因此给人一种“此车有病”之感。

更有趣的是，美国一家救护公司成立30年来，一直把“态度诚实”“可靠服务”作为宗旨，并将这4个词的英文开头的字母“AIDS”印在救护车上。原本生意一直很好，然而自从艾滋病流行以来，这种车的销售一落千丈。因为印在救护车上的4个英文字母恰恰与艾滋病的缩写（AIDS）完全一致，患者认为这是运送艾滋病人的车而拒绝乘坐，就连司机也常遭到路人的嘲笑。这家公司最终只得更换了使用30多年的老招牌。（案例来源：《消费心理学》，杨海莹主编，高等教育出版社，2003）

三、商品命名的心理策略

（一）以商品的主要效用命名

依据消费者购买商品时的求实心理，有时在商品的命名时从其功能用途出发，突出其本质特征直接命名，如“竹盐牙膏”“蛇油护手霜”等。

（二）以商品的产地命名

这主要是依据消费者的信任感而命名的。由于历史文化的沉积使某些地方出产的商品名声显赫、历史悠久、具有较高的知名度。因此用产地命名的商品既能突出地方风味和特色，又能迎合消费者慕名购买的心理，能刺激消费者的购买欲望，产生良好的效果，如“北京烤鸭”“贵州茅台”“杭州丝绸”等。

（三）以商品的主要成分命名

其目的是为了突出商品的主要成分和主要材料，达到让消费者信任的目的，如“人参蜂王浆”“枸杞酒”等。

（四）以商品制作方法命名

从商品制作的加工过程出发，突出商品精良的工艺，以上乘的质量来增强消费者的信任。如北京著名的“二锅头”酒，既让消费者了解商品研制的艰辛和严谨，同时也满足了消费者的求知欲。

（五）以名人命名

借用历史人物，当代知名人士或商品发明者、制造者的名字来命名，使消费者把商品与特定的人物联系起来，突出商品的品牌历史悠久、质量可靠、工艺独特、受名家推崇等，从而产生敬慕感、信任感，如“孔府家酒”等。

（六）以外来词语命名

以此来满足消费者求奇、求新、求异的心理要求。此命名多用于外来进口的商品。值得注意的是，为商品命名不管是直译还是意译都要注意到不同民族的情感和民族传统文化，并要通达顺畅、寓意良好，使消费者见而不忘。

（七）以商品外形命名

在给商品命名时，结合商品的外在形象来命名，以此突出商品造型新奇优美的特点，达到吸引消费者注意和使其产生兴趣的目的，如“棒棒糖”“喇叭裤”等。

总之，企业在为商品命名时，应将商品的名称与商品某一方面的特性联系起来，这样才能刺激消费者产生购买欲望，实现购买行为。

第二节　商标与消费心理

商标是依法经有关政府部门登记注册的商品品牌的全部或部分内容，简单地说，商标就是商品的标记，但它不同于其他标记，商标是一个法律概念。商标依法登记注册后就会受到法律的保护。在商品经济高度发达的今天，商标在诱导消费需求、促进销售方面的作用越来越重要。所以重视商标的设计与应用，注意从心理学角度认识商标问题具有非常重要的现实意义。

一、商标的心理功能

（一）识别功能

商标是商品的一种特定标志，它有助于消费者在购买商品过程中辨认并挑选出他们所需要、所喜好的商品。同时，消费者可以通过商标来了解、记忆商品的生产经营单位以便得到相关的服务，例如售后服务、索赔等。在现实消费活动中，很多消费者都是根据商标购买商品的。

（二）保护功能

商标一经注册登记后就受到法律的保护，任何假冒、伪造商标的行为都要受到法律的制裁。商标受法律保护的功能是非常重要的，它不仅维护了制造商和销售商的经济利益和企业形象，还保护了消费者的合法权益和经济利益。

（三）促销功能

商标作为某一具体商品质量、性能、价格和特点的标志和保证，长期积累之后就成为产品的信用象征，能够获得消费者的认同，成为消费者选择商品的依据。特别是著名商标，由于其知名度较高，企业具有完善的售后服务体系，顾客满意度较高，因而更能吸引消费者。

二、商标设计的心理策略

如前所述，商标具有多重的心理功能，因此在设计商标时应特别注意心理学的研究，要全面了解消费者的心理需求，使商标能较好地适应消费者的各种心理需求，并能有效地诱发消费者对商标的注意、兴趣、偏好和记忆。为此，可以采取以下策略。

（一）个性鲜明，富于特色

商标的设计要与众不同，切忌落入俗套，应以精巧的构思来突出个性，以显著性和奇特性吸引消费者。人们通常对特别的东西记忆深刻，为了使消费者从纷繁复杂的同类商品中迅速找到自己偏爱的商品，商标的设计应力求有别于其他同类商品。例如，“摩托罗拉”在商标设计上充分突出了个性和独特性。摩托罗拉将其 M 设计成棱角分明、双峰突出的 M 形，再赋予“飞越无限”的主题，令大众刮目相看。

（二）造型优美，文字简洁

除了法律规定的不能用做商标的事物外，商标的题材几乎可以取自宇宙万物，这无疑为商标设计者提供了广阔的创作空间。由于现代消费者不仅要求商标具有明确的标示作用，而且追求商标的美学价值。所以在设计商标时，应力求生动优美、线条明快流畅、色彩搭配和谐、富于感染力，以满足消费者的求美心理，使之对商标及商品产生好感。

此外，人们对简单而符合审美情趣的图形文字往往记忆深刻，所以商标语言应做到简洁鲜明、易记上口，商标图案也要简单明了使人过目不忘。例如美国著名品牌“耐克”的商标图案是一个小钩子，造型简洁有力、富于动感，一看就让人想到使用耐克体育用品后所产生的速度和爆发力，充分体现了耐克所经营的运动服装和运动鞋的特点。

（三）具有时代气息，反映社会的潮流趋向

商标的名称如果能结合特定的历史特点、反映时代的气息甚至赋予一定的社会政治意义就可以激起消费者的购买热情，顺应民心民意，从而赢得消费者的青睐。比如 2000 年是世纪之交，在这一重大的历史时期，“联想”适时推出了千禧系列电脑，取得了很好的效果。

（四）与商品本身的性质和特点相协调

商标既是对商品所要传达信息的提炼和精确表达也是商品的代名词，起到提示和强化的作用，这就要求商标要准确地体现所代表商品的性质、突出商品的特

色。例如可口可乐公司的“雪碧”体现了这种饮料“晶晶亮、透心凉”的冰凉、清爽的特点，能在炎热的夏季给广大消费者一种畅快的感觉。

（五）遵从法律规定，顺应不同国家、民族、宗教、地域消费者的心理习惯

各个国家的商标法都有明文规定的不允许注册为商标的事物，如国徽、国旗和国际组织的徽章、旗帜、缩写等。例如紫荆花曾被用做商品的标志，但是现已经被禁止了，因为紫荆花现在是我国香港特别行政区的区徽图案。另外，由于不同的国家、民族、宗教、地域的消费者有着不同的心理特点，从而产生了很多不同的偏好和禁忌，在设计商标时也应予以充分考虑。例如对于图案，不同的国家有不同的偏好。加拿大人忌讳百合花，喜爱枫叶图案；澳大利亚人忌讳兔子，喜爱袋鼠图案。

总之，优秀的商标设计应以巧妙的构思、鲜明的个性、丰富的内涵以及具有高度感染力和冲击力的表象成为商品乃至企业的象征，使消费者产生深刻而美好的印象。

三、商标运用的心理策略

巧妙运用商标与商标设计一样是商标发挥其心理效应不可缺少的重要环节。因此在使用商标时，应针对消费者的心理特点采取不同的心理策略。

（一）使用还是不使用商标

优秀的商标不但起着区别不同厂家或商家的商品的作用，而且起着诱导消费心理、促进销售的作用。但是对于消费者而言，并非所有的商品都需要商标，属于下列情况的商品就不需要使用商标：一是商品本身属于无差别商品，如电力、天然气、木材等。二是一些差异较小的日常生活必需品及鲜活商品，如食用盐、蔬菜、肉、蛋等。三是一些临时性或一次性生产的商品，如纪念品。随着人们生活水平的提高，消费者对此类商品也开始认商标购买，如鸡蛋、脐橙等，这些产品的生产经营者也开始重视商标策略。

（二）使用制造者商标还是销售者商标

一般情况下，商标是商品制造者的标记，产品的质量特性是由制造者确定的，如“健力宝”“海尔”“娃哈哈”等我国驰名商标大都为制造商商标。一些大型的零售商和批发商也开发出他们自己的商标，如世界著名的零售商沃尔玛、家乐福、希尔斯等都拥有自己的商标品牌。在制造商具有良好的市场声誉、拥有较大市场份额的条件下，应多使用制造商商标。相反，当经销商商标在某一市场领域中拥有良好的信誉及庞大的、完善的销售体系时，利用经销商商标也是有利的。

（三）使用统一商标还是独立商标

统一商标是指企业生产的若干类产品都使用同一种商标。对于那些享有良好声誉的著名企业，全部产品采用统一商标可以充分利用其名牌效应，使企业所有产品都畅销，而且企业宣传介绍新产品的费用也相对较低，有利于新产品快速、顺利地进入市场。如美国通用电气公司的所有产品都用 GE 这个商标，在全世界获得广泛的认知度。但是，使用统一商标时，低档劣质产品会给高档高质量产品带来不良的影响，尤其是当该企业的各种产品质量有明显差别时，这种策略会影响企业整体的声誉。独立商标是指企业对不同产品采用不同的商标，例如广州宝洁公司的洗发用品有飘柔、海飞丝、潘婷等商标，洗涤剂有汰渍、碧浪等商标，香皂有舒肤佳、激爽等商标。采用独立商标，可以为每种产品寻求不同的市场定位，有利于增加销售额和对抗竞争对手，还可以分散风险，使企业的整个声誉不致因某种产品表现不佳而受到影响，但是加大了企业的广告宣传费用。

小案例：青岛海尔集团公司是我国企业创名牌方面的典范。该公司在最初生产电冰箱时便设计并使用了“海尔”商标。该商标的标志上附有一对天真可爱的卡通娃娃，象征着真诚和友谊。随后，公司借助“海尔”又相继推出了洗衣机、暖风机、微波炉等产品。为塑造“海尔”形象，公司特别注重产品质量、特别强调服务意识，从而使“海尔”商标具有了“真诚，可信赖”的特殊含义。请分析：该公司在商标设计与使用过程中采用了哪些心理策略？（资料来源：http：//www. 12edu. cn/zhaokao/zikao/stjj/zhuanye/200803/172056_ 4. shtml）

第三节　商品包装与消费心理

商品包装是商品构成要素的一个组成部分，失之便会降低商品的价值、破坏商品的完美性。商品包装对于保证商品质量、价值、促进商品销售具有重要的作用。商品经济越发达，商品包装的作用越突出。消费者在购买商品时会受到包装的影响，商品包装被誉为“无声推销员”是不为过的，因此应注意对商品包装与消费心理方面的研究，以帮助企业制定正确的包装策略。

一、商品包装的含义与功能

（一）商品包装的含义

包装是指各类用于盛装或包裹商品的容器或材料。按包装在商品流通中所起的不同作用，可将包装分为运输包装和销售包装。运输包装又称外包装，它的主要作用是在商品的流通中保护商品。销售包装又称内包装，是指接触商品并随商品进入市场销售的包装。除了保护商品这一基本作用外，这类包装还具有宣传介绍商品、美化商品、方便消费者携带及使用等作用。此处对包装认知心理的研究是专指商品的销售包装。一般来说，商品销售包装由商标（品牌）、造型、颜色、图案和材料等要素组成。

（二）商品包装的心理功能

随着超级市场和货仓式商场等新型零售方式的不断涌现，消费领域的自我服务越来越多，商品包装正逐渐成为“无声的推销员”，即商品包装不仅要说明商品的品质、产地、质量、功用等问题，而且还要代替售货员向顾客推销商品。如果商品的包装能一下子吸引消费者，包装上的宣传广告能抓住消费者的心理，包装上的各种说明能解答消费者的疑问，就有可能使消费者产生购买动机。由此可见，包装对消费者心理有较大的影响，甚至可以左右他们对商品的认识和感受。为此，有必要深入研究包装的心理功能，使其在商品的销售中发挥积极的作用。

（1）识别功能。消费者在选购商品时，通常第一眼看见的是商品的包装，而不是商品本身。当商品的质量不容易从产品本身辨别的时候，人们往往会凭包装做出判断。它不但可以说明产品的名称、品质和商标，介绍产品的特效和用途，而且还可以展现企业的特色，消费者通过包装可以在短时间内获得商品的有关信息。包装是产品差异化的基础之一，一个设计独特、新颖大方并且具有强烈的视觉冲击力的包装可以使本企业产品有别于其他同类产品，方便消费者进行分辨和挑选。

（2）便利功能。一个结实、适用的包装可以有效地保护商品，安全可靠的包装有利于商品的长期储存及延长商品的使用寿命，开启方便和能重新密封的包装便于消费者使用。总之，根据实际需要设计合理的包装能使消费者产生安全感和便利感，方便消费者购买、携带和使用商品。

（3）审美功能。具有艺术性、审美性的包装能使商品锦上添花，使消费者赏心悦目，有效地推动消费者的购买。相反，制作粗糙、形象拙劣的包装直接影响着消费者的选择，即使商品本身质量功能优越也乏人问津。

（4）增值功能。包装作为商品整体的一个组成部分，同样能显示其拥有者的身份和地位。尤其是对于一些礼品和高档商品，考究的包装可以激发购买者的社会性需求，适应消费者的炫耀心理和求美心理，使他们在拥有商品的同时感受到身份地位的提高，内心充满愉悦。

（5）联想功能。联想是指感知或回忆某一事物时，连带想起其他的有关事物的心理过程。好的包装能使消费者产生美好的联想，从而加深对商品的好感。例如雪碧饮料以绿色的瓶子配以绿色底色和白色浪花的图案，使消费者看上一眼便产生凉爽怡人的感觉。

二、包装对消费者心理的作用过程

（一）唤起注意

包装的首要功能即是通过给予消费刺激引起消费者的无意注意。作为消费刺激的重要表现形式，不同包装物给予消费者的刺激强度有明显差异。为使产品包装引起消费者的无意注意，需要不断提高包装的刺激强度。

（二）引起兴趣

包装除了要引起消费者的无意注意外，更重要的是要引起消费者对商品的兴趣，从而产生有意注意。消费者的年龄、性格、职业、文化、经济状况不同，对包装装潢的兴趣也会有所不同。这就要求设计师设计包装时要研究消费者的兴趣偏好，不仅要使包装与商品的风格一致，还要符合消费者的价值标准。

（三）启发欲望

启发欲望其实就是刺激需求。消费者产生购买动机后，其购买行动的最终实现还要取决于对刺激物的感受。包装是使商品的味道、性能、使用方法等特性在潜在消费者中形成好感的最好手段。

（四）导致购买

导致购买是包装的最终目的。别具一格的包装往往会使消费者爱不释手，可以促使其产生试用的意念。一旦消费者对商品形成深刻印象，就有可能导致购买行为的发生。

小资料：如何在竞争异常激烈和销售方式不断演变的现代市场中脱颖而出？企业除了靠产品创新和优质、快速的服务取胜外，包装也越来越重要。从市场观点看，包装是商品整体中的形式产品，是很重要的一部分内容，通过它可以使消费者产生购买欲望，从而刺激消费。美国最大的化学工业公司杜邦公司的一项调查表明：63%的消费者是根据商品的包装来选购商品的，这一发现就是著名的“杜邦定律”。另据英国市场调查公司报告，一般上超级市场购物的妇女，由于受精美包装的吸引，其所购物品通常超出进门时打算购物数的45%。可见，生产经营者除了应注重商品的内在质量外，还要注重商品的外在质量（商品的外形和包装）。包装策略千差万别，但目的都是一个——吸引并刺激消费者的购买欲。（资料来源：http：//baike. baidu. com/view/266180. htm？fr = ala0_ 1）

三、商品包装设计的心理要求

针对商品包装的心理功能，在进行包装设计时就应注意心理学原理，努力设计符合消费者心理的、为消费者所喜爱的、从而有助于刺激消费者购买欲望的包装。为此，应注意以下基本要求：

（一）突出商品形象

大多数消费者都有求实心理，他们在选购商品时一般比较关心商品的使用价值。因此在设计包装时必须突出商品形象，注意运用多种手段直接或间接地反映内装商品的特性，并尽可能显示商品的真实形象，提供消费者需要的有关商品的信息。只有突出商品形象的包装才能适应消费者的求实心理，获得消费者的信任，促进购买。这一要求对于挑选性强的商品尤为重要。

（二）强化便利功能

设计商品包装除了应注意消费者的求实心理外，还应注意消费者的追求便利的心理，具体包括商品携带便利、使用便利、存放便利、保管便利等。设计商品包装时务必强化其便利功能，如便于携带的折叠式包装、便于开启的拉环式包装、便于使用的一次用量包装、便于存放的悬挂式包装，便于保存质量的密封式包装等。例如袋装茶叶使消费者更方便饮用、更便于携带。以前的茶叶包装或是包装纸简单包装、或是茶叶筒罐装，不利于人们外出携带和冲泡。袋装茶叶的包装是将茶叶化整为零，分别装入小过滤纸袋中，然后分为 10 袋、20 袋甚至 100 袋，装入设计精美的包装盒中，消费者不再为如何带茶叶而伤脑筋了，因而受到人们的欢迎。包装设计应跟上生活的变化，要处处考虑消费者的需求。

（三）具有艺术魅力

包装是商品的外衣，也是商品给予消费者的第一印象，为使包装能够吸引消费者，应特别注意设计的艺术性。包装图案色彩要美观、工艺制作要精细、要具有较高的艺术性和欣赏价值、要能满足消费者求美心理的需要。精心设计具有艺术性和趣味性的包装，可在一定程度上激起消费者的兴趣和购买欲望。如我国出口到英国的 18 头莲花茶具，包装是光身瓦楞纸盒，既不美观，又不能让消费者知道里面装的是什么，销路一直不好。后来加制了一个精制的美术包装，上面印有彩色实物照，套在原包装外面，这样便使茶具销路大增。

（四）表现时代特色

包装设计是一种典型的现代化艺术工作。消费者对包装的要求不仅是美观，更强调其时代特色。因此在包装设计上还要特别注意应用现代科学技术，反映时代风貌，尽现艺术美，满足消费者求新、求变的心理。包装的形式、包装的材料、包装的图案造型、包装的工艺制作等都应力求具有现代风格和有强烈的时代感，即使是传统风格的包装，也不能摈弃现代技术的运用。

（五）注意差别化与适度性

消费者的个性特征有很大差异，对客观事物的反映有明显区别，因此在包装设计上还要注意差别化，要针对购买对象的性别、年龄、职业、民族、国籍、兴趣、爱好等的不同设计不同的包装，以充分满足各类消费者的需求。另外，在讲求包装质量的同时还应注意避免造成喧宾夺主的局面、避免造成消费者的不信任，这些都会制约包装功能的正常发挥。

四、商品包装设计的心理策略

设计商品包装，还应灵活运用各种具体策略。

（一）按照不同消费水平设计包装的策略

消费者因收入水平不同，以及经济负担、生活方式的不同，必然会显示出不同的消费水平。商品包装应适应消费水平的差异，满足消费者的不同需求。

（1）等级包装策略。对于质量、档次不同的同类商品可以相应设计不同质量、档次的包装。一般做法是将同类商品划分为高、中、低 3 个档次，然后为高档商品设计高贵华丽、制作考究的高档包装，为中档商品设计美观大方、制作精细的中档包装，为低档商品设计经济实用、物美价廉的包装。

（2）复用包装策略。复用包装即可供消费者反复使用的包装。按这种策略设计的包装除了用做企业出售商品的包装外，还可以为消费者提供其他用途。复用包装通常设计成盒、包、杯、瓶等形状。包装的第二个用途主要是作为玩具、工艺品储物器等。这种策略较好地适应了消费者一物多用的心理，因而具有较强的促销功能。

（3）特殊包装策略。对某些特殊商品可以进行包装的专门设计。这种包装策略一般适用于名贵中药材、珍稀艺术品、古董字画、珠宝首饰等稀缺、昂贵商品的包装设计。特殊包装一般都选用名贵木材、金属、锦缎等上等材料，制作十分考究，构思设计都有独到之处。因此，包装本身就是一件珍贵的艺术品。特殊包装用以显示商品价值的与众不同，以此满足消费者的炫耀心理，吸引特定消费者的购买。

（4）礼品包装。为适应消费者参加社会活动和进行人际交往的需要，可以对商品进行礼品化的包装。礼品包装应当装饰华丽、色彩鲜艳、突出热烈欢快的喜庆气氛。礼品包装应尽量充分体现商品的价值，以显示送礼人的情谊表现并为使用者所喜爱。

(5) 简易包装。这是指包装设计力求结构简单、成本低廉的做法。简易包装是在保持包装基本功能的前提下，力求经济、便利、合理。简易包装的用料主要是纸袋、纸盒、塑料袋等，一般用于日用杂品、蔬菜、粮食等家用的普通消费品。简易包装策略适用于一般水平的消费者的求实、求廉、求变心理，具有广泛的用途。

(6) 赠品包装。在包装物内放有附赠的小礼品即为赠品包装。比如在食品盒内附赠小玩具或小图片、在化妆品盒内附赠小刷子、在洗发液包装瓶外附赠一小瓶等都属于这种策略的应用。

小资料：包装美观大方一点，有利于吸引消费者注意，从而促进商品销售。适当的包装是必要的，但过度包装却走向了另一个极端。夸大包装的功能会误导消费观念，损害消费者和社会的利益。过度包装在月饼、茶叶、酒等作为礼品时尤其突出，由实木、金属制成的包装盒，内衬精美的绸缎，有的还"附赠"手表、钻戒等名贵物品。里三层、外三层，剥开层层叠叠的商品包装，最终的实物却小得可怜或者价值不高。过度包装不仅浪费大量资源、污染环境，还损害了消费者利益、助长了奢侈浪费之风气。(资料来源：http：//baike. baidu. com/view/11164. htm？ fr = ala0_ 1_ 1)

(二) 按照不同消费习惯设计包装的策略

人们的消费习惯具有相对稳定的特点，一旦形成某种习惯便不会轻易改变。针对不同的消费习惯进行包装设计也会有很好的效果。

(1) 惯用包装策略。对于某些消费者长期使用的商品，若已经形成了比较固定的包装形式，便可以坚持采用传统的包装。比如对于鱼、肉罐头多采用铁盒包装，对于鞋帽多采用纸盒包装等。采用惯用包装策略便于消费者记忆与识别商品，符合消费者的传统观念，也易于为消费者所信赖，因此一般不要改变。

(2) 分量包装策略。按照商品数量、大小的不同设计的包装即为分量包装。分量包装能够适应不同消费者的消费习惯和对商品数量的需求，而且适合现代人对生活质量的要求，具有很高的科学性。比如汤料、调味品、快餐食品等可以按照1人用、2人用、3人用等进行规范的分量包装，非常方便消费者使用。对于新上市产品来说，分量包装还可以促使消费者试用产品，从而有助于新产品的销售。

(3) 配套包装策略。用途相同而种类不同的多种产品可以组合在一个包装物内，比如婴儿用品的配套包装、家庭常备药品的配套包装、儿童玩具配套包装等。恰当而合理的配套包装便于消费者购买和使用商品，适应了消费者的求变心理。

(4) 类似包装策略。对于企业生产的各种产品都可以采用完全相同或非常相似的包装形式。采用这种策略不但可以节省包装设计与制作费用，而且可以使消费者很容易地识别某一企业的产品，适应某些消费者的惠顾心理，培养企业与消费者的感情，扩大企业的市场影响和产品的销售。

（5）纪念品包装策略。这是指为在旅游地点销售的纪念品进行特殊包装的做法。旅游纪念品的购买者主要是外地的或外国的旅游者，因此，商品包装应适应购买者珍藏商品以作纪念的愿望，包装的图案。造型务必突出旅游地点的特殊标记，并且应制作精良，提高商品的纪念价值。

（三）按照消费者性别、年龄差异设计包装的策略

性别、年龄不同的消费者，其消费习惯和消费心理都有很大的区别，因此在包装设计上也应充分考虑并适应这种差异。

（1）男式包装策略。对于男用商品应在包装设计上体现男性消费者的心理要求。男式包装通常以黑色、灰色等厚重色为基调，造型设计要刚劲、粗犷、挺拔，装饰应力求简单，线条应粗重，以体现成年男性的成熟与稳健。

（2）女式包装策略。由于女性比较敏感、细致，应针对女性消费者的心理特点进行包装设计。女式包装应与男式包装具有鲜明的对比性，造型要精巧，线条要柔和，色彩要明快，总体结构要精致、漂亮，以适应女性消费者的求美心理。另外，女式包装设计还应特别注意变化性，要符合社会流行要求，满足现代女性消费者追求时尚的心理。

（3）老年包装策略。在包装设计中尊重老年人的心理特点，可以更好地满足老年人的需要。包装设计的总体要求是突出实用性与传统性，方便携带和使用。包装造型宜简单，避免过多的装饰，尽量采用传统风格的色彩与图案。文字说明要全面、真实。要适应老年消费者的求实心理与传统消费心理。

（4）青年包装策略。青年消费者对新事物反应灵敏，求新、求变、求奇心理比较普遍，喜欢标新立异，而且模仿力强，因此在设计青年用品包装时要讲求科学性与流行性。要注意采用最新科技成果，在包装材料、方式、制作方面都力求创造性和多样性，以吸引青年消费者。

（5）少儿包装策略。对于少年儿童的消费商品，其包装设计应针对少年儿童的心理特征。具体要求是要形象生动、色彩鲜艳，具有一定的知识性和趣味性，以引起少年儿童的兴趣。少年儿童具有强烈的好奇心与求知欲，模仿能力强，但辨别能力较弱，因此在少儿商品包装设计上要注意科学性与可靠性，切忌对少年儿童产生误导。

五、商品包装的色彩与图案心理

（一）关于色彩心理

色彩是包装设计中的一项基本要素，具有很强的心理功能。不同的色彩会引

起人们不同的视觉效应，同时还导致不同的心理活动。因此，在包装装潢设计中应注意对色彩的心理学研究，充分发挥色彩的心理功能。

（1）充分利用色彩的象征意义。一般来说，每种色彩都有其心理上的象征意义，因此在包装装潢设计中要充分利用各种色彩的象征意义，以满足消费者不同的心理追求。例如红色象征热烈喜庆，可给人以强烈刺激，宜用于节日、庆典、礼品、食品、鲜花等的包装装潢；黄色象征柔和、优美、欢快，给人以亲切、美好的感觉，同时还具有秋季硕果累累的含义，可用于食品、工艺品、装饰品的包装装潢。

（2）巧妙利用消费者的颜色错觉。实际上色彩给人的心理感觉是多方面的，各种颜色除了具有一般性的象征意义外，还可以使人产生某种错觉，利用颜色错觉设计包装装潢可能会产生意想不到的效果。例如黑、红、橙色会给人以重的感觉，蓝、黄、白会给人以轻的感觉。对于用途不同的商品也可以利用颜色错觉进行包装装潢设计，以引导消费者对商品用途和品质的认可。比如矿泉水的包装选用白色或透明色，会使消费者对水的纯度感到放心。

（二）关于图案心理

图案是包装装潢设计的另一项基本要素，也具有非常重要的心理学意义，应充分注意图案心理的正确运用。

（1）充分利用各种基本图形的心理效应。垂直线条可给人以直接、通达的感觉，水平线条给人以安定、平直的感觉，斜线使人感觉运动和变化，曲线使人感觉活泼、跳跃，多样化的图形给人以内容丰富的感觉，对比图形会使人感到存在明显差别等。在包装装潢设计中要针对商品的不同特性、用途，正确运用各种图形的心理学意义，以满足消费者的各种心理追求。

（2）巧妙利用消费者的图案错觉。其基本原理与对色彩错觉的运用一样，由于图形的变化会使人产生视觉上的错觉，因此也就会使人产生不同的心理感受。利用视觉错觉设计包装，可以满足消费者的某种心理愿望，产生较好的刺激作用。例如扁形的容器显得比圆柱形的容器大，粗底的瓶子显得比垂直的瓶子容量大，图形简单的包装比图形复杂的包装感觉上要大等，这些都可以在包装设计中加以运用。但是错觉运用要巧妙，还要依购买者的特性而言，避免造成消费者的不信任感。

第四节 品牌与消费心理

在现代市场经济当中，品牌已被公认为是企业极为重要的无形资产，其价值甚至远远超过企业的有形资产。消费者熟知的“可口可乐”这一品牌，其价值高达760亿美元，是世界上价值最高的品牌。“万宝路”其价值亦高达331亿美元。此外，“柯达”“摩托罗拉”“雀巢”这些知名品牌都价值不菲。这些品牌之所以价值不菲，是因为它们已在消费者心中树立了稳固而持久的良好形象。消费者只要看到这些品牌，就会内心充满激情，想马上拥有这些品牌的商品。在现实生活中，品牌与消费活动具有密切的联系，时刻影响着消费者的购买心理。这是由于在消费者接受的外部刺激中，商品是最具直接意义的刺激物，而品牌作为商品特性的综合、抽象体现，能以其鲜明的标志或口号、匠心独具的设计、对自身外观及内在功用的阐释来加强对消费者的刺激，激发其购买欲望。

一、品牌的心理作用基础

品牌是一种名称、术语、标记、符号或设计，或它们的组合，用以识别一个或若干个生产者（或销售者）的产品或服务，并将其与竞争对手的产品或服务区别开来。当代社会，随着科技的进步和生活水平的提高，人们的消费需求已经从低级的生理、安全需求上升为尊重、自我实现等高层次需要。消费者购买商品时，不再单纯为取得商品的使用价值，而是同时要求获得心理和精神上的满足。这种精神层面的高层次需要是通过品牌消费来实现的。消费者对于品牌的精神诉求可以分为以下3类。

（一）品牌的象征意义

消费者心理和精神需要的内容之一是社会象征性需要，也就是人们的一种认识自我、表达自我并且期待得到他人和社会肯定的需要。这种需要根据表达对象的不同又可以分为两种。

（1）自我个性的表现。每个人内心深处都对自己有一个定位，也就是自我形象。比如有的人认为自己大胆时尚，是引领时代潮流的领先者；有的人则认为自己沉稳审慎，有独立见解，不随波逐流；还有的人认为自己品味高雅，与众不同等。正是由于诸如此类的自我描述，使得消费者在购买商品时，总是寻求那些能表现自我形象的商品。例如乘坐奔驰可以表现主人的庄重和成功；佩戴斯沃琪（Swatch）手表则可以凸显主人对潮流的敏感。

（2）自我价值的实现。自我价值的实现是指消费者通过购买和使用商品，向外界表达自我、证明自我的价值。“野马”汽车最初是为追求刺激的青年人开发的一款车型，但是上市后，有很多老年人争先购买。公司调查发现，这些老年人希望驾驶“野马”车表现自己仍然年轻且富有活力，以及其在社会中的作用。吸烟的人相信能够通过不同的香烟品牌来传达自己的某些想法和追求。

品牌的象征意义是这两种需要实现的基础，它是指在消费者心目中，品牌所代表的与特定形象、身份、品味相联系的意义和内涵。在这里，品牌不再是一种符号、图形，而是一种精神、意义的载体。品牌可以体现消费者的文化水平、知识水平、生活方式、消费习惯、社会地位、名气声誉等。在一定意义上，品牌象征是商品品牌赋予消费者表达自我的一种手段。

（二）品牌的情感意义

品牌的情感意义来源与消费者的情感需要密切相关。情感是与人的社会性需要和意识紧密联系的内心体验，具有较强的稳定性和深刻性。情感对消费者的影响是长久深远的。

品牌的情感意义是指消费者的心目中与品牌相联系的审美性、情感性文化意蕴。它巧妙地构建了一种生活格调、文化氛围和精神世界，引导人们通过移情作用，在商品的消费中找到自我，得到慰藉，获得情感上的寄托和心理共鸣。在这方面，可口可乐的品牌堪称经典。可口可乐公司经过长期的研究得出结论——“名牌的背后是文化”，因而他们通过锻造品牌的文化内涵，使可口可乐成为美国的精神象征。正如一位美国的报纸编辑所说：“可口可乐代表着美国的全部精华，喝一瓶可口可乐就等于把这些美国的精神注入体内，其瓶中装的是美国人的梦。”

（三）品牌文化

品牌文化是凝结在品牌中的经营观、价值观、审美观等审美形态以及经营行为的总和。品牌的文化价值使品牌具有了人格化的魅力，从而使消费者对其产生情感共鸣。

小资料：通过选择三类最能反映大学生消费心理状态，也是大学生最主要的购买对象的商品：手机、笔记本电脑和洗发水，对年龄在20~22岁的大学生进行问卷调查。问卷调查结果为：

(1) 在手机产品中，最受欢迎的品牌依次是诺基亚（45.3%）、摩托罗拉（24.1%）、三星（17.3%）、索爱（9.7%），其余品牌占3.6%。大学生最青睐的手机品牌形象特点主要是：诚信、质量有保证、技术含量高、时尚。而他们最不满意的品牌形象特点主要是：没有独特风格、不够人性化、不够时尚和缺乏男/女性气质。而在大学生眼中，最完美的手机品牌形象是诚信、技术含量高、人性化。大学生最认可的手机代言人是娱乐明星和成功人士。

(2) 在笔记本电脑当中，最受青睐的品牌依次是IBM（36.8%）、索尼（21.1%）、联想（19.3%）、惠普（14.7%），其余品牌占8.1%。大学生最青睐的笔记本电脑品牌形象特点主要是：技术含量高、诚信、质量有保证、人性化。而他们最不满意的品牌形象特点主要是：生硬不够可爱、不能彰显身份和不够时尚。而在大学生眼中，最完美的笔记本电脑品牌形象要蕴含尖端科技、有良好信誉。

（3）洗发水产品中，最受青睐的品牌依次要海飞丝（31.2%）、飘柔（23.7%）、潘婷（19.3%）、伊卡璐（17.9%），其余品牌占7.9%。大学生最青睐的洗发水的品牌形象特点主要是：有独特风格、体现男/女性气质和时尚。而他们最不满意的洗发水品牌形象特点主要是：不够可爱、过于大众化和缺乏男/女性气质。而在大学生眼中，最完美的洗发用品品牌形象要体现男/女性气质和时尚。（资料来源：http://brand.icxo.com/htmlnews/2008/05/03/1275469_0.htm）

二、消费者对品牌的心理作用过程

科技的进步、经济的发展，使人们的生活水平不断提高，人们的消费需求也从基本的生理、安全需要逐渐上升到受人尊敬、自我满足等高层次的需要。人们在追求产品使用价值的同时，还希望获得心理和精神上的满足，而这种较高层次的需要在很大程度上是通过购买某一品牌的商品来实现的。

（一）品牌的认知过程

品牌的认知过程指消费者认识、了解、确信并接受品牌的过程，是品牌发生作用的心理基础。消费者只有形成对某一品牌的认知，才能从品牌中满足自我形象、社会象征、情感等方面的需要，才能通过品牌体现自身的生活方式、文化艺术品位、社会地位、声誉、名望等。消费者形成品牌认知过程的基础是品牌所包含的价值、文化和个性。

（二）品牌的情感过程

消费者形成品牌认知后，会进一步对品牌产生情感。在这一过程中，品牌忠诚度已成为企业关注的焦点，这是由于品牌忠诚度的提高是企业长期赢利的唯一的也是最重要的驱动力。品牌忠诚度包括两方面的内容：行为忠诚度和情感忠诚度。行为忠诚度是指消费者在实际行动上能够持续购买某一品牌的产品，这种行为的产生可能源于消费者对这种品牌内在的好感，也可能是由购买冲动、促销活动、消费惯性或者该品牌市场覆盖率高于竞争品牌等其他与情感无关的因素促成的。情感忠诚度是指某品牌的个性与消费者的生活方式、价值观念相吻合，消费者对该品牌已产生了感情甚至引以为豪，并将此品牌作为自己的朋友和精神寄托，进而表现出持续购买的欲望和行为。消费者在较长时期内能否表现出持续的购买行为在很大程度上取决于情感忠诚。由品牌情感转化为品牌忠诚的关键是激发消费者的情感意识，因此，企业要注重增加品牌的文化含量，还要长期与消费者进行情感沟通，使消费者与品牌之间建立一种持久的依存关系。

三、品牌心理策略

制定品牌策略时要考虑消费者心理，使自己的品牌为大众所接受、所认可，最终达到不断发展壮大的目的。

（1）产品线扩展策略。产品线扩展是指企业在现有的产品类别中增加新的产品项目时，仍沿用原有的品牌。这种新产品往往都是现有产品的局部改进，如增加新的口味、功能、包装、规格、风格等。通常厂家会在这些商品的包装上标明不同的规格、不同的功能特色或不同的使用者。产品线扩展的原因是多方面的，如为满足新的消费者的需要、为充分利用过剩的生产能力、为推出更多的花色品种以刺激消费者的购买欲望和对抗竞争者、为了得到更多的货架位置等。产品线扩展策略也有一定的风险，如产品线的不断加长会淡化品牌原有的个性和形象，增加消费者认识和选择的难度，销售收入不足以冲抵开发和促销成本等，或者该企业总的销售收入虽然增加，但并未吸引竞争对手的顾客，而仅仅是本企业同一种产品线中新老产品的自相消长。

（2）品牌延伸策略。品牌延伸策略是指企业利用现有的成功品牌推出新产品。这种策略在我国较为常见，例如杭州娃哈哈集团将“娃哈哈”儿童营养口服液这一闻名遐迩的成功品牌“娃哈哈”应用到果奶、八宝粥、饮用水、童装等产品上，使这些产品一经推出便在很短的时间内被广大消费者所熟知和认可。采用品牌延伸策略，不仅能较快地提高新产品的市场认知率，并能为企业大大节省新产品导入市场的费用，还能有效地消除消费者对新产品的抵御心理，缩短新产品与消费者的心理距离，使新产品更易为消费者所认同和接纳。但是，实施品牌延伸策略一定要注意策略的准确和到位，否则品牌延伸一旦失误或失败，不仅会使新产品难于在市场上立已，还可能会影响企业原有产品的销路，更有甚者可能会破坏品牌的市场知名度、美誉度和顾客忠诚度，使企业蒙受重大损失。

（3）多品牌策略。多品牌策略是指同种产品采用两个或两个以上的品牌。这种多品牌策略可以使企业占据更多的货架，给企业组织结构带来刺激和效率，同时每种品牌的产品承担的风险也相对较小。此外，通过品牌的不同定位，可以吸引追求不同利益的消费者，增加消费者的选择。由于各个品牌互相独立、互不影响，所以即使品牌之间出现竞争也是企业内部的竞争，不会损害整个企业的利益。但是该策略的品牌推广成本较大。

小案例：宝洁公司是最早开拓并实践多品牌策略的公司。其洗发水品牌就有6个：飘柔、沙宣、海飞丝、潘婷、伊卡璐、润妍。不禁让人疑问，宝洁为什么推出这么多个洗发水品牌呢？为什么不集中精力做一个品牌？那样可以省下巨额的广告费。细心的人自会发现，6种洗发水强调的功能各不相同：飘柔强调发质柔顺，海飞丝强调去屑，潘婷强调营养修护，沙宣强调专业，走美容院路线，伊卡璐强调能唤醒睡美人的香味，润妍强调自然之美。如果只推出一种洗发水品牌，就算把这个品牌做得无可挑剔也肯定会有人不喜欢，但如果同时做多个品牌，大部分消费者总能从中找到一个中意的。六种洗发水品牌强调的6个不同功能能适合不同的消费者，这就是品牌战略的效果了。对于营销商来说，采用符合消费者心理的营销方式自然有意想不到的收获。（资料来源：http：//www. liufangzaixian. com/2009/0511/article_ 2633. html）

（4）新品牌策略。新品牌策略是指企业在推出新产品时采用新的品牌名称。当原有的品牌不适合新产品或对新产品来说有更合适的品牌时，企业需要设计新品牌。例如春兰集团以生产空调闻名，当它决定开发摩托车时，采用春兰这个女性化的名称就不太合适，于是采用了新的品牌“春兰豹”；又如原来生产保健品的养生堂开发饮用水时，使用了更好的品牌名称“农夫山泉”。实施新品牌策略所需的新品牌导入费用会比较高，企业应该量力而行。

（5）品牌的情感策略。在我国这个具有几千年民族传统文化的社会中，消费者的个性普遍表现为注重感情，注重家庭温馨和谐、亲朋友好，亲情无时无刻不体现在人们的生活中，并深深地影响着人们对事物的评价和选择。因此企业应通过极富人情味的诉求方式，激发消费者的情绪、情感，满足消费者的情感需求，进而使之萌发购买动机，实现购买行为。由此可见，一般的品牌策略能够改变消费者对企业的态度，而品牌的情感策略能够促使人们因为这样的感情而采取购买行动，甚至形成一种品牌偏好而长期购买。

第五节　新产品开发与消费心理

一、新产品的含义

（一）新产品的概念

在现代营销理论中，新产品的概念是从整体产品的角度来理解的。从营销学的角度而言，整体产品包含5个层次，即核心产品、一般产品、期望产品、附加产品和潜在产品。在整体产品中，任何一个层次的更新和变革都会使产品区别于原有产品。有了新的结构、功能、品种或增加了新的服务，并给消费者带来了新的利益的产品都可视为新产品。

（二）新产品的分类

按照新产品的改进程度，通常可将其分为以下3类。

(1) 全新产品。全新产品是指运用新技术或为满足消费者某种新的需要而发明的产品。这类新产品的上市，一般会引起消费者消费方式和心理需求的变化，使消费者改变过去的使用习惯和消费方式，建立全新的消费行为。例如电视机、个人电脑、微波炉等刚面世时就属于全新产品。

(2) 革新产品。革新产品是指在原有产品的基础上采用新技术或新材料，使产品性能有了重大突破，或将原单一性能产品发展成为多种性能及用途的产品。这类新产品一般会给消费者带来新的利益和心理上的满足感，会使消费者部分地改变消费行为和习惯，因而对消费者心理产生较大影响，例如全自动洗衣机就是在原有的洗衣机基础上变革而产生的革新产品。

(3) 改进产品。改进产品指在原有产品基本用途不变的情况下，对其成分、结构、性能或款式、规格等进行改进而生成的新产品，例如普通香皂增加了杀菌功能。改进产品对消费者原有的消费心理与习惯影响较小。

二、新产品购买者的类型及购买行为的影响因素

(一) 新产品购买者类型

由于心理需求、个性特点及所处环境等的差异，不同消费者对新产品接受的快慢程度会有所不同。美国学者 E·M·罗杰斯根据这一差异，把新产品购买者划分为以下 5 种类型。

(1) 革新者。任何新产品都是由少数革新者率先使用的，这部分消费者一般约占全部购买者的 2.5%。他们极富创新和冒险精神，收入水平、社会地位和受教育程度较高，交际广泛且信息灵通，多为年轻人。他们人数虽少，但能起到示范、表率作用，因而是新产品推广的首要对象。

(2) 早期购买者。早期购买者是继革新者购买新产品之后，马上购买的消费者。这部分消费者一般约占全部购买者的 13.5%。他们追求时髦、渴望变化，有一定的创新和冒险精神。他们一般社会交际广泛、活动能力强、渴望被人尊重、喜欢传播消息、常常是某个圈子的公众意见领袖。虽然早期购买者人数较少但有一定权威性，对带动其他消费者购买有重要作用。

(3) 早期大众。早期大众一般约占全部购买者的 34%。他们有较强的从众、仿效心理，乐于接受新事物，但一般比较谨慎。由于这类消费者数量较多，而且一般在产品成长期购买，因而是促成新产品在市场上趋向成熟的主要力量。

(4) 晚期大众。晚期大众约占全部购买者的 34%。这部分消费者态度谨慎，对新事物反应迟钝，从不主动接受新产品，直到多数人采用新产品且反响良好时他们才会购买。

(5) 守旧者。守旧者约占全部购买者的 16%，是采用新产品的落伍者。这

部分消费者思想保守，拘泥于传统的消费行为模式，其社会地位和收入水平一般较低，当新产品过时后他们才会购买，或最终拒绝购买。

（二）影响新产品购买行为的心理因素

影响消费者购买新产品的因素多种多样，既有新产品本身的因素，又有消费者自身的收入水平、职业特点、性别、年龄等社会和心理因素。

（1）消费者对新产品的需要。需要指没有获得某些基本满足的感受状态，是消费者一切行为的基础和原动力。新产品能否满足消费者的需要，是消费者购买与否的决定性因素。由于不同消费者有不同的需要的内容和程度，因而对新产品的购买行为也各不相同。目光敏锐的企业应当善于发现消费者的潜在需要，从而有效地引导和创造消费。例如索尼随身听在产品上市之前就已广为人知。

（2）消费者对新产品的感知程度。消费者只有在对新产品的性能、用途、特点有了基本的了解后才能进行分析和判断。当消费者确信新产品能够为之带来新的利益时，其购买欲望就会受到激发，进而采取购买行为。消费者感知能力的强弱直接影响其接受新产品信息的准确度和敏锐度，从而产生购买行为发生的时间差异。

（3）消费者的个性特征。消费者的兴趣、爱好、气质、性格、价值观等个性心理特征差别很大，这直接影响了消费者对新产品的接受程度和速度。性格外向和富于冒险精神的消费者往往比性格保守、墨守成规的消费者更易于接受新产品，而且接受的速度更快。

（4）消费者对新产品的态度。这是影响新产品购买行为的决定性因素。消费者在感知新产品的基础上，通过对新、旧产品的比较、分析，形成对新产品的不同态度。如果消费者最终确信新产品具有某些特点，能为其带来新的利益及心理上的满足，他就会对新产品持肯定态度，进而产生购买行为。企业往往通过顺应消费者的既有态度而促进新产品的销售，但有些时候，企业可能需要在成本允许的情况下去改变人们的态度。例如速溶咖啡刚刚推出时购买者寥寥无几。商家通过调查发现，家庭主妇对这种产品持否定态度，认为使用它会给人留下“懒惰主妇”的印象。于是商家专门针对这一点进行广泛的宣传，通过改变人们的态度而使产品变得畅销。

三、新产品设计的心理策略

消费者整体水平的提高，使其心理欲求在购买行为中所起的作用越来越重要。消费者是否购买某一新产品，常常取决于新产品能否满足其心理需求。因此，企业在设计新产品时必须适应消费者不断变化的心理。具体而言，企业应从以下 8 方面研究设计。

（一）根据消费者的生理需求进行新产品功能的设计

产品的基本功能就是产品的基本价值，是消费者购买新产品的出发点。满足消费者的生理需求是设计者在新产品功能设计中首先应考虑的因素。近年来，在产品功能设计方面出现了以下几种趋势。

（1）多功能。增加产品为消费者服务的功能，例如能与电脑相连的数码相机、可以上网及拍照的手机等。

（2）自动化。自动化产品，如全自动洗衣机、洗碗机等智能型家用电器为消费者快节奏的生活带来了许多便利。

（3）绿色产品。随着环境污染的加剧，人们对无公害、无污染的绿色产品的需求明显增加，如绿色装饰材料、无公害蔬菜等都越来越受到人们的青睐。

（4）健康型产品。随着生活水平的提高，人们对自己和家人的健康更加关注。具有补钙、补锌、补充维生素、有助于睡眠、帮助消化等功能的各种保健品，逐渐受到人们的青睐。

（二）按照人体工程学的要求进行新产品结构的设计

与人体生理改造和生命发展相适应的产品，在消费过程中给人以安全感和舒适感，可以减轻人体疲劳，加速人体机能的恢复。因此，在设计新产品时，应当按照现代人体工程学的原理，根据人体各部位的结构特征、生理机能以及使用环境等进行综合设计。例如座椅的设计应根据人们腿部的长短确定座椅高矮，根据人们腰部的特征确定靠背的倾斜度，根据手臂的长短和关节位置安置扶手，这样才能使人们姿势安稳、肌肉放松。

（三）根据消费者的个性心理特征进行产品个性设计

消费者的个性特征对其购买动机有重要影响，因此在设计新产品时还要考虑产品的独特个性，使新产品与众多同类产品有显著的差异。这些特点具体表现为以下几个方面。

（1）体现威望的个性。体现威望的个性即体现消费者的社会威望或表现其个人成就，如高档手表、名牌服装、豪华轿车等。为此，设计时应选用上乘或名贵的原材料，产品款式应豪华精美，并保证一流的工艺和质量。

（2）标志社会地位的个性。某些产品是专供社会某一阶层使用的，是这一阶层成员的共同标志。使用者可以借此表明自己属于该社会阶层或集团的身份。不同的社会阶层，其消费习惯及心理特征也有着明显的差别，因此，在设计新产品时，应当充分考虑特定阶层消费者的工作环境、经济收入、社会地位及消费习惯和消费心理。

（3）显示成熟的个性。在不同的年龄阶段，人们的生理与心理成熟程度不同，在进行新产品设计时，应注意适应不同年龄阶段消费者的成熟程度，以满足其生理和心理要求。

(4) 满足自尊和自我实现的个性。马斯洛的需要层次理论表明，当人们的基本物质需要得到满足后，会产生精神需要。人作为社会中的一员，一方面渴望得到他人的认可和尊重，希望在社会交往中给人留下良好的印象；另一方面还要求不断提高自身的知识水平和能力，充分发挥自身内在潜力，以求得事业上的成功与个人价值的实现。为此，人们会刻意寻找有助于增强自我价值实现的产品，如装饰品、美容用品、学习用品及有助于提高某方面技能的专门用品等。在设计这类产品时，应以美观协调、特色鲜明为原则。

(5) 满足情感要求的个性。随着人们生活节奏的加快，消费者在强调产品实用性的同时越来越注重情感消费，如表达友情、亲情，寄托希望、向往、追求情趣、格调等。某些产品如工艺品、玩具等，因其设计新颖、造型别致而蕴含丰富的感情色彩，能够满足消费者的情感需要，因而受到消费者的青睐。这类产品的设计应强调新、奇、美、趣、雅等特点。

（四）适应时代潮流进行产品的设计

时代潮流是一种反映多数人意愿的群众性、社会性的行为趋向，在一种新的时代潮流中，大多数人都有向往、追求的意愿，因此在产品设计上也应体现流行时尚，以吸引更多的消费者。时尚产品的流行，一方面反映了社会文化和科学技术的进步；另一方面也反映了消费者渴望变化的心理倾向。有些消费者对具有特色的新产品极具热情，喜欢带头使用新产品，由此形成了时尚产品流行的源头，这部分消费者被称为“消费带头人”。他们首先购买和使用新产品并引以为荣，他们的消费行为起到了宣传示范作用，能够引起其他消费者模仿购买，并逐步形成消费流行高潮。因此，要满足消费者追求时尚流行的心理，产品设计应贵在出新，同时应当注意时尚产品流行周期逐渐缩短的趋势，在设计时应善于捕捉时尚源头，及时发现和把握流行趋向。

四、新产品推广的心理策略

为了保证新产品在市场上获得成功，除了要设计出能满足消费者生理和心理需要的商品外，还要运用正确的策略去推广。

（一）遵循消费者接受新产品的心理过程，开展相应的推广工作

消费者接受新产品的心理过程大致包括：知晓、兴趣、评价、试用和采用阶段。在不同的阶段，消费者的心理活动也不同，企业应有的放矢进行推广。在知晓阶段，由于消费者对新产品不甚了解，仅仅略知一二，此时企业推广的重点应

是全面详细地介绍新产品，介绍新产品从功能到效用能满足消费者的哪些需要，从而激发消费者购买兴趣。评价阶段的重点应放在解答消费者疑惑的问题上。当消费者少量购买试用并亲自体会和验证了新产品的质量、功效、用途等实际效果之后，企业要注意跟踪服务，正确处理消费者的各种异议，进行信息反馈，这样有利于新产品的改进和完善。采用阶段要进一步提高消费者的满意度，培养其忠诚度，树立该商品良好的品牌形象，让其成为新产品的义务宣传者，起到消费示范作用。

（二）瞄准最先和早期购买者，培养积极的消费示范作用

虽然最先和早期购买者在消费者中占的比率较小，新产品的推广仅靠他们难以形成销售高潮，但他们的消费示范作用对中晚期购买者有很大的影响力。企业要善于利用这种资源，可以在该群体中优选有影响力、有一定威信的消费者作为重点对象培养，给予他们有关新产品的更多知识，提高其满意度，加强与他们的沟通、解决他们的异议、总结他们的体会、增强他们的兴趣，使他们成为新产品的舆论引导者，从而加速新产品的推广。

（三）重视新产品的潜在的购买者，推动新产品进入销售高潮期

企业可以从购买次数、购买数量、购买者心理的稳定程度和对新产品品牌态度等方面对潜在的购买者进行分析，建立好顾客档案，加强市场研究，尽快推动新产品的销售。

（四）采用灵活多样的推销方式

在新产品的推广过程中，许多企业总结出了许多有效的推销方法。比如示范表演法、样品试销法、合作推销法、印刷品推销法、网络推销法等。企业要根据新产品的特点、目标群体的特征及分布等，采用灵活有效的方法进行新产品的推广。

小案例：斯沃琪，唯一不变的是我们一直在改变

为了在手表市场上站稳脚跟，斯沃琪始终保持与时俱进的风格。最关键的是，斯沃琪的设计师并不是坐等灵感、跟随潮流，而是洞悉先机、预先估计即将出现的潮流。事实上，整个创作过程于一年前就已经开始：首先产生基本的意念，然后按照大家共识的工作原则加以发展。这种由生产上的要求主导的创作动力是斯沃琪享有“潮流先锋”美誉的原因之一。正如斯沃琪一直强调的风格：“我们唯一不变的是，我们一直在改变。”公司每年都要向社会公开征集钟表设计图，根据选中的图案生产不同的手表系列，其中包括儿童表、少年表、少女表、男表、坤表、春天表、夏天表、秋天表、冬天表，后来又推出了每周套表，从星期一到星期天，每天一块，表面图案各不相同。由于公司的产品不断翻新，

迎合了社会不同层次、不同年龄、不同爱好、不同品味的消费人群的需要，因此深受广大消费者的欢迎和喜爱，销售量年年攀升，市场份额不断扩大，公司的效益自然也越来越好。

在新品推广上，斯沃琪同样显示了它的独到之处，其新产品发布会简直是一场无比精彩的“腕上时装秀”。优美的音乐、绚丽的灯光、美轮美奂的场面、千挑万选的模特、精心设计的时装……所有这一切都是为了衬托斯沃琪的风采——青春、时尚、与众不同。

【本章小结】

商品名称具有标志、显示、记忆、传递、激发等作用。商品命名须符合名副其实、便于记忆、引人注意、诱发联想、避免禁忌等心理要求。商品命名可采取以商品的主要效用命名、以商品的产地命名、以商品的主要成分命名、以商品制作方法命名、以名人命名、以外来词语命名、以商品外形命名等心理策略。

商标是依法经有关政府部门登记注册的商品品牌的全部或部分内容，简单地说，商标就是商品的标记。商标具有识别、保护、促销的心理功能。商标设计的心理策略主要有：个性鲜明、富于特色、造型优美，文字简洁、具有时代气息、反映社会的潮流趋向、与商品本身的性质和特点相协调，并且要遵从法律规定，顺应不同国家、民族、宗教、地域消费者的心理习惯。商标运用的心理策略有：使用还是不使用商标、使用制造者商标还是销售者商标、使用统一商标还是独立商标。

包装是指各类用于盛装或包裹商品的容器或材料。商品包装具有识别、便利、审美、增值、联想等心理功能。包装对消费者心理的作用过程为唤起注意、引起兴趣、启发欲望、导致购买。商品包装设计要求突出商品形象、强化便利功能、具有艺术魅力、表现时代特色、注意差别化与适度性。包装设计的心理策略可采取按照不同消费水平设计包装的策略，按照不同消费习惯设计包装的策略，按照消费者性别、年龄差异设计包装的策略。包装还应注意色彩与图案心理。

品牌是一种名称、术语、标记、符号或它们的组合，用以识别一个或若干个生产者（或销售者）的产品或服务，并使之与竞争对手的产品或服务区别开来。消费者对品牌的心理作用过程包括品牌的认知和品牌情感过程。品牌心理策略有：产品线扩展、品牌延伸、多品牌、新品牌、品牌的情感策略等。

新产品是指具有新的结构、功能、品种或增加了新的服务，并给消费者带来了新的利益的产品。新产品包括全新产品、革新产品、改进产品。新产品购买者包括革新者、早期购买者、早期大众、晚期大众、守旧者。影响新产品购买行为的心理因素包括消费者对新产品的需要、消费者对新产品的感知程度、消费者的个性特征、消费者对新产品的态度等。新产品设计的心理策略有：根据消费者的生理需求进行新产品功能的设计、按照人体工程学的要求进行新产品结构的设计、根据消费者的个性心理特征进行产品个性的设计、适应时代潮流进行产品的设计。新产品推广的心理策略有：遵循消费者接受新产品的心理过程，开展相应的推广工作；瞄准最先和早期购买者，培养积极的消费示范作用；重视新产品的潜在的购买者，推动新产品进入销售高潮期；采用灵活多样的推销方式。

【复习思考题】

1. 商品命名的心理要求和心理策略是什么？

2. 商标有哪些心理功能？商标设计和运用的心理策略有哪些？

3. 商品包装的心理功能是什么？消费者对包装有哪些心理要求？

4. 消费者对品牌的心理作用过程是怎样的？

5. 新产品推广的心理策略有哪些？

【案例分析】

今日之娃哈哈，用妇孺皆知一词来形容并不过分。可这样一个别出心裁而又能赢得消费者好感的产品名称的由来却鲜为人知。

当初，工厂与有关院校合作开发儿童营养液这一冷门产品时，为取名之事花费了很大精力。他们通过新闻媒介向社会广泛征集产品名称，然后组织专家对数百个应征名称进行了市场学、心理学、传播学、社会学、语文学等多学科的研究论证。由于受传统营养液起名习惯的影响，人们的思维多在素啊、精啊、宝啊之类的名称上兜圈子，谁也没有留意源自一首新疆民歌的“娃哈哈”3个字。

厂长宗庆后却独具慧眼地看中了这3个字。他的理由有3：其一，娃哈哈三字中的元音“a”，是孩子最早最易发的音，极易模仿，且发音响亮、音韵和谐、容易记忆，因而容易被他们所接受。其二，从字面上看，哈哈是各种肤色的人表达欢笑喜悦之声。其三，同名儿歌以其特有的欢乐明快的音调和浓烈的民族色彩唱遍了天山内外和大江南北，把这样一首广为流传的民族歌曲与产品商标联系起来，易于使人熟悉它、想起它、记住它，从而提高它的知名度。一言以蔽之，取这样一个别致的商标名称，可大大缩短消费者与商品之间的距离。宗厂长的见解得到了众多专家的赞同。商标定名后，厂里又精心设计了两个活泼可爱的娃娃作为商标形象，以使商标名称和商标形象的有机融合。

俗话说，创名牌容易护名牌难。这是因为只要是名牌商品，恐怕十有八九都会出现假冒品。

有鉴于此，娃哈哈在产品尚未投产的时候便先行作了商标注册。这样做的考虑是，我国商标从申请到核准注册，一般需要一年左右时间，这样，许多名牌商品的商标还未完全注册下来，就已被假冒伪劣品冲击得一塌糊涂。娃哈哈未生而先办户口，其他厂家如果假冒，就可以通过法律手段加以制止，还可以防止别的企业抢先注册。

在申请注册商标时，厂里还考虑到，由于商标图案较小，如果其他厂家注册其他商标而采用相似的包装图案，同样可能引起消费者的误认误购。因此，他们在注册商标的同时将包装上的主要图案也一同注册，从而起到了全包装图案注册的作用，使他人难以仿冒。

这样做的目的是为了获得在国内独家生产娃哈哈儿童营养液及其系列产品的权利。虽然其他厂家能生产同类产品，但却不能打娃哈哈的牌子。尽管如此，仍有防不胜防之处。随着娃哈哈儿童营养液迅速打开销路，市场上出现了与娃哈哈相近或相似的牌号，如娃娃笑、娃娃乐、娃娃灵、娃娃宝、娃娃壮骨精、乐哈哈等，其生产的同类产品引起消费者误认误购。

现实使娃哈哈的决策者们认识到，仅为自己的独生孩子起好名字不够，还必须为其兄弟姐妹的名字全部报上户口，即进行防御性商标注册。现在，这家企业已注册了系列防御性商标娃娃哈、哈哈娃、哈娃娃，而且陆续在相关商品类别上注册娃哈哈和它的兄弟姐妹商标，这实在不失为一种有效的自我保护手段。

酒香还得勤吆喝。娃哈哈商标一经国家商标局注册，企业便利用报纸、广播、电视等大众传播媒介进行了大规模的广告宣传，以期先声夺人、占领市场。这一招果然见效，在许多地区，一些侵权或变相侵权产品始终难以打开销路，因为消费者就认娃哈哈。正是通过这几年的广而告之，形成了处处可见娃哈哈的良好销售环境。

商品包装的刻意改进也成了有效的宣传手段。为一改过去产品商标不引人注意、不便认读的状况，公司的设计者们扩大了娃哈哈的文字和图形，使之占据包装的大部分面积，醒目突出，让消费者在购买和饮用商品时首先认准商标，强化其对娃哈哈的印象。久而久之，娃哈哈在消费者心目中便自然取代了儿童营养液，甚至成为这类商品的代名词。

案例思考：娃哈哈是如何从消费心理的角度考虑商品名称、商标及包装的？

【实训练习】

1. 去附近的百货大楼或超级市场观察，商家是如何对新产品进行推广的？分析其采用了哪些心理策略。

2. 在网络上搜索几个国内著名企业的商品，试分析其商品的包装装潢对消费者心理的影响。

第七章
价格与消费心理

【学习目标】

(1) 了解商品价格的心理功能;

(2) 掌握消费者价格心理,熟悉影响消费者价格心理的因素;

(3) 掌握商品定价的心理策略;

(4) 掌握价格调整的心理策略。

【建议学时】 5学时

【导入案例】 重庆公司的中国炒面终于问世了,这个渗透着母亲的心血、被鲍洛奇念念不忘的美味食品堂而皇之地走进了美国各地的超级市场。鲍洛奇用广告宣传为中国炒面添上了一层神秘的东方色彩,再加上富有刺激性的意大利口味,使爱好新奇事物的美国人完全被征服了。喜爱思考的鲍洛奇没有陶醉在最初的成功之中,他站在超级市场的货架旁给自己提出了又一个难题:下一步该怎么办呢?怎样才能保持这种旺销势头呢?苦苦思索的鲍洛奇突然想到一个十分有趣的故事。有一对收入不高的夫妇非常喜欢高雅的生活情调。一天,他们从杂志上看到了一个作为广告背景的古玩钟,非常喜爱。他们终于在展览厅里发现了它,标价是750元。他们在那儿犹豫了很久,终于打算用600元买下,这价格对于他们的收入来说仍然是十分昂贵的。丈夫在和那位售货员谈价时,随口说出了250元的价格,他们原来没有抱任何希望,没想到那售货员同意了!挂钟美丽极了,给房间添了不少情调,但夫妇两人却常常忧心忡忡,夜里都会起来看看,生怕那只钟会随时崩溃。夫妇俩时时都在怀疑,这么漂亮的钟怎么可能只卖250元呢?

鲍洛奇从这个故事中悟出了心理价格的奥妙。他想,自己决不应该去做那位钟表售货员。重庆公司既要向顾客提供优质产品,还要让顾客购买之后产生自豪与满足。鲍洛奇进一步发现,任何新商品在市场上出现,顾客都会估以较高的心理价格,这种价格与产品成本无关,只与外观、宣传、社会风尚有联系。在超级市场的货架上,同一类型的产品价格高的反而更畅销,这就是顾客的心理所起的作用,而且购买不同价格的商品还往往标志着购买者的不同身份和地位。

鲍洛奇仔细地分析了中国炒面的销售对象——中等收入家庭,他们的收入并不丰厚，但虚荣心却比较强，总想在亲友中保持富裕者的形象。经过这一悉思索和考察，鲍洛奇果断地定出了提价促销的经营谋略，同时改进了设计包装和商标，将中国炒面以同类产品中的最高价格推向市场。产品提价之前，鲍洛奇已作了大量的广告宣传，让消费者认为吃中国炒面是家庭地位的某种象征，是三餐之外的最佳营养食品。提价后的中国炒面包装新颖、品质优良，又一次出现了销售高潮。由于定价超过成本很多，重庆公司获得了高额利润。时隔不久，鲍洛奇又传出中国炒面要再一次提价的消息，消费层中的投机心理占了上风，人们纷纷购买储存，中国炒面几乎脱销。不久稍有改装的中国炒面再出现在货架上时，价格真的作了较大变动。市场调查表明，人们不仅没有意识到价格的昂贵，反而认为它本身就应该是这样的价值。鲍洛奇的心理价格赢得了市场。他认为重庆公司那时还是一个资金有限的小公司，经不起“薄利”“降价”的市场竞争，只能走这着险棋。鲍洛奇深知质量上的任何差错都会使辛辛苦苦建立起来的优质产品信誉遭到毁灭，因此他反复告诫员工，自己也日夜守在生产线上。当他要外出时，便把检查质量的重任托付给母亲，要母亲亲自品尝每一批产品的口味，遇到不合格的原材料，鲍洛奇宁肯将其全部销毁，也决不允许进入生产线。尽管这种损失有时几乎超过同期产品的利润，但鲍洛奇也在所不惜。

席卷全美的经济大萧条来临了，为了渡过难关，几乎所有的产品都在大幅度降价，亏本抛售，市面上到处招摇着降价推销的大幅广告。重庆公司的产品却坚持原价出售，而且摆在市场醒目的地方。那是公司最艰难的时期，工厂几乎全部停产。鲍洛奇这个做法又一次赢得了顾客的信任，当经济开始缓慢回升时，中国炒面又一次迅速占领了食品市场。中国炒面的成本其实很低，鲍洛奇却将这个普通食品成功地打入了优质名牌产品的行列，在十余年间创造了超过 2 亿的营业额。鲍洛奇一直念念不忘那只美丽的挂钟，反复地让自己回答同一个问题：“那只美丽的钟到底应该标价多少才最合理?”（案例来源：《世界著名企业家成功典范》）

价格是人们选择商品的一个重要因素，商品价格对于消费者行为具有极为重要的影响作用。一件商品的定价高低、变动情况都会引起消费者各种不同的心理感受及购买行为，同时也直接涉及消费者和工商企业双方的切身利益。企业的经营以获取利益为目标，在商业经营的领域里，应考虑整体利益的获得，就各项商品而言，其价格并非绝对等于成本加利润。价格的确定，除了要考虑成本与利润之外，还要考虑竞争态势、市场地位、消费者心理、品牌形象以及公司策略等复杂因素。低价并非无往不利，高价也并非窒碍难行，要视所有相关因素互动结果而定。

第一节　商品价格的心理功能

以货币来表示的商品或劳务的价值就称之为该商品或劳务的价格。在商品经济条件下，任何商品或劳务都必须订出价格，供需双方才能进行交易。价格作为一个客观因素，它对消费者的购买心理必定产生影响，从而影响消费者的购买行为，这种影响作用，我们称之为价格的心理功能。

一、衡量商品价值和品质的功能

在现实生活中，价格是消费者用以衡量商品价值和品质尺度的工具。由于对商品信息了解的非对称性，以及消费者购买行为的非专业性，消费者在选购商品时，总是自觉或不自觉地把价格同商品品质及内在价值联系起来，把价格作为衡量商品品质优劣和价值大小的最重要尺度。消费者认为商品价格高，则意味着商品的质量好，价值大；商品价格低，则说明商品的质量差，价值小。所谓“一分钱，一分货”“便宜没好货，好货不便宜”，便是这种心理的具体反映。在现代市场中，由于生产技术的突飞猛进，商品品种越来越多，新产品不断出现，一般的消费者都感到商品的优劣难以辨别，更难知道哪种商品的价值是多少，因此，一般都在心理上把商品价格看成是商品价值和品质的代表。这样就不可避免出现一件衣服几十元无人问津，在价格后面加个零后，衣服却顺利地被卖出去的尴尬场景。

小资料：价格是商品同货币交换比例的指数，价格也是价值的货币表现。因此，价格与价值之间就存在客观的等值原则。从某种意义上讲，价格与价值存在3种可能性：①价格与价值等值——物有所值；②价格比价值低——物超所值；③价格比价值高——物无所值。在商品经济时代，任何一个消费者都对价格与价值之间的关系非常敏感，对物无所值的商品，消费者就会失去购买的兴趣；相反，如果一个商品物有所值，甚至物超所值，那么消费者就会趋之若鹜。按这个原则，商家必须提供这样的商品，才能赢得消费者。（资料来源：http：//www.mrhzp.cn/look.asp？id=86734）

二、自我意识比拟功能

商品价格本来是商品价值的货币表现，其作用是有利于商品交换。但从价格心理的角度看，它还有另外一种作用，这就是购买者把商品价格作为自我意识比拟的心理作用。也就是说，商品价格不仅具有劳动价值的意义，也有社会心理价值的意义。原因在于购买者通过联想与想象，把商品价格与个人的愿望、情感、个性心理特征结合起来，通过这种比拟来满足心理上的要求或欲望。这种自我意识比拟包括多方面的内容和功能，主要表现在以下几个方面。

（一）社会经济地位的比拟

有些人购买商品时，追求高档名牌以显示个人的身份地位，否则会认为有损于自己的形象。有些人为了在其所处的环境和社交圈子里显示其优越于别人，不惜花数万元购买瑞士镶嵌着大量黄金钻石的手表，或者花很多钱去购买法国巴黎时装店昂贵的服装；而有些人则认为朴素大方才与自己的身份地位相符。持后一种观点的人中，有些人虽然经济收入较高，但出于某种心理需要，也经常购买大众化的商品。因此，企业在其经营过程中，一方面应努力树立名牌；另一方面还应生产不同档次的产品，以满足不同消费者的心理需要。

小资料：随着新学期的到来，大学生纷纷返校，随之而来的大学生高消费攀比现象也显露出来。相比中小学学生的高消费，大学生们则更具“奢华”性。据某高校一大三学生介绍，新学期刚开始几天他就已经花了 1 000 多元，其中包括请同学、同乡聚餐吃饭，以及购买新学期服装服饰、宿舍生活必需品等。

按说这些消费本来也属于正常开支，但由于大学生中普遍存在“崇尚名牌、高消费”和“互相攀比”的心理，加上近几年来兴起的“数码装备”颇受大学生们的追捧，于是这方面的花费也达到了令人瞠目的程度。据悉，高档笔记本电脑的价格近万元、高档智能数码手机三四千元等，对于尚未有固定收入的大学生们来说，不能不让人觉得这些消费有些过分“奢华”。（资料来源：http：//news. sina. com. cn/s/2006－09－08/01509963509s. shtml）

小资料：一对颇有名望的外国夫妇在我国一家商店选购首饰时，太太对 1 只 80 000 元的翡翠戒指很感兴趣，两只眼睛看过来看过去，一双手拿着摸了一遍又一遍，但因价格昂贵而犹豫不决。这时一个善于“察言观色”的营业员走过来介绍说：“某国总统夫人来店时也曾看过这只戒指，而且非常喜欢，但由于价格太贵没有买。”这对夫妇听完后，为了证明自己比那位总统夫人更有钱，就毅然决定购买下这只戒指。（资料来源：《营销心理学》，尹健主编，高等教育出版社，2007）

（二）文化修养的比拟

有些人购买商品是为了显示自己有文化、有修养，不管商品是否是其所真正需要的，只要达到心理上的满足即可。例如明明自己不看书，却购买高档书架，里面装上精装的书籍；明明自己对书画不感兴趣，甚至一窍不通，却购买名人书画挂在家中，其目的只是为了得到心理上的安慰，而不考虑所购商品的使用价值。

（三）生活情操的比拟

有些消费者购买商品是为了显示自己具有高雅的生活情趣，即使不会弹钢琴，也买来放在家里作为摆设；即使对音乐不感兴趣，也去听音乐会；即使不懂收藏，也花巨资买来古董摆在家里等，以期人们给予他“生活情趣高雅”的评价。

价格所具有的自我意识比拟的心理机制，同消费者自身的价值观、生活态度和个性心理特征直接相关，因而它的表现形式往往因人而异，千差万别。但是，无论消费者把商品价格作为自我意识的比拟是有意识的还是无意识的，他们都有一个共同点，就是都重视商品价格的社会价值。

三、决定消费需求量增减的功能

商品价格对消费者需求的影响很大，商品价格高低对需求有调节作用。一般来说，在同等条件下，当商品价格上涨时，消费需求量将减少；当商品价格下跌时，消费需求量将会增加。但在市场经济发展中，商品价格对需求的影响，还受消费者心理因素的制约。如当一种产品的价格下降时，人们不一定增加购买而是产生疑虑心理，担心商品质量；或怀有期望的心理，等待继续降价等。所以会出现商品降价反而抑制购买行为的现象。当价格上涨时，人们不一定减少购买，有时会产生紧张心理，担心价格继续上涨，所以会在储备动机的支配下大量或重复购买，以致出现商品涨价反而刺激购买行为的现象。当然这种调节功能，还取决于商品的种类和消费者对此商品的需求程度。

价格对需求的影响受商品需求弹性的制约，需求价格弹性是指价格变动的比率所引起的需求量变动的比率，即需求量对价格变动的反应程度，或者说当价格每增加1%时，需求量下降的百分比。根据需求的价格弹性的大小，我们把商品分为富有弹性、缺乏弹性、单位弹性、无弹性和完全弹性5种情况。对于需求对价格有弹性的产品，价格是调整需求数量的主要因素，在适当的时候可以采取降价的方法增加需求数量，也可以提高产品的价格以减少市场对产品的需求。这类产品主要是指非人民生活必需品，例如服装；对于需求对价格无弹性的产品，由于市场对这类产品的需求数量不由产品价格的高低决定，企业可以采取提高价格的方法增加企业的利润。这类产品主要是指人民生活必需品，例如粮食；对于单位弹性的产品，因其价格变化与数量变化同步，在制定价格政策时一般不会采取什么措施。

小资料：“吉芬商品”是以英国经济学家吉芬的名字命名的。早在1845年，爱尔兰爆发了一次大饥荒，造成农产品的价格急剧上涨。令人奇怪的现象发生了——土豆、肉和奶酪的价格都涨到很高，按常理讲，它们的消费量都应该降低，实际上肉和奶酪的情况确实如此，唯独土豆的销量却一反常态地大大增加。

吉芬仔细分析了这种现象。他发现，一方面，由于土豆在当时爱尔兰人的生活支出中占有很大的份额；另一方面，在大饥荒里生活大大恶化，人们为了生存被迫大大减少了对肉和奶酪的消费，而把节约下来的钱花在相对而言还算便宜的土豆上。自此以后，人们就把这种价格上涨反而使得销量增加的商品称为“吉芬商品”。

其实，生活中的“吉芬现象”并不少见，最突出的就是这几年来的房市。房价涨得越来越快，而买房子的人却越来越多，许多没钱的人也在想方设法购买，他们借钱、按揭、攒钱，无不希望自己“有房一族”的美梦早日成真。在股市上也经常看到“吉芬现象”。当某一种股票持续上涨的时候，经常看到的现象是人们争相抢购这种持续上涨的股票，以便能够赶上“牛市”多赚一笔。相反地，当一种股票的价格持续下跌的时候，购买它的人反而很少，而拥有它的人也都希望尽快抛出，以便避开“熊市”。另外，日常生活中还有一种所谓的“雨伞现象”。刚下车的乘客突然遇到大雨，早有准备的小贩趁机推销自己的雨伞，而且价格明显超出平时，结果是价格虽然上涨了，雨伞却卖得不错。

归根结底，“吉芬商品”是不是违反一般的商品需求定律呢？需求定律的定义是，“在其他条件不变时，需求价格与需求量呈反向变动关系”。这里需要指出它的前提，即“其他条件不变”，这个不变其实涵盖了关于需求的许多概念，如“需求弹性”和“供给弹性”。以上述“雨伞的需求量上升”为例，雨伞销量的上升，关键原因不是价格上涨，而是由于天空突降大雨，即“需求定律”的其他条件已经发生变化了，这时“需求弹性”急剧降低，对价格已经不再敏感。在这种情况下，只要价格还不是高得离谱，人们就会购买。试想，如果雨并不是很大，人们可以赶到商店再去购买的话，小贩们的高价雨伞自然就无人问津了。这一道理对于爱尔兰的饥民同样适用。土豆价格上涨而需求量反而上升，是人们因为收入所限只能去选择土豆，同时在饥荒的压迫下，他们预期价格还会再涨，于是就去抢购。从这一点上说，“吉芬现象”并不等于推翻了需求定律。（资料来源：http：//blog. sina. com. cn/s/blog_44c2e3510100h6h4. html）

通过以上分析可以看出，商品价格的心理功能是比较复杂的。因此，企业要认清消费者的商品价格心理功能对购买行为的影响，以便使商品的价格最大程度地为消费者所接受。

第二节　消费者价格心理

消费者的价格心理是消费者在购买活动中对价格认识的心理现象，它反映出消费者对价格的知觉程度和个性心理。

一、消费者价格心理

（一）消费者对价格的习惯性心理

有些商品价格在长期的营销活动中逐步形成某种程度的固定性，消费者对此也形成一种购买习惯，在价格上形成买卖双方都能接受的习惯价格。消费者对商品价格的认识是从多次的购买活动中逐步体验出来的，并形成了对某种商品价格的习惯性。习惯价格不仅给营销活动带来方便，同时在价格心理上还起着稳定性和合理性的作用，这种习惯往往支配着消费者的购买行为，成为消费者衡量商品价格是否合理的一个尺度。对形成习惯价格的商品，消费者往往十分敏感。

消费者判断商品价格时，往往以习惯价格为标准，在习惯价格以内，就认为是合理、正常的，超过上限则认为太贵，低于下限会对质量产生怀疑。消费者的价格习惯一经形成，往往要维持相当长的时间，并支配自己的购买行为。当商品价格变动时，往往会迫使消费者对价格经历一个困难的，由不习惯、不适应到习惯和比较适应的过程。消费者用“习惯”的标准，评价、比较和决定购买。违背“习惯”的标准会使他们产生疑虑，在心理上难以接受或导致行为变动。如果同一商品在市场上有多种价格，消费者便会对习惯价格产生信任和认同，而对其他价格产生怀疑和拒绝。因此企业要了解价格的习惯性心理对消费者购买行为的主要影响，在制定和调整商品价格时，对那些超出消费者习惯价格范围以外的商品要特别慎重，一定要弄清这类商品的价格在消费者心目中的价格上限和下限。价格超过了上限，就应千方百计地让消费者了解其商品的优秀品质；价格低于下限，则要想法打消消费者对此类商品是低档货或质量较差的顾虑，促使其尽快由不习惯转为习惯，从而实现购买。

（二）消费者对价格的敏感性心理

价格的敏感性指消费者对商品价格变动的反应程度。因为价格的高低和变动直接关系到消费者的切身利益，所以消费者对价格的变动一般很敏感。消费者对价格变动的敏感性，既有一定的客观标准，又有消费者在长期购买活动中积累的实践经验以及在他们心目中形成的一种心理的价格尺度，因而具有一定的主观随意性。

消费者对商品价格的心理反应程度的强弱与该商品价格变动幅度的大小通常同方向变化，但违反这种心理变化的情况也经常发生。有些商品即使价格调整幅度很大，消费者也不会产生强烈的心理反应，其原因是消费者对各种商品价格变动的敏感性不同。一般来说，消费者对经常购买的日用品价格变动很敏感，对购买次数少的高档消费品的价格变动则比较迟钝。越是与日常生活密切相关、购买频率越高的商品，消费者对其价格敏感性越高、反应越强烈。相反，非生活必需品、购买频率低的商品，消费者对其价格敏感性就低、反应相对迟缓。如便宜的蔬菜可使消费者加倍购买，而降价的杂牌录音机却引不起消费者的购买兴趣。一般来说，当商品价格轮番上涨之初，必定会使消费者反应强烈，并产生心理抵抗。但久而久之，消费者的心理承受能力可能逐渐增强，慢慢适应价格上涨而变得有些"麻木"起来，这时消费者反而会对价格的下降表现较为敏感。

消费者对价格变动的敏感性也称为价格意识，常以消费者对商品价格记忆的准确性为标准。美国的调查资料表明：价格记忆的准确率与收入水平呈负相关，即收入越低者，对价格记忆的准确性越高；收入越高者对价格的记忆越不准确。

小资料：超市里特价蔬菜、水果明显增多，特别是傍晚过后，蔬菜、水果的一些特卖声此起彼伏。据了解，一些超市生鲜区每天都推出5、6样特价商品，5折、6折，甚至低至3折、4折。"梅雨期间，超市人流量几乎减少了50%～60%，夏季用品销售几乎没有启动。现在，高温天气慢慢到来，夏季市场也正式启动了。蔬菜、水果很赚人气，我们超市采购部准备了近十种特价蔬果，来重新启动夏季市场。"市区一超市生鲜区负责人如是说。另外，超市为降低报损率，在晚上闭店前的2～3个小时对当天卖剩的部分商品进行特价处理。据超市生鲜区一工作人员介绍，像生菜、芹菜、木耳菜等蔬菜，存放到第二天就蔫了，若不处理掉，就会被迫提前下架或作销毁处理，因此超市都会在傍晚进行特价处理，半价，甚至更低。一家超市负责人介绍说，超市都有一定的"损耗率"，每天有部分食品被迫提前下架或作销毁处理，这是为了保证食品的新鲜。与其等第二天变质扔掉，不如当天让顾客得到实惠，还能为超市聚拢更多的人气。另据了解，超市特价促销时段，生鲜区的客流就会明显增加，特价蔬菜最吸引的是中老年人的眼球，于是一些超市也会在早上8～9点推出一些限时特价。（资料来源：http：//sb.66wz.com/system/2006/06/23/100138729.shtml）

（三）消费者对价格的感受性心理

价格的感受性指消费者对商品价格高低的感受和知觉程度。商品价格的高低是相对而言的，一般来说，消费者对商品价格高低的印象是通过3种途径获得的。

（1）通过与市场同类商品价格比较。这是最简单、最明了，并被普遍使用的一种判断商品价格高低的方法。

（2）通过商品本身的外观、质量、包装、使用特点、使用说明、品牌、产地等进行的比较。

(3) 通过与同一售货现场内的不同类商品的价格比较。值得注意的是，消费者在判断价格的过程中，往往会出现错觉，判断出来的价格也往往是不正确的。有的商品绝对价格高一些，消费者反而会觉得便宜；有的商品绝对价格相对低，消费者却又觉得很贵。造成他们错觉的主要因素如下。

①商品出售过程的环境和购买时的气氛，及商品的外观、包装、功能等因素。

②消费者对商品需求的迫切程度。消费者对商品价格的感受性心理在他们购买商品时的反应是普遍的，营销企业应当重视这种心理现象，在组织商品销售过程中，加强对销售环境、销售气氛、商品陈列、商品装潢的研究，以获得较好的销售效果。

(四) 消费者对价格的倾向性心理

消费者对价格的倾向性心理是指消费者在购买过程中，对商品价格所表现出的倾向。由于人们的生活环境、经济地位、文化素质、价值观念等不尽相同，消费需求具有多样性、变化性、发展性等特点，不同的人在购买商品时呈现出多元化的特征，即使是同一个人在不同时期对商品的需求也是有差异的。不同类型的消费者对商品的档次、质量、品牌要求不一，因此在购买活动中对商品价格的选择表现出明显的不同倾向。

商品的价格一般有高、中、低档的区别，价格高的商品通常具有商品价值较高、品质好的特点；价格低的商品，则价值相对较低，品质也较差。由于消费者群体中不同类型的消费者具有不同的商品选择的倾向性，因此有的消费者喜欢追逐价格高、功能先进、款式漂亮新颖的名牌商品；有的消费者比较喜欢价格适中，具备一定功能的比较实在的商品；还有的消费者喜欢价格较低，但经济实惠的廉价商品。例如目前高中低档的手机各有销路。这些不同的选择倾向，实际上是不同消费心理的反应。倾向于选择高价的消费者认为商品的质量、性能与商品的价格品牌密切相关；而倾向于选择低价的消费者，则认为质量、性能与商品的价格、品牌差异不大，只要能够买到经济实惠的商品就满意。

因此，企业必须根据消费者的不同层次的需要，生产不同档次的产品，更好地满足消费者的需求。

小调查：你买电脑和手机的心理价格是多少？

你要买电脑的心理价格？

A. 3 000 元以下、B. 3 000 ~4 000 元、C. 4 000 ~5 000 元、D. 5 000 元 ~10 000 元。

你要买手机的心理价格？

A. 1 000 元以下、B. 1 000 ~2 000 元、C. 2 000 ~3 000 元、D. 3 000 元以上。

二、影响消费者价格心理的因素

影响消费者价格心理的因素是多方面的，如消费者的经济状况、市场竞争状况、国家宏观政策、消费者的时间等。在此，我们仅对消费者的需求、过去经验、参与程度的高低及商店信誉几个方面进行简单的分析。

（一）消费者的个人经验

消费者个人经验往往是自身感官的感受，以及形成的对某种商品某个价位的知觉与判断。如果消费者多次购买了某种价格高的商品使用后发现很好，这就会不断强化他的“价高质高”的判断和认识。当多次购买某种价格低的商品发现不如意，这同样会增强他的“便宜没好货”的认识。

（二）消费者的经济收入

消费者的经济收入是影响消费者价格心理的主要因素。一般来说，收入越高、越能接受较高的价格，反之则不然。例如一双价格上百元的棉袜，对一个收入在 5 000 元以上的人来说不觉得特别昂贵，而对于月收入不足 1 000 元的人来说，却是很贵的；节假日花上数万元出国旅游，对于年薪几十万以上的人来说可以接受，而对于年薪不足 3 万的工薪阶层来说却是一种奢望。因此，不同的经济收入使得消费者对价格的感受和判断差异很大，企业必须根据消费者收入的不同特点，向市场推出针对不同收入层次的产品和服务。

（三）商品的出售场所

同样的商品以同样的价格分别在不同的场所出售，消费者往往对同样的价格有不同的判断。有人曾经做过这样一个对比实验：把某大商场 1 件价值 2 600 元的名牌西服和地摊上一件价值 500 元的西服去掉标签互换，结果到地摊上卖的名牌西服没有卖出去，而地摊上的西服在大商场却以 1 600 块钱卖掉了。

（四）商品的类别

同一种商品因不同的用途可划入不同的商品类别。消费者对不同类别的商品评价标准不同，因而对商品价格的感受也不一样。

（五）商品的购买时间

由于购买时间不同，消费者对价格的判断也是不同的。例如红玫瑰的价格在平时为 1 ~ 3 元，而在情人节要售到 10 元左右，并且消费者仍能欣然接受，因为通常节假日购买的商品比平时贵。再者人们普遍认为季节性商品在淡季时应打折销售，所以人们喜欢在夏季选购羽绒服，但如与冬天的价格一样，心理上就很难接受。因此，企业应该适应消费者在不同购买时间的心理接受情况，在不同的时间制定不同的价格。

（六）消费者对商品需求的紧迫程度

当消费者急需某种商品而又无替代品时，价格即使高些，消费者的感受和判断也会趋于可接受。例如春节期间急盼着回家团圆的人，即使是高价票也会购买，这也导致贩卖火车票的情况出现。

第三节　商品定价的心理策略

商品定价的心理策略是根据消费者心理，运用心理学原理，依据不同类型的消费者在购买商品时的不同心理和不同需求来制定价格，以诱导消费者增加购买，从而扩大企业销量。企业在制定价格时不仅要考虑成本、需求、竞争等因素，还应注意社会心理因素的影响。一种商品价格的推出，只有满足消费者的心理需要、得到消费者的认可，才是成功的价格。因此企业必须应用心理学原理，研究消费者的价格心理，才能制定出既让消费者满意，企业又能获得利润的价格策略。

一、新产品的定价策略

新产品的定价由于没有同类商品价格可供参照，因此是较为困难的。新产品的定价在保证既能收回成本，又能获取一定的利润的基础上，还应让大多数消费者认为“公平”而能够接受，因此，新产品定价常常运用以下策略。

（一）撇脂定价策略

撇脂定价策略是指在新产品刚刚投放市场时，把价格定得很高。新产品进入市场的初期，还没有竞争对象和替代物，厂家可以采取较高的价格出售，以便获得高额利润和尽快回收新产品的研制、开发投资。随着时间的推移，尤其是竞争对手进入市场后，可以酌情逐步降低价格。这种方法就如从鲜奶中撇取油脂一样，因此而得名。这种策略通常适用于能更好地满足消费者需要、需求量较大、需求弹性较小、仿制较难的新产品，是针对消费者求新、求奇、好胜等心理而制定出来的。

这种定价法的好处是：单位产品利润大，短时间内即可收回投资，当竞争者跟上来时，企业已获得了丰厚利润；能提高新产品的身价，能使顾客产生质量优良的印象，更有利于吸引求新消费者的注意；可以随时调价，在竞争中处于主动，如销路不理想时，可以通过降低价格扩大销路。这种定价法的不足是：以高价投入市场，可能会出现产品形象尚未树立而销售增长缓慢的不利形势；畅销、高价带来的高额利润会诱使大批竞争者进入市场，造成价格猛跌直至无利可图，例如第二次世界大战后，美国一家制造商从阿根廷引进了圆珠笔，成本仅为50美分，作为圣诞礼物隆重推出后，经大力宣传，身价百倍，售价高达20美元。后来有了众多竞争者，卖价则降至0.7美元，最低降到0.25美元。

高利润必然带来激烈竞争，因此想在市场上独占鳌头，必须迅速申请专利，或努力降低成本，以排斥竞争者。产品卖高价，只有消费者接受高价时才能实现经营者的高利润，而要消费者接受高价，还得创造一系列的条件。因此，采用这种策略必须十分谨慎。

小案例：苹果公司的iPod产品是近年来最成功的消费类数码产品，一推出就获得成功，第一款iPod零售价高达399美元，即使对于美国人来说，也是属于高价位产品，但是有很多“苹果迷”既有钱又愿意花钱，所以还是纷纷购买。苹果的撇脂定价取得了成功。但是苹果认为还可以“撇到更多的脂”，于是不到半年又推出了一款容量更大的iPod，当然价格也更高，定价499美元，仍然卖得很好。苹果的撇脂定价大获成功。

作为对比，索尼公司的MP3也曾采用撇脂定价法，但却没有获得成功。索尼失败的第一个原因是产品的品质和上市速度。索尼最近几年在推出新产品时步履蹒跚，当iPod mini在市场上热卖两年之后，索尼才推出了针对这款产品的A1000，可是此时苹果公司却已经停止生产iPod mini，推出了一款新产品iPod nano。苹果保持了产品的差别化优势，而索尼则总是在产品上落后一大步。此外，苹果推出的产品马上就可以在市场上买到，而索尼还只是预告，离新产品正式上市还要再等两个月。速度的差距，使苹果在长时间内享受到了撇脂定价的厚利，而索尼的产品虽然定价同样高，但是由于销量太小而只“撇”到了非常少的“脂”。（资料来源：http：//www. newjobs. com. cn/news/newsmo. jsp？num = 10529）

（二）渗透定价策略

渗透定价策略是在新产品进入市场初期，以较低的价格出售。这种方法一般适用于一些低档品、生活必需品、市场已有类似代用品、消费者对价格较为敏感或易于仿制的新产品。是针对消费者求实、求廉、求利等心理的定价策略。使用这种定价策略的初期，会使竞争对手感到得益不大，不想积极仿制，待到消费者使用习惯又非用不可并且找不到类似的代用品时，再把价格涨到一定高度。此时消费者虽有不满，但也只能无可奈何地接受了。

这种定价法的优点是：企业以薄利多销迅速吸引大批消费者，在短时期内打开产品销路；对竞争者诱惑不大，可减少竞争，使企业获得并保持较高的市场占有率；可使企业经营稳定，获得长期利润。著名美籍华侨陈嘉庚先生，在20世纪30年代曾被誉为世界胶鞋大王。他生产的胶鞋刚问世时价格往往低于成本，直到商品成为名牌时，才逐步把价格提高，最后仍赚了大钱。这种定价法的不足是：新产品开发投资一般较大，要较长时期才能收回成本，这时如竞争企业将性能更好的新产品投放市场，企业就会无利可图；采用这种策略，提价时可能会引起消费者的反感和抵制，会影响销售和企业信誉。

小案例：家乐福在北京一开业就采用了低价策略，其目标市场为工薪阶层，销售重点放在购买频率较高的家庭日用品上，因而吸引了大量的顾客前来购买，并且通过这些顾客口口相传，家乐福迅速提高了知名度。据调查，目前家乐福的知名度高达90%，远远领先于其他几家超市。

家乐福是靠低价策略打开市场的，而它的市场份额在一定程度上也是靠不断的低价来维持的。家乐福有10%左右的低价商品，然而这10%的商品却带动了其他90%的正常价格商品的销售。这些低价商品又主要以低利润、购买频率高、购买量大的日用化妆品和食品饮料为主，一般低价商品比正常价格低10%～20%，这也正迎合了人们的敏感价格心理。凭借这些低价商品的诱惑，消费者对家乐福有了较高的忠诚度。

家乐福在店庆和一些节日活动期间还采用一些特价策略。如店庆期间，自行车仅售396元，而进价则为392元，最后与厂家结算时每辆车的利润仅0.5元；迷你衣柜进价159元，售价却只有149元；休闲沙发床正常售价779元，此时也仅售599元。这些特价商品强烈刺激了顾客的购买欲，迅速提高了日销售份额。（资料来源：http：//www.17k.com/html/books/0/4/413/41359/b4f40e/1499345.shtml）

小案例：在国内经济型轿车市场上，像广州本田的飞度一样几乎是全球同步推出的车型还有上海大众的POLO，但与飞度相比，POLO的价格要高得多。飞度1.3L五速手动挡全国统一销售价格为9.98万元、1.3L无级变速自动挡销售价格为10.98万元，而三厢POLO上市时价格为13.09万元～16.19万元。飞度上市后，POLO及时进行了价格调整，到12月中旬，在北京亚运村汽车交易市场上，三厢POLO基本型最低报价是11.11万元。即使这样，其价格还是高于飞度。虽然飞度9.98万元的价格超过了部分消费者的心理预期，但在行家眼里这是对其竞争对手致命的定价。

飞度定价也体现了广州本田的营销技巧。对于一般汽车企业来说，往往从利润最大化的角度考虑定价，想办法最大程度地获得第一桶金。这体现在新车上市时，总是高走高开，等到市场环境发生变化时才考虑降价。但这种方式存在一定的问题，即在降价时因为没办法传递明确的信号，消费者往往更加犹豫，因为他们不知道企业是否已经将价格降到谷底。

飞度的做法则不同，它虽然是一个技术领先的产品，但采取的是一步到位的定价。虽然这种做法往往会使消费者要向经销商交一定费用才能够快速买到汽车，增加了消费者的负担，但供不应求的现象会让更多的消费者产生悬念。如果产量屏障被打破以后，消费者就能够在不加价的情况下买到车，满意度会有很大的提高。

对于飞度为什么能够实现如此低的定价这个问题，广本方面的解释是，飞度起步时国产化就已经超过80%，而国产化比例是决定国内轿车成本的两大因素之一。整体来看，飞度取得良好的市场表现的最重要的原因之一是广本采用了一步到位的低价策略。汽车性能和价格在短期内都难以被对手突破，这就使得长期徘徊观望的经济型轿车潜在消费者打消了顾虑，放弃了持币待购的心理，纷纷选择了飞度。（资料来源：《中国汽车市场的经典价格案例分析》，陈玮，李穗豫著）

（三）反向定价法

这是一种先定价格后组织生产的“量入为出”的反向方法。它是以零售价格为依据倒算出新产品成本和其他所需费用的控制范围，而后再去组织生产。这种方法不是以产品定价格，而是依价格定产品的质量和功能。这种策略一般适用于日用品和对技术要求不高的商品的定价。

这种方法的优点是：从消费者的实际支付能力和价格心理出发，旨在建立较稳固的产品信誉，增强消费者的购买信心。采用该方法，企业首先要正确估计消费者对某种商品的价值观念，然后制定价格并预测出商品在该价格水平下的需求量，进而估算生产量、投资额及单位成本等。华侨企业家林昌横，早年他到巴黎继承父业，把当时只有6名工人的小厂发展成了法国第二大皮件厂，产品不但畅销法国，而且还远销德国、瑞士、以色列、非洲等地，他的生财秘诀就是运用“反向定价法”。林昌横生产的皮带，是根据法国人的高、中、低收入水平定价的。低档货适合低收入者的需要，价格在50法郎上下，用料是普通牛羊皮，这部分人较多，就多生产些。中等货定在100～300法郎上下。高档货适合高收入者的需要，就在600～800法郎范围内定价，选料精良，有鳄鱼皮、蟒皮等材质，由于这些人较少，就少生产些。有些独特花色的贵重皮带，定价就不封顶，因为对有钱的人来说，只要喜欢，价格再高他也会购买。这样既扩大了市场，又能获得较多的赢利。

可见，商品定价必须适宜、恰到好处。若把中低档商品定价过高，一般顾客将不予问津；若将高中档产品定价过低，顾客反而认为质量不佳而不愿购买。因此定价既要考虑消费者的需要，又要考虑消费者的实际支付能力。企业在将新产品投放市场时，无论采取何种策略都是机会与风险共存的。要想成功，还得根据市场信息与产品情况，结合本企业的经营经验，不失时机地做出选择。

二、常用心理定价策略

（一）尾数定价策略

这是一种给商品定一个带有零头尾数的非整数价格，如9.9元，而非10元。求廉求实是消费者的普遍心态，非整数价格虽然和整数价格很接近，但给予消费者的心理信息却是不同的。

1. 可以使消费者产生便宜的心理错觉

尾数可使消费者感到价格保留在较低一级的档次，从而减轻心理抵抗感。比如飘柔洗发水定价为9.9元，就让消费者感到价格只是9元多，而不是10元。

2. 尾数价格会给人以精确感和信任感

可使消费者相信企业在科学、认真地定价，制定的价格是合理的、有根据的。

3. 数字寓意吉祥，使消费者在心理上得到一定的满足

尾数定价策略的应用十分广泛，由于不同国家、不同地区的消费者具有不同的价格心态和风俗习惯，故做法各异。如在美国，在5美元以下的价格中，末位是“9”的最受欢迎；在5美元以上的价格中，末位是“95”的销售情况最佳。日本多用“50”“80”“90”为尾数。而在我国，某些数字的发音、含意对某些地区或某类消费者群体具有特殊的意义，将其巧妙地运用于定价中，可以激发消费者的情感，给予其心理上的满足。比如，我国有些消费者喜欢“8”的末位数定价，因为“8”象征着“发”，另一些消费者喜欢“9”的末位数定价，因为“9”象征着“长久”。同时，在定价中也要避免使用消费者忌讳的数字，大多数消费者不喜欢“4”的末尾数定价，因为“4”是“死”的谐音。

小案例：长期以来，非书店（包括新华书店）的会员在购书时是不享受优惠的，这种做法使得书店在很多读者的心理上形成一道价格屏障。“4P”关于价格有一种定价方法是小数定价法。如果留心就会发现，如今的图书定价很多都是采用“小数定价法”——“××.××”元，从消费心理学的角度来讲，出版社这样的定价显然是想通过小数让消费者（读者）深信其价格的合理性，而其结果是买方和卖方在信任其价格的同时往往对这些零钱（小数）而犯难。

如果书店在对非会员读者销售这些书的时候，把小数部分的价格去掉，只按照整数部分的价格进行销售，从读者的利益上来说，他们享受了优惠，而从书店的利益上来说，则避免了纯粹打折促销的单调性。虽然有些书在以定价（如4.90元）去掉小数的价格出售后甚至要赔本，但仔细分析我们会发现，只要定价是“10.××”以上的书，优惠就不会超过10%，所以总体来讲，这样的优惠相比会员的10%（或更多）的优惠，对书店来说更合理。

总体上说，去掉小数进行销售，既给了消费者实惠又能给他们提供方便（不用为零钱发愁），说明我们能够从消费者的立场出发去做服务营销——为顾客创造价值。（资料来源：http：//www. bayakala. com/ news/ newscontent. asp？ noticeid =412）

（二）整数定价策略

这是给商品定整数，不要零头的定价方法。一般说来，适宜于整数定价的商品，是那些高价值的商品、珍贵的礼品以及为了便于计算的小商品等。如把若干种小商品搭配成5元货、10元货等，不仅在销售时减少许多找零的麻烦，而且会给购买者造成合算、便宜的感觉，利于促进购买，这就是为什么2元店、8元店、10元店等都经营不错的原因。又如美国一家汽车制造商曾公开宣称：要为世界上最富有的人制造一种大型高级豪华轿车，车内有电视、立体音响设备、视听电话、酒吧和洗澡间等，价格定为整数100万美元。这一昂贵的超高级轿车，引起了世界各地富翁的极大兴趣，公司的订货簿不仅被填满了，而且还大有供不应求之势。

（三）声望定价策略

声望定价策略是利用消费者对某些商品的信任和求名心理而使用的定价策略。企业在自己的长期经营实践中，其产品和服务在消费者心目中树立起较强的声望，故能够以较高的价格出售。不少高级名牌产品和稀缺产品，如豪华轿车、高档手表、名牌时装、名人字画、珠宝古董等，在消费者心目中享有极高的声望和地位，价格越高，心理满足的程度也越高。如金利来领带，一上市就以优质、高价定位，对有质量问题的金利来领带他们决不上市销售，更不会降价处理。这样做便给了消费者这样的信息，即金利来领带绝不会有质量问题，低价销售的金利来绝非真正的金利来产品，从而极好地维护了金利来的形象和地位。又如德国的奔驰轿车，售价200 000马克；瑞士莱克司手表，价格为5位数；巴黎里约时装中心的服装，一般售价2 000法郎；我国的一些国产精品也多采用这种定价方式。当然采用这种定价法必须慎重，一般商店、一般商品若滥用此法，弄不好便会失去市场。

人们购买这些产品看重的不仅是它的质量，还有它在人们心目中享有的声誉及它所蕴含的象征意义——身份、地位、名望等。当消费者购买此类商品时，心理上会觉得自己的身份地位提高了，其寻求高贵、自豪与炫耀的心理便得到了满足。

企业在采用这种心理定价策略时应该注意高价格要与产品的品牌、质量与性能相协调，企业的产品必须是高档名牌，品质优良的一流产品。另外在制定高价格的同时，还应考虑到购买者的接受能力，否则价格过高会影响产品的销售。

小案例：某珠宝店主易麦克特购进了一批珍珠质宝石和银制的手镯、耳环和项链。与典型的绿松石造型的青绿色调不同的是，珍珠质宝石是粉红色并略带大理石花纹。就大小和样式而言，这一系列珠宝中包括了很多种类，有的珠宝小而圆，式样很简单，而有些则要大一些，式样别致、前卫。与以前的货相比，易麦克特认为这批珍珠质宝石制成的首饰的进价还是比较合理的。他对这批货十分满意，因为它比较独特，可能会比较好销。在进价的基础上，加上其他相关的费用和平均水平的利润，他确定了一个价格，他觉得这个价格应该十分合理，肯定能让消费者觉得物超所值。

这些珠宝在店中摆了1个月之后，销售统计报表显示其销售很不佳，易麦克特十分失望，不过他认为问题并不是出在首饰本身，而是营销的某个环节没有做好，于是他决定试试其他几种销售策略。他了解到，使店中某种商品的位置有形化往往可使消费者产生更浓厚的兴趣。因此，他把这些珍珠质宝石装入玻璃展示箱，并将其摆放在该店入口的右侧，可是位置改变后，这些珠宝的销售情况仍然没有什么起色。他认为应该在1周1次的见面会上与员工好好谈谈了，他建议销售小姐花更多的精力来推销这一独特的产品系列，并安排了一个销售小姐专门促销这批首饰。他不仅给员工们详尽描述了珍珠质宝石的特征，还给他们发了一篇简短的文章以便他们能记住并向消费者做介绍，不幸的是，这个方法也失败了。

就在此时，易麦克特准备外出选购产品。由于对珍珠质宝石首饰销售状况感到十分失望，他急于减少库存以便给更新的首饰腾出地方来存放，于是他决心采取一项重大行动，将这一系列珠宝半价出售。临走时，他给副经理留下了一张字条，告诉她："调整一下那些珍珠质宝石首饰的价格，所有价格都×1/2。"

回来的时候，易麦克特惊喜地发现该系列的所有珠宝已销售一空。"我真不明白这是为什么，"他对副经理说，"看来这批首饰并不合消费者的胃口，下次我在新添宝石品种的时候一定要慎之又慎。"而经理对易麦克特说，她虽然不懂为什么要对滞销商品进行提价，但她惊诧于提价后商品出售速度惊人的状况。易麦克特不解地问："什么提价？我留的字条上是说价格减半啊。""减半？"副经理吃惊地问，"我认为字条上写的是该系列的所有商品的价格一律按双倍计"。原来，副经理将价格增加了1倍而不是减半。

思考：为什么珠宝以原价两倍的价格出售会卖得这么快？（案例来源：http：//jp. zzuli. edu. cn/scyx/case14. asp）

（四）招徕定价策略

这是一种有意将商品按低于市场平均价格的价格出售来吸引消费者的定价策略。消费者对低于一般市价的商品，容易产生兴趣和购买欲望。一些销售者往往利用这种心理，有意把几件商品的价格定低，以此吸引消费者来购买商品，借机扩大连带销售、开拓销路。原因在于：前来买"低价商品"的顾客通常有这样的心理，这件商品便宜，别的商品一定也便宜。于是在不知不觉中买了其他的商品。有些商店在节假日或季节更替时实行“大减价”的做法，也属此定价法。从几种“低价商品”看，商家不赚钱，甚至赔本，但从总体经济效益看，还是有利的。日本创意药房在将一瓶200元的补药以80元超低价出售时，每天都有大批人潮涌进店中抢购补药，按说如此下去肯定赔本，但财务账目显示出盈余逐月骤增，其原因就在于没有人来店里只买1种药。人们看到补药便宜就会联想到其他药也一定便宜，促成了盲目的购买行动。

采用招徕定价策略时，必须注意以下几点：

（1）降价的商品应是消费者常用的，最好是适合于每一个家庭应用的物品，否则没有吸引力。

（2）实行招徕定价的策略，经营的品种要多，以便使顾客有较多的选购机会。

（3）降价商品的降低幅度要大，一般应接近成本或者低于成本。只有这样才能引起消费者的注意和兴趣，才能激起消费者的购买动机。

（4）降价品的数量要适当，太多则商店亏损太大，太少则容易引起消费者的反感。

（5）降价品应与因伤残而削价的商品明显区别开来。

小案例：北京地铁有家每日商场，每逢节假日都要举办1元拍卖活动，所有拍卖商品均以1元起价，报价每次增加5元，直至最后定夺。但这种由每日商场举办的拍卖活动由于基价定得过低，最后的成交价就比市场价低得多，因此会给人们产生一种卖得越多，赔得越多的感觉。岂不知，该商场用的是招徕定价术，它以低廉的拍卖品活跃商场气氛，增大客流量，从而带动了整个商场的销售额上升。这里需要说明的是，应用此术所选的降价商品，必须是顾客都需要、而且市场价为人们所熟知的才行。（资料来源：http：//baike. baidu. com/view/2969069. htm）

（五）习惯定价策略

习惯定价策略是按照消费者的习惯心理制定价格。消费者在长期的购买实践中，对某些经常购买的商品如日用品等，在心目中已形成习惯性的价格标准，比如一瓶矿泉水1元、一块肥皂1.5元等。对不符合其标准的价格则易引起疑虑，从而影响购买。

（六）认知价值定价策略

认知价值定价法以消费者对商品价值的感受及理解程度作为定价依据。这种定价方法的关键在于正确判断消费者的觉察价值，如果商品价格大大高于其觉察价值，消费者会感到难以接受；相反如果价格远低于消费者的觉察价值，也会影响商品的形象。

小案例：某酒楼为了在消费者和经营者之间建立起一种信任感，大胆地向社会宣布：向顾客公开所有菜肴的进货价，在顾客就餐后，由他们自己定价付钱。这一招果然引起了不小的轰动，每天顾客络绎不绝，生意十分红火，营业额也较往日有较大提高。开始实行这一办法的当天晚上，有记者来到该酒楼，一进门就见到了一份菜肴进价目录，所列价格与市场价格相当。晚 8 点以后，20 桌就餐者陆续结账。当服务员请他们自己定价付款时，不少顾客颇感惊奇。来自北京的某桌顾客当即争相猜价，有的说值 750 元，有的说值 800 元，也有的说值 900 元，最后决定付款 750 元。但服务员却只收了他们 500 元，并说店里有规定：凡付款高于原定价的，一律按原定价（进货价加物价局规定的毛利）收取。这一桌原定价 500 元，所以只能按此价格收费。（资料来源：《世界营销绝妙点子 800 例》，李志起主编，中国广播电视出版社，2008）

（七）分级定价策略

分级定价法是把不同品牌、规格及型号的同一类商品划分为若干个等级，对每个等级的商品制定一种价格，而不是一物一价。这种方法简化了购买过程，便于消费者挑选。不足之处在于等级间的价格差不好把握，若差价过小，消费者会怀疑分级的可信度；差价过大，一部分期望中间价格的消费者会感到不满意。

（八）最小单位定价策略

最小单位定价策略是指企业把同种商品按不同的数量包装，以最小包装单位量制定基数价格，销售时，参考最小包装单位的基数价格与所购数量收取款项。一般情况下，包装越小，实际的单位数量商品的价格越高，包装越大，实际的单位数量商品的价格越低。最小单位定价策略的优点比较明显：一是能满足消费者在不同场合下的不同需要，如便于携带的小包装食品，小包装饮料等；二是利用了消费者的心理错觉，因为小包装的价格容易使消费者误以为廉价，实际生活中消费者很难也不愿意换算出实际质量单位或数量单位商品的价格。

对于质量较高的茶叶就可以采用这种定价方法，如果某种茶叶定价为每 500 克 150 元，消费者就会觉得价格太高而放弃购买。如果缩小定价单位，采用每 50 克为 15 元的定价方法，消费者就会觉得可以买来试一试。如果再将这种茶叶以 125 克来进行包装与定价，则消费者就会嫌麻烦而不愿意去换算出每 500 克应该是多少钱，从而也就无从比较这种茶叶的定价究竟是偏高还是偏低。还可用较小单位商品的价格进行比较，例如，“每天少抽 1 支烟，每日就可订 1 份报纸。”

（九）折扣定价策略

折扣定价策略是指在特定的条件下，为鼓励消费者购买，以低于原定价格的优惠价格向消费者销售商品。折扣价格策略的形式主要有下面几种。

（1）数量折扣策略。根据消费者一次或累计购买的商品数量或金额给予折扣。例如，某超市销售苹果，一次性购买 10 千克以上者给予 10% 的优惠；某百货商店当日累计消费额达 2 000 元以上者给予 5% 的优惠，等等。

（2）季节折扣策略。是指顾客在淡季购买产品而给予的价格折扣。季节性折扣的目的是为了鼓励消费者在淡季购买季节性商品，以减轻企业仓储压力、合理安排生产，做到淡季不淡、充分发挥生产能力。

（3）新产品推广折扣策略。这是为了打开新产品的销路，鼓励消费者积极购买新产品而制定的优惠价格。

（4）现金折扣策略。也叫付款期限折扣策略，即对按约定日期付款的顾客给予不同的折扣优待，比如，企业给那些当场付清货款的顾客的减价优惠。

小案例：日本东京银座美佳西服店为了销售商品而采用了一种折扣销售方法，获得了成功。具体方法是这样：先发一公告，介绍某商品品质性能等一般情况，再宣布打折的销售天数及具体日期，最后说明打折方法：第 1 天打 9 折，第 2 天打 8 折，第 3、第 4 天打 7 折，第 5、第 6 天打 6 折，依此类推，到第 15、第 16 天打 1 折，这个销售方法的实践结果是，第 1、第 2 天顾客不多，来者多半是来探听虚实和看热闹的。第 3、第 4 天人渐渐多起来，第 5、第 6 天打 6 折时，顾客像洪水般地涌向柜台争购。以后连日爆满，没到 1 折的售货日期，商品就早已售完。这是一则成功的折扣定价策略，妙在准确地抓住顾客购买心理，有效地运用折扣售货方法销售。人们当然希望买质量好又便宜的货，最好能买到 2 折、1 折价格出售的货，但是有谁能保证到你想买时还有货呢？于是出现了头几天顾客犹豫，中间几天抢购，最后几天买不着惋惜的情景。（资料来源：http：//zhidao. baidu. com/question/15083795. html）

第四节　价格调整的心理策略

企业在经营过程中受各种因素的影响，经常会对价格进行调整。价格调整可分为两种情况，一种是降低价格；另一种是提高价格。由于消费者对价格变动十分敏感，无论是提价还是降价，都应该科学地应用商品价格调整的心理策略。

一、商品降价的心理策略

降价虽然能激发消费者的购买欲望，能够促进产品销售，但也会给消费者的心理带来一定的负面影响，他们会认为“便宜没好货”便宜货有损购买者的自尊心和满足感；可能有新产品即将问世，才降价抛售老产品；降价商品可能是过期商品、残次品或低档品；商品已降价，可能还会继续降，暂且耐心等待，买更便宜的商品。因此，商品在降价时也要注意采取如下心理策略。

（一）说明降价的原因

造成商品降价的原因有诸多方面，例如：企业生产能力过剩，需要扩大销售又不能通过改进产品和加强销售来达到目的；在强大的竞争压力下，企业市场份额下降，不得不降价竞销；企业的成本费用低于竞争对手，试图通过降价来提高市场份额。

商品降价一定要师出有名，企业应向消费者说明原因，使得消费者容易接受；而且不能过于频繁地降价，否则会造成消费者对降价不切实际的心理预期，从而持币观望等待价格一降再降，或者对商品的正常价格产生不信任感。

（二）选择降价的时机

降价时机选择得好，会大大刺激消费者的购买欲望；选择不当，则会因无人问津而达不到目的。降价时机要视具体商品和企业的具体情况而定。对于时尚和新潮商品，进入流行阶段后期就应降价；对于季节性商品应在换季时降价；对于一般商品，进入成熟期的后期就应降价；市场领导品牌率先降价，作为竞争对手采取跟进策略；重大节日降价酬宾，如国庆节、春节等；商家庆典活动降价，如新店开张、店庆等；其他特殊原因降价，如商店拆迁等。

小案例：北京现代的伊兰特选择在2004年9月初降价，时机选择得不早不晚。如果在8月份降价，有可能引发其他厂商降价跟进，不仅自己降价的效果难以体现，还加快了价格这个“魔鬼螺旋”的转速，于己于人于整个行业都不利；而如果是在9月中旬或者下旬降价，则自己降价的效果要差好多，因为一位“准消费者”从知道降价消息到真正去买车，一般会有3~10天的时间，选择在9月初降价能促使更多的人在当月去买车。那么，为什么北京现代在9月初降价，而其他厂商没有降价跟进呢？或者说，北京现代选择在9月初降价，凭什么保证其他厂商不会或者无法降价跟进呢？

北京现代这么有把握，是基于对国内汽车市场的理解和深入的把握。按照往年的惯例和经验，国内汽车厂商照例会把每年的9、10月份视为“金九银十”，指望在这2个月多卖车，于是会集中在8月份向经销商大幅度压货。一般在每年

8 月底，最晚在 9 月初，汽车厂家就会把高于月均销量 50% ~80% 的车子压到经销商手中，或者购车合同已经签订。在经销商大幅压货的情况下，汽车厂家一般是很难降价跟进的，因为按照厂家和经销商的汽车销售政策和合同，厂家在把车子卖给经销商之后再调低汽车的市场指导价，厂家要赔偿旧价格与新价格的差额；如果合同另有约定，汽车厂家还需要另外向经销商支付违约金。厂家在此时降价就意味着，汽车厂家在约定的付款时段内不仅要向上游的供应商付款，同时还要向下游的经销商付款，这么多车子的付款额，将让自己公司不堪重负、难以承受。当时的情况是，上海通用、南北大众刚刚在 2004 年六七月份降过价，他们不是不想跟进，而是跟进不了、赔不起了。

降价时机不能只选择自己的市场份额足够高了才降价，同时更要考虑遏制新的竞争车型成长。比如爱丽舍，现在来看，该车型去年 4 月份的第一次降价就有些太晚了。如果爱丽舍在 2003 年 9 ~12 月份降价，将非常具有竞争力，凯越和伊兰特可能就不会成长这么快。而如果等到新车型成长起来、消费者认可之后再去降价拼抢，这时就很难遏制新车型的增长势头了。

与降价时机相关的一个重要问题是：降价周期如何把握？如果降价周期太短，容易打击消费者的信心，反而造成新一轮的持币待购；降价周期太长，产品销量有可能受到更大的抑制，等于是把市场拱手让给了竞争对手，而且容易错失降价的最好时机，这些都是厂商在以后继续运用价格策略时要深入研究的。所以降价并不是很多人认为的那样——是很简单的一种营销策略。（资料来源：《中国汽车市场的经典价格案例分析》，陈玮，李穗豫著）

（三）降价幅度适当

降价幅度要适宜，幅度过小则不能激发消费者的购买欲望；幅度过大则企业可能会亏损，或造成消费者对商品品质产生怀疑。经验表明，降价幅度在 10% 以下时，几乎收不到什么促销效果；降价幅度至少要在 10% ~30% 以上才会产生明显的促销效果；降价幅度超过 50% 以上时，必须说明大幅度降价的充分理由，否则消费者的疑虑会显著增强，反而不敢买了。

同时，必须坚持一步到位原则。少数几种商品大幅度降价，比起很多商品小幅度降价的促销效果要来的好。要把降价前后 2 种价格标签同时挂在商品上，以证明降价的真实性。

小案例：格兰仕并不是微波炉市场的先行者，但它入市不久就充分利用降价策略向竞争对手发动了一轮又一轮的攻势，使得市场占有率节节攀升，在中国家电市场的竞争中谱写了一个个经典的价格战案例，被称为“降价屠夫”。自 1995 年 8 月格兰仕第一次荣登销售榜首，至今已经连续 6 年保持不败，市场份额高居不下，并有不断扩张的趋势，而在国际市场，格兰仕已经成为全球最大规模的微波炉生产企业，全球市场占有率近 35%。

格兰仕的降价策略是要么不降价，要降就大幅度地降。所以格兰仕每次下调价格，调价幅度都在20%以上，有时甚至达到40%。例如烧烤型微波炉，从1996年1月的2 780元/台到2000年5月的950元/台，降幅达66%。如此高的降价幅度，在消费者心中产生了震撼效果，这也是格兰仕降价策略较为成功的重要因素之一。格兰仕的降价策略，每次都有所不同，有时是全面降价，有时是只调低一个规格商品的价格，有时是调低一个系列商品的价格。格兰仕的价格调整力度大、变化多，同时配合强大的促销攻势、媒体炒作等，使其降价活动获得最大的效果。格兰仕在市场推广方面堪称优秀之极，每次降价活动都配合着大量的媒体宣传，使降价信息尽人皆知。同时再加上其他促销手段，使降价效果达到最佳。比如2000年6月，格兰仕在大幅度降价的同时，开始实施疯狂赠送行动。价格在800~950元的“黑金刚”系列买1送14，赠品包括风扇、微波炉用品、手表等，价值总计600元左右。

对于格兰仕的价格策略，欣赏者有之，批评者也不少。从目前情况看，降价促销似乎已经成为中国微波炉市场上唯一有效的营销手段。非烧烤型微波炉价格已降到300元/台，卖一台微波炉送出的赠品增加到10件，甚至15件，给消费者的感觉是价格低得不能再低，赠品多的不能再多。如此下去，除了降价和赠品，难道就没有其他奏效的营销手段了吗？这是业界人士普遍关心的问题。

2000年10月，格兰仕集团宣布将进军空调和冰箱制冷业，并明确表示其在空调和冰箱业将“克隆”微波炉的模式，坚持专业化生产和薄利多销策略，产品价格将为同类产品的一半左右。这一举措使它再次成为媒体关注的焦点，议论的重点不在于格兰仕进军制冷业，而是它要使“价格降一半”的强硬姿态。之所以选择空调、冰箱业作为突破口，是因为格兰仕负责人认为空调业开始进入市场成长期的初期阶段，市场前景看好，市场容量也很大；冰箱业虽进入成熟期，但全世界市场容量还很大，关键是格兰仕认为这个行业目前仍属利润较大的行业，格兰仕有信心使之变成规模化生产的微利行业。以前坚守专业化的格兰仕开始迈出多元化的第一步，而且选择了全国最大的制冷王国科龙集团和美的集团等“制冷大腕”做对手，这次能否像以往一样降价战打得比较顺畅就成了一个未知数。

思考讨论：如何看待格兰仕的降价策略？（资料来源：http：//www. docin. com/p－27140841. html）

二、商品提价的心理策略

提高价格通常会对消费者利益造成损害，引起消费者的不满。商品价格的提高理论上会抑制消费者的购买欲望，挫伤其购买积极性，减少实际购买需求。但是，在现实生活中，涨价也可能使消费者产生如下心理：商品涨价，可能是因其具有特殊的使用价值，或优越的性能；商品已经涨价，可能还会继续上涨，所以要买涨不买落；商品涨价，说明它是热门货，有流行的趋势，应尽早购买。因此，消费者可能也会做出与之相应的各种反应，出现“买涨不买跌”的现象，在营销实践中，成功的提价可以使企业的利润增加。

采取提价策略，企业应当掌握的消费者心理包括：消费者的品牌忠诚度很高，他们忠诚于某一特定品牌，不会因价格上涨而轻易改变购买习惯；消费者相信商品具有特殊的使用价值或具有更优越的性能，是其他产品所不能替代的；消费者有求新、猎奇、追求名望、好胜攀比的心理，愿意为自己喜欢的商品支付高价；消费者能够理解价格上涨的原因，能容忍价格上涨带来的消费支出的增加。

一般商品价格的提高会对消费者利益造成损害，因此消费者通常会对商品提价持消极的心理反应，从而影响商品在市场上的销售。但是，在营销实践中，企业经常迫于各种原因而不得不提价，因而掌握提价的技巧对企业来说非常重要。

（一）说明提价原因

商品提价有各方面的原因，比如由于通货膨胀、物价上涨、企业的成本费用提高，企业不得不提高产品价格；企业的产品供不应求，不能满足其所有消费者的需要，在这种情况下企业就可适当提价；资源稀缺或劳动力成本上升导致产品成本提高，企业必须提高产品价格。

企业应通过各种渠道向顾客说明提价原因，做好宣传解释工作；帮助顾客寻找节约途径，组织替代品的销售；提供热情周到的“增值服务”，尽量减少消费者的损失等，以求得消费者的谅解和支持、提高消费者信心、刺激消费需求和购买行为。

（二）选择提价时机

为了保证提价策略的顺利实现，可选择以下几种提价时机：商品在市场上处于优势地位，不会因提价而造成市场份额被竞争者抢走的局面；商品刚上市时采取低价渗透策略，现在商品已进入成长期阶段；季节性商品达到销售旺季；竞争对手率先提价。总之，提价要掌握好时机，看准火候，否则，很容易给竞争对手抢占市场的可趁之机。若企业提价失败后想再恢复原价，后果将更加严重。

（三）提价幅度适当

提价幅度不应过大，幅度过大会损失一大批消费者。但是，提价幅度并没有统一的标准，一般视消费者的价格心理而定。国内一般以5%为提价幅度上限，认为这样符合消费者的心理承受能力。虽然在我国当前不成熟的市场背景下，某些商品以30%甚至更高的提价幅度出现，也能引起消费者购买行动，但是，企业应尽可能避免大幅度提价情况的出现。

企业可以采用直接提价，也可以采用间接提价，企业应尽可能多采用间接提价，把提价的不利因素减少到最低程度，使提价不影响销量和利润。为了使消费者接受上涨价格，企业应针对不同的情况，采取相应的心理策略，包括做好宣传解释工作、组织替代品的销售、提供热情周到的服务、尽量减少消费者的损失等，以求得消费者的理解和支持。

总之，商品价格的调整引起的心理反应非常复杂：既可能激发消费者的购买欲望，促使商品需求增加；也可能抑制其购买欲望，导致商品需求减少。因此，在实际市场营销活动中，应针对不同商品、不同消费者群体的实际情况，在明确消费者心理变化的趋势下，仔细分析各种因素的影响，准确把握消费者的价格心理，事先做好市场预测工作，采取行之有效的调价策略，以便达到扩大销售总额、增加利润的目的，保证企业营销活动的成功。

小资料：2003 年对于部分“洋快餐”的涨价行为，有业内人士认为，这与“洋快餐”在中国的整体经营策略有关。与本土餐饮企业经常靠降价来扩大市场份额不同，“洋快餐”往往更注重其品牌影响力，一般不会采用“降价”的方式来迎合消费者，反而可能会通过小幅度涨价的方式来扩大其在中国市场的赢利水平。

麦当劳产品在中国内地全线涨价，平均涨幅1% ~2%。

这年头，落价的东西多，涨价的东西少，麦当劳真是胆大包天，汉堡包不仅包牛肉，还敢夹“牛胆”。媒体和消费者纷纷做出反应，有愤怒责问者说，“麦当劳敢在非典就要过去，闲了 2 个月、也馋了 2 个月的老百姓急着出来透气、下馆子的时候涨价，这不是趁火打劫吗!”

麦当劳涨价，一是狠。正值中国老百姓从“非典”的困扰中解脱出来，贪肠发痒之时，麦当劳就狠狠地涨了一把，可谓“择机而动，机不可失”。

麦当劳涨价，二是准。麦当劳有胆在市场竞争如此激烈的环境下涨其身价，不见得就是杀鸡取卵，捞一把明天不做了，一定看准了，赚稳了才会出此高招。为了这次涨价，“老麦”已做了 9 个月的市场调查，9 个月的时间不算短，9 个月里“老麦”号准了中国“汉堡族”的禀性。

麦当劳涨价，三是自信。涨价的目的一般有三，一是剔除无效用户；二是价值回归；三是捞一把，麦当劳的经营者自称此举是价值回归的举措。当然，如能够实现价值回归，又能大捞一把，那的确是一件难得的乐事，而近几个月的实践证明，麦当劳涨价是成功的，销售不减，顾客不减，涨价为其增加了 2 000 万人民币的收入。君不见，“老麦”橱窗里依然灯火辉煌、人头攒动、门庭若市，山姆大叔依然笑容可掬。(资料来源：http：//blog. sina. com. cn/s/blog_620d3f080100fh8i. html)

【本章小结】

价格是消费心理中最敏感的因素。深入研究价格对消费者的心理影响，把握其价格心理特性，是企业正确制定价格策略的基础和前提。价格的心理功能主要有衡量商品价值和品质、自我意识比拟、调节消费需求。

价格心理，是指消费者在购买过程中对价格刺激的各种心理反应及其表现。它是由消费者自身的个性心理和对价格的知觉判断共同构成的。消费者的价格心理特征主要有习惯性心理、敏感性心理、感受性心理、倾向性心理。

商品定价的心理策略是根据消费者心理，运用心理学原理，依据不同类型的消费者在购买商品时的不同心理和不同需求来制定价格，以诱导消费者增加购买、扩大企业销量。新产品的定价策略主要有撇脂定价策略、渗透定价策略和反向定价策略。常用心理定价策略主要有尾数定价策略、整数定价策略、声望定价策略、招徕定价策略、习惯定价策略、认知价值定价策略、分级定价策略和折扣定价策略。

消费者的心理随着商品价格变动而变化，因而，企业无论是降价还是提价，都应清楚认识到各调价方式的优势和不足，选准适当的时机进行价格变动，以免超越消费者对价格变动的心理接受程度。

【复习思考题】

1. 什么是商品价格？商品价格有何心理功能？
2. 消费者的价格心理是怎样的？影响消费者的价格心理的因素有哪些？
3. 商品定价的心理策略有哪些？
4. 简述价格调整的心理策略。

【案例分析】

“朵彩”价格策略案例分析

竞争，是市场活动的常态，对于价格战来说，不降价不等于不参与。“不降价”是“朵彩”参与价格战的最积极的一种反应。冷面应对、以静制动，是勇者与智者的选择。

区隔，或者死亡。

除了价格，你还有优势吗？有，只要你能够让产品在消费者的心智中实现“区隔”，即“差异化”。特劳特的“定位”理论最核心的思想，就是区隔市场、焦点经营。任何一个品牌（产品、服务或企业），都必须在目标受众的心智中占据一个特定的位置，形成有别于竞争者的价值，并维持好自己的经营焦点。如果你更热衷于品牌延伸，如果你忽视自己与对手的区隔，那么你就是在等待死亡。

彩棉，贵族感——以顾客为导向，区隔式定价

彩棉珍贵稀少，是现代生物高科技的产物，颜色素雅高贵，目标定位直指高收入、高知阶层，给人以贵族感。没有贵族感的彩棉就不是彩棉，舒适感、贵族感，区隔定位、区隔定价，这就是“朵彩”！

理解价值定价法——坚守消费者大脑里的阵地

所谓“理解价值”，也称“感受价值”“认知价值”，是指消费者对某种商品价值的主观评判。理解价值定价法是指我们以消费者对商品价值的理解度为定价依据，运用广告宣传与品牌定位来影响消费者对商品价值的认知、形成对我们有利的价值观念，再根据商品在消费者心目中的价值来制定价格。推行理解价值定价法的前提是建立在整体营销战略定位的基础上的，先有品牌区隔再有价格区隔。理解价值定价法的关键和难点，是找准产品在消费者大脑中的位置，这就是品牌区隔！精、准、狠的品牌定位区隔以及消费者对有关商品价值理解的准确资料是产品成功定价的重要依据。消费者追求的是产品带来的感受与实际利益，而商人则追求利润。无论是终端消费者还是分销商，他们都是我们的顾客，把握了顾客的需求，就等于知道了这个市场的底牌。销售的过程是一个谈判的过程，把握了对方的心理底线，你才能果断地喊出有利于自己的价格。对方的心理价位是多少，我们的价格就定多少。“朵彩”定价直指消费的内心，用特劳特的定位理论来解释，就是“定位”——在消费者的大脑里培养、并坚守一块我们独有的阵地！“朵彩”通过整体品牌运作以及“天然彩棉、植物羊绒、纤维皇后”的品牌诉求，引导了消费者对彩棉价值的认知。在坚持高档次、高品位的同时，推行多层次价格体系，在2003年与彩棉产品、非彩棉产品的市场竞争中取得了显著的效果。这个结果不仅使经销商获得了更多营业利润，同时还有助于“朵彩”树立彩棉内衣第一的品牌地位。

需求差异定价法——细分再细分，进攻性的定价法

从根本上来说，随行就市定价法是一种防御性的定价方法，它在避免价格竞争的同时，也抛弃了价格这一竞争的“利器”。产品差别定价法则反其道而行之，它是指企业通过不同的营销努力，使同种同质的产品在消费者心目中树立起不同的产品形象，进而根据自身特点，选取低于或高于竞争者的价格作为本企业产品价格。因此，产品差别定价法是一种进攻性的定价方法。需求差异定价法不仅适用于产品零售价的设计，对整个分销网络链的价格设计同样具有重要指导意义。2003年，“朵彩”选择以保暖内衣这个细分市场作为市场切入点。不同的气候地理条件以及经济文化因素，产生了不同的消费需求，不同年龄、性格、职业的人群也有着不同的消费需求。根据市场需求的差异，在零售价统一的基础上，分别制定不同区域、不同级别经销商的代理门槛与价格政策，对产品销售的促进与渠道资源整合起了很重要的作用。

冷面应对价格战

名牌保暖内衣19元/件？“名牌保暖内衣19元/件”的海报惹得众多市民纳闷：如此低的价格，是怎么做出来的？质量能否得到保证？近年来，保暖内衣市场出现了一个奇怪的现象：彩棉内衣大唱主角。据一些大型商场销售统计，“朵彩”的彩棉保暖内衣日销售额都在10万元左右，周末甚至突破20万元，几乎占保暖内衣市场的半壁江山。尽管一些保暖内衣促销活动一波高过一波，但以倡导

“非化学、无污染”的“朵彩”彩棉保暖内衣却始终不采取降价措施，销售依然火爆。

市民疑问：今年保暖内衣到底如何选？

面对低价销售的保暖内衣，很多消费者却拿不定主意，商家如此疯狂降价，质量到底如何呢很多消费者认为降价的内衣是去年的存货。有消费者说：“现在内衣价格战打得这么厉害，完全让我们消费者无从下手，以前卖200～300的内衣不到20元就能买到，真是不可思议。”

案例思考题：

1. 名牌是否就应该高价？

2. 应该怎样定价才能不失名牌的风范？

3. 你认为朵彩的定价策略怎样？为什么？

【实训练习】

1. 你在购买商品时最在意的因素是价格吗？你是否经常购买低价商品，请你讲一讲你购后的心理感受。

2. 请分析一下自己在购买某种商品时的价格心理。

3. 去附近的超市观察并分析一定时期某一种或某几种商品价格的变动对人们购买心理、购买行为的影响及企业的心理定价策略。

第八章
促销与消费心理

【学习目标】

(1) 掌握广告的心理功能及心理策略;

(2) 了解客户对待推销的心理反应类型，掌握顾客异议的类型、心理根源及其转化;

(3) 了解营业推广的特征和类型，掌握营业推广的心理策略;

(4) 了解消费者公众的心理特征，掌握公共关系心理策略。

【建议学时】 6 学时

【导入案例】 2009 年 9 月到 10 月初，某家具品牌的厂家针对新婚人群做了一场大规模的促销，此次活动在全国大部分地区取得了非常好的效果，可唯独在北方的 T 市反应不是很好。经过调查得知，原来是卧室套餐出了问题，本次卧室套餐的促销内容是：原价 9 200 元的“皮床 + 排骨架 + 床垫 + 床上用品 +2 个床头柜”套餐特价仅售 5 600 元。促销力度确实挺大，吸引的客户也不少，可就是最后成交率非常低，近一个月的促销时间里仅卖出一套。几乎 90% 的客户都会提出 2 个问题：第一，该套餐内的 2 个床头柜和床的风格不搭配，床头柜的造型也不好看，放在一起很牵强，总不能为了便宜就买 2 个不中意的床头柜凑合了吧？第二，提出降价的要求：再便宜一些吧，5 600 太贵，4 000 元我就买。

面对这种情况，经过细致的分析，得出以下结论和调整措施。

T 市顾客的消费习惯和心理：T 市地处华北平原，有着非常强的重工业基础，人均消费能力较强，消费也比较理性，对一般的买赠等促销活动并不感冒，讨价还价时的心理是“送的东西我一概不要，你就说最低多少钱吧?”。即使商家的特价打到最低，甚至分文不赚，消费者也会让你再减钱，否则基本不会购买。

中国消费者购物时讨价还价是一种很正常的现象，在建材市场中其他大大小小的品牌都可以适当的减些钱或送点小东西，如果就你一家坚持价格不变则处境会非常困难，除非你的品牌已经处在非常强势的地位。为了稳定价位、把控市场价格，我们可以不选择降价，但我们可以充分利用赠品——送给顾客一些其他物品，满足他们占便宜的心理。本次促销中顾客提出问题的核心点就是“价格和床头柜”，在这样的情况下我们做出了适当变换促销的方式、迎合顾客的心理的调整方案。

调整后的方案为，原价9 200 元的寝室套餐仍旧卖5 600 元，但套餐内容调整为“皮床＋排骨架＋床垫＋床上用品”，也就是说2 个床头柜我们不送了。这样顾客就不会再强调床头柜造型不好看，或者和床不搭配，如果顾客再次砍价还价我们就以床头柜为诱饵：因为你买了床的套餐，所以床头柜可以5 折销售（每个床头柜标价950 元，平时最低8 折销售）。其实我们心里很清楚，顾客一般是不会花钱买床头柜的，他们肯定要求我们赠送，此时我们再通过假装申请等手段赠送一个或两个床头柜，顺利实现接单。需注意的是，我们的床头柜就摆放在床头两侧，故意吸引消费者的眼球，引他们上钩儿，并且赠送给他们的床头柜他们一般不会过于挑剔，反正是白给的，不要白不要。

接下来的1 周内一共签了11 单卧室套餐，销量增加的原因就在于了解了顾客心理需求后对方案适时做出了调整，从而迎合了顾客的消费习惯和消费心理。（案例来源：http：//www. ic37. com/htm_news/2010 －1/208533_344448. htm）

促销就是企业通过与消费者的信息交流来引起人们的兴趣并说服他们试用其产品的活动。促销有人员促销和非人员促销。人员促销是指派出推销员进行推销活动；在非人员促销中，又分广告、营业推广和公共关系等多种方式。

第一节　广告与消费心理

广告要想获得成功，必须符合消费者的心理与行为特点，必须满足广告受众的心理需求，广告界大量的事实也证明“广告即心理战”。

一、广告的心理功能

营销广告在现代商业生活中的地位非常重要，五彩缤纷、变化多端的广告使人目不暇接，大有无处不在、无时不有、无孔不入之势。

（一）广告的概念

广告有广义和狭义两种解释。广义的广告是传递信息的一种方式，其目的在于推销商品、劳务，影响舆论，博得政治支持，推进一种事业或引起广告发布者所希望的其他反应。狭义的广告是指商业广告，它是指广告主以付费的方式通过一定的媒体，有计划地向公众传递有关商品、服务和其他方面的信息，并借此影响受众对所宣传商品和服务的态度，进而诱发或说服其采取购买行为而使广告主获得利益的一种大众传播活动。所以，广告是一种面向目标市场消费者和社会公众的支付费用的传播行为，是广告主有计划地通过媒体传递商品和劳务信息，以促进销售的公开宣传形式。

（二）广告的心理功能

广告的心理功能是指广告对消费者所产生的作用和影响。在商业界有一种说法：推销商品而不做广告，犹如在黑暗中送秋波。这也说明广告在营销组合中的重要作用。广告作为促成企业与消费者之间联系的重要媒介，具有以下心理功能。

1. 认知功能

认知功能是指营销广告向消费者公开传递有关商品的商标、品牌、性能、质量、用途、使用和维护方法、价格、购买时间与地点、服务的内容等信息，使消费者对其有所认识，并在头脑中形成记忆、留下印象。消费者通过广告可以得知商品的商标、性能、用途、使用与保养方法、购买的手续、时间和地点等信息。广告采用多种传播渠道和形式，能够打破时间、空间的限制，及时、准确地将产品信息传输给不同地区、不同层次的消费者，从而影响广大消费群体，增强他们对产品和服务的认知。

2. 诱导功能

良好的广告或以理服人或以情动人，它可以吸引消费者的注意，建立或改变他们对于企业或产品原有的偏见或消极态度，争取好感和信赖，激发其潜在的购买欲望，从而劝导和说服消费者实现购买行为。

广告的诱导功能有以下两层含义。

（1）唤起消费者美好的联想，给消费者以某种美的享受，从而改变其对商品的态度，激发其购买欲望和动机。

（2）能迅速有效地吸引消费者的注意力，进而激发其对新产品的兴趣和向往，形成新的消费需要，促进购买实现。

3. 教育功能

广告不仅指导消费，而且也影响人们的消费观念、文化艺术和社会道德。文明、健康的广告，对于扩大消费者的知识领域、丰富精神生活、陶冶情操、引导消费者树立合理的消费观念、丰富人们的精神生活、进行美育教育和促进社会公德等都有潜移默化的作用。具体来说包括以下两个方面。

（1）增加消费者的产品知识。好的广告以其科学、文明、健康、真实的内容和表现形式，使消费者增长相关的商品知识，开阔视野，使消费者能够正确地选购和使用商品，并引导消费者树立合理的消费观念。

（2）给消费者以美育教育。设计巧妙、制作精良的广告，通过各种各样的表现形式，使消费者在获得信息的同时，能够丰富精神文化生活，得到美的享受。

4. 便利功能

现代社会，人们的生活节奏越来越快，面对无数的产品，特别是层出不穷的新产品，如果没有广告的介绍和指引，消费者无疑会感到无所适从。广告能及时、反复地传播产品信息，便于消费者收集有关资料，在较短的时间内对各种产品进行较为详尽和有效的对比，为做出购买决策提供依据，从而为消费者节约搜寻和购买产品的时间和精力。

5. 促销功能

促销功能是广告的基本功能。广告是促销组合中重要而不可或缺的因素。广告通过对产品的宣传，把有关信息传递给目标消费者，从而达到引起消费者注意和使消费者产生购买动机的目的。

然而并非任何广告都能具备上述的功能，获得良好的社会效果。许多消费者对那种司空见惯的“王婆卖瓜，自卖自夸”式的广告会产生抵触心理。我国学者对北京218户居民进行了调查，结果表明，完全相信电视广告所宣传的内容的仅占16.3%，大部分相信的也不过31.3%，完全不相信的有11.4%，而40.9%的人则只相信其中的一小部分。另一个统计数字表明，用心看电视广告的只有21.7%，感到厌烦不愿看和无所谓的占34.4%，相当一部分（占43.9%）也只看感兴趣的。

小案例：2010虎年春晚，从筹备到现在，在亿万人民的热情参与下，终于热热闹闹的落幕了。同往年一样，相信今年的春晚一定也会给人们在茶余饭后留下许多评头论足的聊资。

作为一名营销人，我注意到春晚中的“植入性”广告明显多了起来。其实2009年春晚就已给观众做了次“皮试”，赵本山的《不差钱》里一口一个“搜狐”叫得亲热，姜昆在《我有点晕》中不加掩饰地宣布“不拿现金，直接刷招行卡”……而今年春晚的植入式广告更有点“无法无天”，不仅语言类节目，就连魔术、歌舞等也直奔“钱景”而去。刘谦的汇源果汁、赵本山的国窖1573（包括搜狐等）、小品《五十块钱》的鲁花……春晚刚刚落幕，十来个节目中的几十处植入式广告就被观众在网上一一“曝晒”。所以有人改了姜昆相声中的一句台词，戏称2010年是在“广告中插播了春晚”。

植入式广告真正被国人研究也不过是从2003年开始的，客观来讲，从企业到媒体，对如何做好植入性广告都还在试探。2010虎年春晚的植入广告运作太显粗糙，消费者感到不舒服、产生抱怨其实也有道理。

适用植入式广告的品牌范围较小，多数情况下只适用于知名品牌，这种品牌要能成为受众生活的一部分，才能在起到烘托文艺作品生活背景作用的同时弱化商业目的，而赵本山推荐的国窖1573在白酒行业还没有这样的市场地位。

植入式广告不适于深度说服，特别不适合做直接的理性诉求或功能诉求。今年小沈阳把“搜狐”和“搜狗”带上，还极有责任心地介绍相关功能，就差没把网址背出来，玩得很没水准。

植入性广告应防止过度商品化的倾向，应在潜移默化中进入受众的潜意识，进行暗示性传播，以避免引起观众的逆反心理。但是刘谦一上场就低智商地忽悠观众，拿起桌上的“汇源”将果汁倒入杯中，喝过一口不说，还煞有介事地介绍：“这是汇源果汁！”赵本山对国窖1573也是字正腔圆的大大宣传了一把，难免让人反感。

植入性广告应是建立在寄宿作品良好反响的基础上，所以绝不可以破坏文艺作品的艺术性。赵本山《捐助》中的“寡妇”，据说家境很差，孩子考上了大学却没钱去上，所以才有好心人出面张罗募捐，岂料镜头一转，她竟提着超高价格的名酒来拜谢老赵了！明显破坏了文艺作品的真实性。（资料来源：http：//news. cnfol. com/100224/101，1598，7287474，01. shtml）

二、增强广告效果的心理策略

广告的作用与人们的心理活动密切相关，而广告的心理策略，则是运用心理学的原理来策划广告，诱导人们顺利地完成消费心理过程，使广告取得成功。

（一）引起注意

广告界流行这样一句话：使人注意到你的广告，就等于你的产品推销出去了一半。可见在商业广告设计中，充分应用注意的心理功效，是提高广告效果的重要环节。广告宣传与创作吸引和维持消费者的注意的具体办法我们已经在第二章中有过介绍。

小案例：20世纪90年代初，在方便面的广告大战中，“康师傅”方便面以“好吃看得见”一语深入人心。“统一”牌方便面知难而进，以古喻今，广告画面上出现一位古代戎装勇士，威风凛凛地喊出“统一面”，给人以热烈的情绪感染，取得了初步成绩。这种宣传持续了一段时间以后，企业又推出了与前一广告格调不同的画面：一男一女像拉家常一样，娓娓道出各自喜欢“统一面”的理由，不知不觉中缩短了与消费者的距离。

请分析“统一”牌方便面是如何成功地利用广告引起消费者注意的。（资料来源：http：//www. doc88. com/p－91091471205. html）

（二）促进联想

广告的时间和篇幅都是有限的，仅靠直接印象取得的广告效果也是有限的。只有通过各种手段，激发有益的联想，才能加强刺激的深度和广度。这是有意识地增强广告效果的重要手段。联想能够扩大和加强人们对事物的认识，引起人们对事物的兴趣，使消费者产生愉悦的情绪，这对形成购买动机和促成购买行为有重要影响。无论是哪种联想，都可以帮助人们从别的事物中得到启迪，使人的思维活跃，引起感情活动，并在联想中加深对事物的认识。

在商业广告中充分发挥联想的心理功能，必须以充分研究广告目标市场的消费习惯、消费水平和消费趋势为基础，掌握广告目标消费者的心理需求，从而有针对性地利用各种易于创造和激发联想的广告因素，使广告信息取得联想效果，适应消费者的知识经验和审美欲求，使之产生对产品的信服、向往，刺激其产生有益的共鸣和感情冲动，从而增强其信心，促成消费行为。

小案例：某国一出版公司有一批滞销书久久不能售出。推销人员想出一个主意，将一本书送去给总统并征求其意见，总统忙于政务便回了一句："这本书不错"，销售人员便大做广告："现有总统喜爱的书出售"。书立即被抢购一空。不久，又有书卖不出去，销售人员又送给总统一本，上过当的总统便"回敬"一句："这本书糟透了！"转天该公司发出广告："现有总统讨厌的书出售"。结果书又售罄。第三次，该公司又如法炮制，总统接受教训，不予答复。于是该公司再发出广告："现有总统难下结论的书出售，欲购从速"。书仍被抢购一空。（资料来源：http：//www. 51test. net/show. asp？id = 256637&Page = 2）

（三）增强消费者记忆

广告运用记忆原理，使人们在购买时能记起广告内容，并起到指导选购的作用。记忆是人们在过去的实践中所经历过的事物在头脑中的反映。对于广告信息的记忆，是消费者思考问题、做出购买决策的必不可少的条件。广告应该具有帮助人们记忆广告内容的功能，因为消费者在接受广告信息之后，即使对某一产品产生了良好的印象，一般也并不立即去购买，广告的视听元素如果难于记忆，其刺激功能就不能充分发挥，广告的效果也就不理想。因此，在广告设计中有意识地增强易于为消费者记忆的效果，是非常必要的。

小案例：2008 年 2 月 6 日（除夕）夜开始，一则著名毛纺品牌"恒源祥"的电视广告在全国多家电视台的黄金时段播出，1 分钟的时间里，广告背景音原本是单一的"羊！羊！羊！"，现已经有了 12 生肖同伴，从"鼠！鼠！鼠！"到"猪！猪！猪！"，这个长达 1 分钟极其富有"羊！羊！羊！"光荣传统的经典广告让听过的国人基本都感慨万分。据说这其中有想砸电视机、想撕羊毛衫的，也有感动得热泪盈眶不能自已的，甚至还有坚定拥趸要求该公司创造继"12 生肖版"后的"水浒 108 将"版的。总之，该公司表示，"宁愿被骂不能被忘！"（案例来源：http：//finance. qq. com/a/20080217/000306. htm）

（四）增进情感

消费者的情感状态直接影响着他们的购买行为导向。积极的情感体验，如满意、愉快、喜爱等，能够增进消费者的购买欲望，促进购买行为；而厌烦、冷漠、恐惧等消极的情感体验则会抑制消费者的购买行为。一则好的广告，应该有助于促进消费者形成以下积极的情感：

1. 信任感

广告通过自身的媒介行为激发起消费者对所宣传产品的信赖心理。消费者对广告的信任，是产生购买欲望的前提条件。如果不存在值得信任的宣传内容，购买则无从谈起。实事求是、客观公正的广告，往往能达到增加消费者信任感的目的。

小案例：2006 年 3 月 15 日，一个在建材业被反复提及的装饰材料品牌，一个号称在德国拥有百年基业的地板品牌——“欧典”地板，轰然倒地。“德国欧典创建于 1903 年”“在欧洲拥有一个研发中心、5 个生产基地，产品行销全球 80 多个国家”“欧典在德国巴伐利亚州罗森海姆市拥有占地超过 50 万平方米的办公和生产厂区”……在央视 2006 年的“3. 15”晚会上，号称“连续 6 年零投诉”“世界最好的”欧典地板被曝光，揭开了“欧典”地板的黑幕：“号称行销全球 80 多个国家，源自德国，著名品牌地板德国欧典总部其实根本不存在，存在严重欺诈消费者行为。”紧接着各地欧典专卖店开始纷纷撤柜，工商部门对其的处罚也随之而来。(案例来源：http：//finance. sina. com. cn/focus/orderlies/)

2. 安全感

消除消费者对商品的不安全心理，增强心理安全感是广告宣传的重要内容。广告应该让消费者感到产品安全可靠，保证无毒、无害、无副作用，并有益于身体健康。食品、药品、保健品的广告尤其应注意这一点。

3. 美感

爱美是人类的天性，美是促使人类社会生活丰富的心理因素。广告应该应用语言、色彩、画面等手段增强宣传内容的艺术性，使消费者赏心悦目，得到美的享受。

4. 亲切感

广告宣传要设身处地为消费者着想，表现出对消费者的关心、爱护，或者创造一种温馨的意境，从而给人以亲切感，使消费者加深记忆，达到增强信任的目的。

5. 好奇感

好奇心是人们认识事物、探求真理的一种内在驱动力，是一种大众心理。广告若能利用这一心理激发消费者的好奇心，就能有效地吸引消费者的注意，大大提高宣传效果。

三、广告诉求的心理策略

诉求是指外界事物促使人们从认知到行动的心理活动。广告诉求就是告诉人们有哪些需要、如何去满足，并敦促他们去为满足需要而购买商品。

（一）理性诉求心理策略

理性诉求是指广告侧重于运用说理的方法，直陈商品或服务的质量、价值或性能等方面的信息，表明产品可能给消费者带来的显著利益，表达方式上注重晓之以理、以理服人。比如高露洁牙膏广告说明牙膏中的双氟能防止儿童龋齿；力士柔亮营养洗发水广告强调它含有全新去屑配方 OCTO，能有效去除头屑；娃哈哈 AD 钙奶广告则宣传："要补钙，维生素 D 不可少"。理性诉求的广告往往因为重点突出、信息全面而具有很高的说服力。理性诉求的基本思路是：明确传递信息，以信息本身和具有逻辑性的说服加强诉求对象的认知，引导诉求对象进行分析判断。理性诉求的力量，不会来自氛围的渲染、情感的抒发和令人眼花缭乱的语言修饰，而是来自具体的信息、明晰的条理、严密的说理。

小案例：20 世纪 40 年代，速溶咖啡在市场上初露头角。照理，速溶咖啡不仅品质高，口味好，而且饮用方便，不需烧煮，上市后一定大受欢迎。然而，事实却与此相反，这种速溶咖啡投入市场后，消费者反应冷淡、销路不畅。厂方市场营销人员会同广告人员、消费者心理学专家对此进行调查研究，分析结果显示，毛病出在广告上。由于广告词一味强调速溶咖啡的快速简便，使众多家庭妇女产生偏见，认为只有那些懒惰的、生活无计划的、邋遢的人才去购买速溶咖啡。症结找到了，广告设计人员立即改变过去广告的内容中心，从强调使用简便这一特点转向突出新潮咖啡与新鲜咖啡同样具备美味、清香、质地醇厚的特点，并配上一幅广告画：一杯美味的咖啡，后面高高地堆着褐色的咖啡豆，上书"100%的真正咖啡"。新的广告问世后，立即引起人们的关注，人们的偏见慢慢地消除了，速溶咖啡的销路被迅速地打开了，成为西方咖啡消费的主流。20 世纪 80 年代初，雀巢咖啡迅速地打开了咖啡消费市场，"味道好极了！"如此引人诞下的广告宣传使产品很快受到中国消费者的欢迎。（资料来源：http://edu.21cn.com/zikao/g_145_40067-2.htm）

（二）情感诉求心理策略

每个人都有非常强烈的情感需要。人人都需要爱、幸福、快乐，人人都有喜悦或悲伤的时刻。现代广告充分利用人的这种情感需要，并在广告中将这种情感表达出来，这就是情感诉求。情感诉求是指广告制作者通过极富人情味的诉求方式，去激发消费者的情绪、满足其自尊、自信的需要，使之萌发购买动机、实现购买行为。比如麦氏咖啡的"麦氏咖啡，情浓意更浓"，小霸王游戏机的"望子成龙"，以及孔府家酒的"孔府家酒，让人想家"等广告都属于情感诉求。情感诉求在物质商品极度丰富化、同质化的现代社会非常普遍，特别是现代消费者工作繁重、精神紧张，情绪情感需要得到某种程度的释放，借助具有优秀创意的广告，既能缓解情绪又能促进销售。

小案例：“金龙鱼”是调和油市场的强势品牌，其广告由最初的“温暖亲情——金龙鱼大家庭”到“健康生活金龙鱼”，打出了金龙鱼的知名度，但是并未让消费者感觉到它有什么好处。后来，金龙鱼推出了关键的“1∶1∶1 最佳营养配方”的理性诉求，既形象地传达出金龙鱼是由3种食用油调和而成的特点，又暗示了只有“1∶1∶1”的金龙鱼才是最好的食用油，带动了金龙鱼品牌的整体提升。

请分析“金龙鱼”调和油是如何利用广告改变消费者对它的态度的。（资料来源 http：//bbs. zikao365. com/forum－119－137/offset－40/topic－u－16742－233192. html）

四、广告媒介选择的心理策略

广告媒介包括报纸、杂志、广播、电视、户外广告和直接函件等一切能使广告接受者产生反应的手段和方法。但不同的广告媒介在消费者中所能引起的反应程度是不同的，因此如何选择最适合心理诉求的媒介，就成了广告的心理策略的第一个问题。

不同的媒介具有不同的特点。报纸具有消息性、新闻性、可信性和可保存性的特性，因而，可以用来发布消息性广告和企业新闻广告。此外，由于报纸版面安排上具有并列性功能，可以把2个或多个广告并列在一起，从而产生比较效果，更易受到读者注目。杂志的特点较之报纸具有更深入的消息性，适合对商品或服务做详细的说明。此外，杂志还具有选择特定阶层的特性，因此，适合于做以该阶层为目标消费者的心理诉求广告。同时，杂志的新闻性也比报纸深入得多，可以插入多页式新闻性或消息性广告。广播的特点是随身性、消息性，电视则有形象性的特点。电视具有引起视觉、听觉反应的两重功能和传播速度快的特点。因而，广播、电视就如挨家挨户推销商品的推销员。

近几年来，因特网（Internet）作为广告媒体，以超常的增长速度，独特的诉求方式，受到世人瞩目，它具有即时互动性、持久性、可检索性、信息容量大、传播范围广、针对性强等优点。

小案例：选择中央电视台这一媒体制高点进行广告高空轰炸是蒙牛迅速成长的原因之一，牛根生曾形象地比喻道：“俗话说，酒香不怕巷子深，但当巷子深到从内蒙古一直延伸到海南岛时，只有中央电视台可以帮助你迅速把货铺到天涯海角。”蒙牛的传播策略中，广告通路聚焦于中央电视台。蒙牛当年起步时，从启动资金中拿出1/3来做广告，第一年就选择投到中央电视台。2004年，蒙牛乳业更以3.1亿的天价坐上央视2004年黄金段位“标王”的交椅。

在中央电视台做广告，不仅传播范围广，而且见效快，在很大程度上节约了蒙牛追赶其他几个主要竞争对手的时间成本，也正因为蒙牛一开始就选择中央台，使得蒙牛成为中国的蒙牛，而不仅仅是一个地域性品牌，中央电视台成为其快速成长的强大助推器。蒙牛选择中央电视台还看重了它的权威性，蒙牛集团副总裁孙先红认为："央视代表着收视率加观众的信任。在传统的观念里，央视代表的就是中央政府的声音，因而权威性特别强，人们更相信央视所说的。"中央电视台的强势媒体地位，对于蒙牛放大品牌传播效应，最大程度地提升品牌形象，积累品牌价值，在最短时间内塑造出一个全国性的强势品牌具有极大的帮助。

当然，在现在众多媒体纷纷崛起的局面下，蒙牛开始日益重视媒体的组合搭配，以求将宣传的效应进行积累，收到最好的传播效果。以蒙牛酸酸乳的宣传为例，湖南卫视、安徽卫视等强档媒体也变成了蒙牛宣传的主战场，其宣传攻势丝毫不弱于央视。新兴的网络媒体也发挥了极为重要的作用，几乎各大网络媒体上均出现了关于"超级女声"及蒙牛的大量宣传报道，新浪网还专设了蒙牛酸酸乳超级女声活动特区，让网友可以在第一时间获知《超级女声》的最新资讯、参加有奖游戏、参与选手的视频聊天、发表自己对参赛歌手的看法。由于网络媒体在吸引年轻人、加强与受众的互动、提高他们参与的积极性方面有着其他媒体无法比拟的优势，"超级女声"的红火在很大程度上得益于网络媒体的推波助澜。（资料来源：http：//www. jinlicehua. com/bbs/dv_rss. asp？ s = xhtml）

邮寄函件是近年来兴起的一种广告方式，其特征是能够针对收信人的选择性意识诉求，使人产生亲切感。它能够十分准确地针对某一特定阶层进行选择，为消费者提供单独阅读的机会。

其他媒介，如交通广告，具有移动性、重复性和引人注目的特点，而户外广告的特点是能够让人反复多次接触，并容易形成潜意识。

第二节　人员推销与消费心理

人员推销是指企业通过派出推销人员与 1 个或 1 个以上可能成为购买者的人交谈，作口头陈述，以推销商品，促进和扩大销售。被推销人员说服而购买企业产品或服务的社会组织和个人就是客户。

一、客户对人员推销的心理反应

（一）客户对待人员推销的心理期望

客户在接受营销人员推销过程中，主要有两大需要。

1. 物质利益需要

客户与推销人员的接触、洽谈，是因为他们对推销的商品和服务有了潜在需要。在推销过程中，客户期望的是能以较低的价格购买所需要的商品或服务，寻求购买的最大效用。他们的利益实现了，双方才能达成交易。

2. 社会心理需要

客户在购买商品的有用性的同时，还期望在推销过程中获得多种心理上的满足。包括与高素质的营销人员交往，获得友谊的需要；得到营销人员及相关人员的尊重，在购买中提高威望与地位的需要；在挑战性的购买决策中，自我表现、自我实现的需要；还包括不受令其讨厌的营销人员的打扰、寻求安宁的需要等。

（二）客户对待推销的心理反应类型

不同的客户对待推销人员有着不同的心态，依据客户对推销人员的态度可将客户划分为不同类型：

1. 趾高气扬型

这一类型的客户经常拒人于千里之外，盛气凌人，不可一世，应对策略：对此类客户可提供特别服务，但须坚定立场。

2. 过于自信型

这一类型的客户主要特征是不时地打断销售人员的谈话，以显示自己的知识，在销售人员提出自己的建议时，他常常说不。应对策略：让客户尽量发表意见，候机再提出自己的看法及意见。

3. 挑三拣四型

这一类型客户经常不断的挑剔你的公司或产品，提出种种不合理的要求。应对策略：探询对方不满意的原因所在，一一予以详解，用事实来支持自己的论点，并且少谈题外话，以免节外生枝。

4. 冲动任性型

这一类型的客户往往很冲动，决定下得很快，不等销售人员把话说完，就下论断道："我没兴趣"。应对策略：将客户引致别处单独商谈，以免影响其他客户的购买心理。当对方说"不"时不要立刻让他离去，以较缓和的声调与之洽谈。

5. 口若悬河型

这一类型的客户喜欢闲聊，常使销售人员在销售过程中被不相干的事情干扰。应对策略：推销人员遇到这一类型的客户时，要随时注意将谈话拉回主题，并从对方的谈话中找出更多的切入点来推销，态度要和善，但不可过于热情，并选择适当的时机结束推销。

6. 沉默寡言型

这一类型的客户只注意听别人说话，不表示意见，对推销人员的话不作反应、无动于衷。应对策略：先引导对方谈些自己的专长，再引起他对商品的兴趣，鼓励他说出自己的想法。

7. 畏首畏尾型

这一类型的客户购买经验不够，对产品不熟悉，所以很不容易下判断。应对策略：以和善的态度给对方安全感，明确地说明商品的各种情况，并提出质量保证及销售业绩、经验。

8. 急躁易怒型

这一类型的客户特征是脾气急躁，易于发怒。应对策略：最好由异性来应付，说话要简单明了，营造愉快的气氛。

9. 疑神疑鬼型

这一类型的客户疑心很重，不轻易相信人。应对策略：推销人员对这一类客户要耐心解释，详细说明，提出各项说明文件及保证以取信对方，必要时可以老客户做见证人来进行促销。

10. 神经过敏型

这一类型的客户净往坏处想，任何一点小事都会引起他的不良反应。应对策略：推销人员多听少说，神态上要表示出重视对方的样子。不要随便开玩笑，以免因说错话而使对方信以为真。

二、顾客异议的类型、心理根源及其转化

顾客异议是指客户对推销人员、推销品或推销活动所表现出的各种怀疑、否定或反面意见。正确对待并妥善处理顾客异议是推销成功的关键。

（一）顾客异议的类型

1. 需求异议

需求异议是指顾客认为不需要产品而形成的一种反对意见。它往往是在营销人员向顾客介绍产品之后，顾客当面拒绝的反应。例如一位女顾客提出："我的面部皮肤很好，就像小孩一样，不需要用护肤品""这种产品我们用不上""我们已经有了"等。这类异议有真有假。真实的需求异议是成交的直接障碍。营销人员如果发现顾客真的不需要产品，那就应该立即停止营销。虚假的需求异议既可作为顾客拒绝的一种借口，也可能是顾客没有认识或不能认识到自己的需求的表现。营销人员应认真判断顾客需求异议的真伪性，对提出虚假需求异议的顾客，要设法让他觉得推销产品提供的利益和服务符合他的需求，使之动心，再进行营销。

2. 财力异议

财力异议是指顾客认为缺乏货币支付能力的异议。例如"产品不错，可惜无

钱购买”“近来资金周转困难，不能进货了”等。一般来说，对于顾客的支付能力，营销人员在寻找顾客的阶段已进行过严格审查，因而在营销中能够准确辨认真伪。真实的财力异议处置较为复杂，营销人员可根据具体情况，或协助对方解决支付能力问题，如答应赊销、延期付款等，或通过说服使顾客觉得购买机会难得而负债购买。对于作为借口的异议，营销人员应该在了解真实原因后再作处理。

3. 权力异议

权力异议是指顾客以缺乏购买决策权为理由而提出的一种反对意见。例如顾客说“做不了主”“领导不在”等。与需求异议和财力异议一样，权力异议也有真实或虚假之分。营销人员在寻找目标顾客时，就已经对顾客的购买人格和决策权力状况进行过认真的分析，也已经找准了决策人。向没有购买权力的顾客极力推销商品是营销工作的严重失误，是无效营销。在决策人以无权作借口拒绝营销人员及其产品时，放弃营销更是营销工作的失误，是无力营销。营销人员必须根据自己掌握的有关情况对权力异议进行认真分析和妥善处理。

小案例：在推销过程中，化解顾客提出的异议是件比较麻烦的事。“我无权决定购买”，理由冠冕堂皇且很有分量，但齐德勒先生却巧妙地化解了这个异议。

齐德勒先生是一位烹调器的推销员。一次他在向一位家庭主妇作了产品介绍后，约好第二天再去拜访她。到了第二天，这位家庭主妇虽然在家等着他的拜访，但听了他对产品的进一步说明后便说：“还要再想一下，这件事还要同丈夫商量后再决定。”这时齐德勒先生虽然知道这次成交的机会不大，但他走前想要确定这位妇女是有意拖延，还是确有理由不买，是真的要同丈夫商量一下，还是打发他走。于是他说：“这很好，我到晚上再来，可以吗？”主妇拖延着不置可否。于是，齐德勒先生提出：“让我问你一个问题，什么时候你丈夫带食品回家？”她反问：“你这是什么意思？他根本不带食品回来。”齐德勒问道：“那谁买呢？”她说：“我买。”齐德勒问：“你经常买吗？”她说：“当然。”齐德勒说：“食品很贵吧？一星期的食品将花费你20元或25元，是吗？”她说：“什么20元或25元！应当是120元或125元，你大概从来没买过食品吧？”齐德勒说：“是的，让我作保守一点的估计，你每星期花费在食品上至少50元，可以吗？”她说：“可以。”接着，齐德勒拿出一个笔记本，对顾客说：“夫人，你每星期花费50元买食品，一年如以50个星期算，那将花费2 500元（齐德勒边说边在本上写下50×50）。你刚才告诉我，你已结婚20年了，这20年来，每年2 500元，共花费了50 000元（写下），这是你丈夫信任你让你买的。你总不会每次把食品都给他看吧！”她听后笑了。齐德勒说：“夫人，你丈夫既然信任让你用50 000元钱买食品，他肯定会让你再花400元买烹调器，以便更好、更省地烹调下一个50 000元的食品吧？”就这样，齐德勒卖出了一套烹调器。

思考讨论：齐德勒采用了怎样的技巧来化解顾客异议？（资料来源：www. glcat.

edu. cn/dept8/txw/6. doc)

4. 价格异议

价格异议是指顾客以推销产品价格过高而拒绝购买的异议。无论产品的价格怎样，总有些人会说价格太高、不合理或比竞争者的价格高。例如，“太贵了，我买不起。”“我想买一种便宜点的型号”“我不打算投资那么多，我只使用很短时间”“在这些方面你们的价格不合理”以及“我想等降价再买”，顾客提出价格异议，表明他对推销产品有购买意向，只是对产品价格不满意，故进行讨价还价。当然，也不排除以价格高为拒绝营销的借口的情况。在实际营销工作中，价格异议是最常见的，营销人员如果无法处理这类异议，营销目的就难以实现。

小资料：有人曾对世界各地参加推销研究班的推销人员进行了调查，调查结果揭示了顾客提出价格异议的动机主要有以下几个方面：顾客只想买到便宜产品；顾客想利用这种策略达到其他目的；顾客想比其他顾客以更低的价格购买推销品；顾客想在讨价还价中击败推销人员，以此显示他的谈判能力；顾客想向众人露一手，证明他有才能；顾客不了解商品的价值；顾客想了解商品的真正价格；顾客想从另一个供应商那里买到更便宜的产品；顾客还有更重要的异议，这些异议与价格没有什么联系，他只是把价格作为一种掩饰。(资料来源：《现代推销技术》，钟立群主编，电子工业出版社，2009)

5. 产品异议

产品异议是指顾客认为产品本身不能满足自己的需要而形成的一种反对意见。例如“我不喜欢这种颜色”“这个产品造型太古板”“新产品质量都不太稳定”，还有对产品的设计、功能、结构、样式、型号等提出异议。产品异议表明顾客对产品有一定的认识，但了解还不够，担心这种产品能否真正满足自己的需要，因此虽然有比较充分的购买条件，但就是不愿意购买。为此，营销人员一定要充分掌握产品知识，能够准确、详细地向顾客介绍产品的使用价值及优点，从而消除顾客的异议。

6. 推销者异议

推销者异议是指顾客认为不应该向某个推销人员购买推销产品的异议。有些顾客不肯买推销产品，只是因为对某个推销人员有异议，他不喜欢这个推销人员，不愿让其接近，也排斥此推销人员的建议，但顾客肯接受自认为合适的其他推销人员。比如“我要买老王的”“对不起，请贵公司另派一名推销人员来”等。推销人员对顾客应以诚相待，与顾客多进行感情交流，做顾客的知心朋友，消除异议，争取顾客的谅解和合作。

7. 货源异议

货源异议是指顾客认为不应该向有关公司的推销人员购买产品的一种反对意见。例如“我用的是某某公司的产品”“我们有固定的进货渠道”“买国有企业的商品才放心”等。顾客提出货源异议，表明顾客愿意购买产品，只是不愿向眼下这位营销人员及其所代表的公司购买。当然，有些顾客是利用货源异议来与营销人员讨价还价，甚至利用货源异议来拒绝营销人员的接近。因此，营销人员应认真分析货源异议的真正原因，利用恰当的方法来处理货源异议。

8. 购买时间异议

购买时间异议是指顾客有意拖延购买时间的异议。顾客总是不愿马上做出决定，事实上许多顾客用拖延来代替说“不”。营销人员经常会听到“让我再想一想，过几天答复你”“我们需要研究研究，有消息再通知你”等。这些拒绝很明显意味着顾客还没有完全下定决心，拖延的真正原因，可能是因为价格、产品或其他方面不合适。有些顾客还利用购买时间异议来拒绝推销人员的接近和面谈。因此，推销人员要具体分析、有的放矢、认真处理。

小资料：顾客异议的19个信号

(1) 不愿收取名片。

(2) 不愿拿取印刷物、商品目录。

(3) 推销员请对方看某一处或说明书上某一商品要点时，对方将视线投于他处。

(4) 推销员想请对方来实地操作机器，但对方将手缩回。

(5) 推销员将身体往前一步时，对方便立即往后退一步。

(6) 故意将文件堆满整个办公桌，不让推销员有放置任何印刷物及商品目录的地方。

(7) 推销员请对方试吃时，对方故意抽烟而拒绝试吃。

(8) 交谈时，将视线置于他处。

(9) 突然开始处理公司事物，或并无任何要事而不断地使唤属下。

(10) 双臂互相交叉置于胸前，且双手手指不停地乱动。

(11) 一会儿握紧拳头，一会儿又将手放松。

(12) 将握紧拳头的手压于张开手指的手掌上，并且双手轮流握拳做此动作。

(13) 不断地将手放入口袋，或用手指轻敲桌面，有时焦急起来，手指敲打桌面的速度也随之加快。

(14) 用置于桌下的脚轻拍地面。

(15) 抽动面颊的肌肉、紧皱眉头或抽动眉头。

(16) 抽动嘴唇、咬牙，或脸色忽而苍白、忽而变红。

(17) 交谈的声音忽大忽小。

(18) 声音阻塞于咽喉上、或抽动咽喉。

(19) 交谈时，头部忽高忽低。

(资料来源：http：//tieba. baidu. com/f？ kz = 264624986)

（二）顾客异议产生的心理根源

顾客异议产生的根源很多，但最主要的根源来自于心理方面。对顾客的心理障碍进行分析，将有助于推销人员对顾客异议实施转化。

1. 客户的认知障碍

客户的认知障碍主要表现为：推销员的建议与客户所持观点明显对立，因而使说服遭拒绝。从接受心理上分析，当一个人接触他人的观点时，如果觉得与自己的认知结构不一致，就会在心理上产生排斥的反应。

2. 客户的情绪障碍

任何人的心理活动在不同时期，都有理智上占上风和情绪上占上风的交替过程。理智占上风时，能尊重事实，接受正确的建议；情绪占上风时，会从主观愿望出发排斥他人观点，形成情绪障碍。

3. 客户的行为障碍

客户有时候会对产品各种属性或交易问题表现出一种态度或采取某种行为。这时，当推销员的建议与客户不一致时，客户就不愿意改变原来的态度或行为，会拒绝被说服。

（三）顾客异议转化的心理策略

1. 价格异议转化的心理策略

处理价格异议应注意如下原则：

（1）以防为主，先发制人。根据事先掌握的顾客资料，对顾客可能提出的价格异议做出正确判断，不等顾客讲出来，就先把顾客要提出的异议化解。

（2）先价值，后价格。为防顾客提出价格异议，推销时应先向顾客讲清产品的价值，即能给顾客带来哪些利益和实惠，在顾客认识产品价值后再谈及价格。顾客对产品的购买欲望越强，对价格考虑的就越少。

（3）多谈价值，少谈价格。价格是个敏感的话题，提及价格易出现僵局。最好的方法就是多谈产品的价值，少谈产品的价格，多强调产品对顾客的实惠和对顾客需求的满足。

（4）掌握好提出价格的时机。若推销人员不主动提出价格问题，当顾客提出价格问题时，尽量拖延。例如，顾客在购买皮件时，因对所用材料缺乏了解，产生价格异议。推销人员在解释时，就应说明材料上的差异，及其如何辨别真假。顾客说："我在别的商店看到一模一样的手提包，只卖 25 元。"推销人员："当然卖 25 元了，那是合成革的。皮件材料有真皮，也有合成革的，从表面看两者极为相像。您用手摸摸，再仔细看看，比较一下，合成革提包哪能与真皮提包相提并论。"

处理价格异议时，具体技巧有：

(1) 多介绍产品优点。一般来说，产品价格必定与产品的优势相关，优势产品其价格必高，但顾客并未认识到产品的优势。

(2) 缩小单价，推销人员可将报价的基本单位缩至最小，以隐藏价格的昂贵性。例如一箱饮料36元（每箱20小瓶），可将报价缩小为每瓶1.8元。顾客听到报价不同，其心理感受则不同。

(3) 强调受益，推销人员的着眼点应放在使用价值上，应着重强调所推销的产品在节省原材料、降低物耗及制造、维修费用低等方面的优势。

2. 货源异议转化的心理策略

许多货源异议都是由于顾客的购买经验与购买习惯造成的，推销员在处理这类异议时可采用以下策略。

(1) 锲而不舍，坦诚相见。顾客如果有比较稳定的供货单位，或有过接受推销服务不如意甚至受骗上当的经历，就会对新接触的推销人员怀有较强的戒备心，由此而产生货源异议。推销员应不怕遭受冷遇，多与顾客接触、联络感情，在互相了解逐渐加深的情况下，顾客容易对推销人员敞开心扉，说出自己的顾虑和期望，此时推销员就可以对顾客进行具有针对性的解释和劝说，最终促成交易。

(2) 强调竞争受益。顾客常会提出已有稳定的供货单位或者已经习惯某种产品，从而拒绝接受新产品和服务。此时推销人员应指出不论是个人或者公司，在购买产品的时候采用单一来源的方法具有很大的风险性，如果供货单位出现问题，将会导致顾客因购买不到所需产品而影响生活或者生产。为了抵御风险，顾客应当采取多渠道策略解决其购买需要。这跟我们投资理财时会采取多元投资方式以降低风险是一个道理。

(3) 提供例证。在解决货源异议时，推销人员为了说明其推销的产品是质量可靠、渠道合法的产品，可以向顾客提供一些第三方的客观证据来消除顾客疑虑，例如厂家的代理授权证书、企业营业执照、质量管理体系认证证书、产品质量鉴定报告、获奖证书以及知名企业、知名人士的订货合同或者使用记录等资料。由于这些证据具有可求证性，故有利于顾客消除顾虑，促进购买。

小案例：办公用品中有些东西，如各类纸张、颜料等都是无法重复使用的商品，它们需要量大、价格低、消费者在购买时不会左思右想，只要质量过得去一般就满足了，所以拍板作决定往往出自一些不确定的因素，或是购买手续方便，或是由于一时情绪冲动。

小黄为一家公司推销新型打印纸时，一般客户还没听说过这种产品，虽然该公司产品的质量人人信得过，但消费者用惯了其他品牌的打印纸，谁都没兴趣为买这点小东西而多跑几家厂、多比几家货。小黄最初上门推销时，除了一个客户正巧旧打印纸用完，为了偷懒不去商店才买下一批以外，其余的客户都摇摇头说："我们不需要。""我可以用你的打印机吗？"第二天，小黄来到客户办公室寒暄之后，就问了这句话。客户怔了怔，便点点头说："当然可以。"得到了允许，小黄就把自己带来的打印纸夹到打印机里，然后在电脑前坐了下来，在屏幕上输入这么一行字："您用普通打印纸，能打出这么清晰的字吗？"接着便发出打印命令。小黄从打印机上取下打印纸拿给客户看："您不妨把它跟您用的普通打印纸比较一下。不用多说您就会相信我们的新型打印纸一定适合您。"客户仔细地比较了一番，非常信服地看着小黄："你们的质量的确一流。"说完后，爽快地向小黄订购了一批为数不少的新型打印纸。以后几天，小黄满怀信心地来到前些天说不需要的客户那里，也用同样的办法推销，结果客户都纷纷愿意购买新型打印纸。

分析讨论题：小黄最初上门推销时，碰到的是哪一种顾客异议？小黄又是如何处理异议的？（资料来源：www. glcat. edu. cn/dept8/txw/6. doc）

3. 购买时间异议转化的心理策略

在推销活动中，在推销人员进行详细的产品介绍之后，顾客经常会提出购买时间异议拖延成交的时间。实际上，顾客借故推托的时间异议多于真实的时间异议，他们主要是为了对所购产品进行更多的比较或者为了争取更大的价格或服务优惠，针对这种异议，可以采取以下几种策略进行应对。

（1）货币时间价值法。一般说来，物价的变化会随着时间的推移而上扬。推销员可以结合产品的情况告诉顾客：未来产品的供求关系很有可能会发生变化，随着物价水平的上升，顾客可能要花费更多的金钱来购买同等数量的商品。而且拖延购买不仅费钱，还要费时、费力，增大顾客的机会成本和时间成本，不符合现代社会"时间就是金钱，效率就是生命"的观念。

（2）良机激励法。主要是采用对顾客有利的机会激励顾客，使其不再犹豫不决，当机立断，拍板成交。例如，可以说"目前正值展销期间，在此期间购买可以享受20%的价格优惠""货已经不多了，如果你再犹豫的话，就可能被别人买去了"。但要注意的是，使用这种方法必须确有其事，不可虚张声势欺诈顾客，否则将适得其反，欲速则不达。

（3）潜在风险法。这种方法是利用顾客意想不到、但又很可能会发生的一些潜在风险对顾客进行影响。例如提出厂家调价、原材料涨价、宏观政策调整、市场竞争格局改变等情况对顾客进行影响，使顾客认识到存在的这些不确定因素可能给自己带来的损失，促使顾客尽早做出购买决定。

（4）竞争诱导法。推销人员向顾客指出购买该产品将会使顾客在某些方面获益，而且这些好处已经在他的竞争对手那里得到了证实，顾客如不尽快购买推销产品，将会在与同行的竞争中处于不利位置。这种方法可以打破顾客心中假定的竞争均衡格局，引起顾客对其所处环境的关注，从而促使顾客为了改变其所处形势而做出购买决定。

小案例：吉诺·鲍洛奇是美国"重庆食品公司""鲍洛奇食品公司"等几家

公司的总裁，其公司以经营具有中国风味的食品为特色而风靡全美。鲍洛奇的公司生产的食品是美国多数家庭餐桌上不可缺少的佳肴，这使鲍洛奇成为腰缠万贯的亿万富翁。

鲍洛奇出身贫寒，曾做过各种杂工。为了维持家庭生计，他利用课余时间在一家食品店当送货员。由于他善于向顾客推销商品，食品店经理让他担任了食品售货员。他卖出的食品又快又多，经理给了他相应的奖励工资。一次，鲍洛奇奉命推销绿巨牌豌豆。这种产品市场销路很糟，公司让他尽快脱手。他知道按照常规去做很难办到，便决定搞一次集中推销。他把所有的老客户都请到自己的住处。大家一进门，便看见地上堆满了绿巨牌豌豆罐头，似乎正准备运出去。鲍洛奇忙得不可开交，说："向你们推荐一下这种新产品，销路非常好，简直把我忙坏了……"他正说着，就有几个人进来开始搬货。这当然是他事先安排好的"节目"，其实是在打心理战。接着鲍洛奇说："你们现在不买，等这批货运走，后悔可就来不及了！"杂货商们开始时还举棋不定，这下却急不可待了。结果不足1天，300箱绿巨牌豌豆罐头销售一空。公司原定卖35美分1打即可，他却卖到1美元25美分。(资料来源：《营销心理学》，尹健主编，高等教育出版社，2007)

第三节 营业推广与消费心理

一、营业推广概述

（一）营业推广概念

营业推广又称为销售促进，是指在短期内采取一些刺激性的手段（如赠券、折扣等）来鼓励消费者购买的营销活动。营业推广可以使消费者产生强烈的、即时的反应，从而提高产品的销售量。但这种方式通常只在短期内有效，如果时间过长或过于频繁，很容易引起消费者的疑虑和不信任。

（二）营业推广的特征

作为一种短期的促销方式，营业推广一般具有以下特征。

1. 营业推广促销效果显著

在开展营业推广活动中，可选用的方式多种多样。一般说来，只要能选择合理的营业推广方式，就会很快地收到明显的增销效果，而不像广告和公共关系那样需要一个较长的时期才能见效。因此营业推广适合于一定时期、一定任务的短期性的促销活动中使用。

2. 营业推广是一种辅助性促销方式

人员推销、广告和公关都是常规性的促销方式，而多数营业推广方式则是非正规性和非经常性的，只是上述几种促销方式的辅助手段，它一般不能单独使用，常常需要配合其他促销方式使用。营业推广方式的运用能使与其相配合的促销方式更好地发挥作用。

3. 营业推广有贬低产品之意

采用营业推广方式促销，会使顾客产生“机会难得、时不再来”之感，进而能防止消费者需求动机的衰变和购买行为的惰性。不过，营业推广的一些做法也常使顾客认为卖者有急于抛售的意图。若频繁使用或使用不当，往往会引起顾客对产品的质量、价格产生怀疑。因此企业在开展营业推广活动时，要注意选择恰当的方式和时机。

（三）营业推广的作用

企业之所以对营业推广倍加青睐，是因为在日益剧烈的市场竞争中，营业推广发挥着独特的作用。

1. 加速新产品市场导入的进程

当消费者对刚进入市场的新产品还不够了解，不能作出积极的购买决策时，通过有效的营业推广措施，如免费试用、折扣优惠等，可以在较短时间里让消费者迅速了解新产品，促使消费者接受产品，从而加速市场导入的进程。

2. 强化消费者重复购买的行为

消费者即使购买过一次某一产品，但并不能保证其会再次购买。但是通过销售积分奖励、赠送购物券等多种推广形式的运用，可以在很大程度上吸引消费者重复购买，进而使消费者养成对该产品的购买习惯。

3. 刺激消费者迅速购买

通过运用价格优惠、附赠品等多种方式，形成强烈的利益诱导，可以在短期内刺激消费者的购买欲望，加速消费者的购买决策，从而在短期内迅速扩大企业的销售额。

4. 抵御竞争者的促销活动

当竞争对手展开大规模促销活动时，可以有针对性地选择营业推广的手段，抵御和反击竞争者的促销行为，保持顾客的忠诚度，维持本企业的市场份额。

二、营业推广的心理策略

营业推广要有效进行，须符合顾客的消费心理，常采用如下策略：

（一）免费赠送

免费赠送是使消费者免费获得企业赠送的物品或利益的推广方法。这一类方法对消费者的刺激度和吸引力最大。免费赠送主要包括：免费样品、附赠品、赠品印花。免费样品是将产品免费赠送给预期消费者试用的促销方式。在开拓新市场和新产品导入过程中，通过使用免费样品的促销方式，可消除顾客接受时的种种障碍，激发消费者的购买欲望。附赠品是消费者在购买时获赠本产品或其他物品的促销方式。附赠品可以采用加送本企业单位的本产品以及在原价基础上加大包装量的方式，也可以采用附赠本企业其他产品的方式。附赠品对于强化顾客购买欲望、新产品导入和市场开拓都有积极的作用。赠品印花是通过消费者收集赠券、标签、购买凭证等印花获赠有关物品的促销方式。采用赠品印花的方式可以促使消费者持续购买，培养顾客的忠诚度。

小案例：“口香糖”在刚问世时销路并不好，美国口香糖公司创办人里力经过调查研究发现，儿童对口香糖很感兴趣，他们在嚼口香糖时，边玩、边笑、边说话，而成年人却很少买它。于是里力灵机一动，想出了让纽约市每个儿童都尝一尝口香糖，让他们为口香糖作义务宣传员的“馈赠促销法”。里力派出大批职员，按电话簿上的居民地址，给150万户居民每家送上4块口香糖。这个办法果然产生了奇效，几天过后，小顾客们如潮水般涌向商店购买口香糖。里力通过免费馈赠的销售办法打开了口香糖的销路，终于使口香糖畅销世界各地，成为大受消费者欢迎的商品。（资料来源：http：//wenda. tianya. cn/wenda/thread？tid＝38d859e644f1cc14）

（二）优惠券

优惠券作为可对某种商品免费支付一部分价款的证明，持有者在购买本企业产品时可以免付一部分货款。优惠券可以邮寄，也可附在商品或广告之中赠送，还可以向购买商品达到一定的数量或数额的顾客赠送。这种形式有利于刺激消费者使用老产品，也可以鼓励消费者认购新产品。

（三）现场演示

现场演示促销法是指制造商安排经销商对企业产品进行特殊的现场表演或示范，以及提供咨询服务。表演者由制造商精心培训过的代表担任，代表制造商形象。现场演示可以吸引顾客入店参观和购买，因此会增强经销商对企业产品的信心。通常新产品打入市场时，采用此促销方法有利于迅速提高产品知名度。任何新产品，即使是先进产品，要想被客户所接纳，首先必须获得用户的了解和信任。因此制造商在大批量生产以前，选择目标市场进行“新产品演示”就十分必要。

（四）价格折扣

折扣优惠是企业对消费者折扣让利的促销方法。通过折扣优惠，可使消费者在购买过程中以较少的价格获得更多的产品和利益。

（五）有奖销售

有奖销售主要取决于机会和运气。比如，有的商场在搞促销活动期间，凡是购买一定金额就可以参加现场抽奖。更有的商场别出心裁，举办“免费购物半小时”，即在当天的某半个小时内（这个时段是通过某种方式随机产生的），消费者可以凭购买商品的发票和电脑小票到商场退款。

阅读资料：家电下乡应摸准消费心理搞促销刺激其消费欲望

商务部家电下乡信息系统发布的统计数据显示，截至2009年10月31日，下乡家电销售额为508.42亿元。这显然与政府此前“全年有望拉动千亿元内需”的目标尚有较大差距。虽然家电下乡在全国范围内推出仅半年多，但却已呈现出“疲态”。为了让家电下乡政策发挥更大的作用，相关部门不仅加大了市场监管，还欲在扩大产品范围、取消价格限制等方面进行完善。诚然，政府部门对家电下乡政策的不断完善，对刺激农村消费有着重要作用，但笔者认为，中标企业更应该主动研究农村消费者的消费心理，不要总是局限于在价格上搞促销，而应本着服务“三农”的方针设计促销方案，推出促销活动，这样会更受消费者的欢迎，刺激其消费欲望。

据了解，河南汝州市一家电卖场在农村秋收后想出新招，推出“用玉米换彩电”活动：农村消费者在卖场选好产品、谈好价钱后，卖场将产品送到消费者家里，然后再由商家自己用车将用来换彩电的玉米拉回城，价格比市场同期每千克还贵0.1元。此举不仅为农村消费者解决了卖粮难的问题，还为他们省去了卖粮所花的运费和时间，因此大受欢迎。正是由于这种本着服务“三农”的精神搞促销，汝州家电下乡活动进展顺利、成绩骄人——截至10月31日，汝州市累计销售下乡家电27 988台，销售额达5 167.4万元。

家电下乡是国家为扩大内需、惠及农村消费者而出台的政策，同时也为家电企业突围全球金融危机、快速良性发展提供了政策和市场机遇。作为直接受益方，家电企业应该在生产销售中发挥自己的主观能动性，研究农村消费者的心理，把眼光放大到整个“三农”背景上去，以帮助发展“三农”、服务“三农”为出发点设计家电下乡的销售和服务活动，这样才能真正摸准农村消费者的心理，并使家电下乡政策永葆活力。在这方面，河南汝州家电卖场给我们做出了表率。（资料来源：http：//www. ce. cn/cysc/zgjd/kx/200911/23/t20091123_19930994. shtml）

第四节 公共关系与消费心理

公共关系是社会组织以现代传播沟通为手段，以建立互利合作的公众关系为重点，以塑造良好的组织形象为目标的管理科学与经营艺术。对公众了解的程度，对公众心理规律的掌握程度都直接关系到公关活动的成败，公关界无数实例也无不证明“公关战”即“心理战”。

一、消费者公众的心理特征

要建立良好的公共关系，公关主体就必须要与各类公众建立良好的合作关系，其中最主要的就是消费者公众，因此我们必须了解消费者公众的心理特征。

（一）企业良好的信誉和形象是吸引消费者的基础条件

现代社会，企业之间的竞争不仅是技术和经济实力的竞争，而且还表现在企业信誉的竞争。企业信誉不仅是企业文明经商、职业道德的反应，也是企业经营管理、工艺设备、技术水平、人才智力等企业素质的综合反应。

企业形象是公众对于企业的总体评价，是企业的表现与特征在公众心目中的反应。认知度、美誉度与和谐度是评价企业形象好坏的基本指标。认知度是指一个企业被公众认知、知晓的程度，包括被认识的深度和广度两个方面；美誉度是一个企业获得公众赞美、称誉的程度；和谐度是一个企业在发展运行过程中，获得目标公众态度认可、情感亲和、言语宣传、行为合作的程度，是企业从目标公众出发开展公共关系工作获得回报的体现。良好的企业形象是企业无形的资产和财富。消费者在购买选择过程中会倾向于购买信誉高、形象好的企业生产的产品，企业树立了良好的信誉和形象之后，又能促进消费者对本企业的信任和依赖；或者通过消费者相关群体之间的口碑宣传，取得更多的消费者对本企业的良好信誉和形象的认同，久而久之，就会形成一定的消费者忠诚度。

（二）双向信息交流与沟通是掌握和引导消费者公众心理变化的基本手段

公共关系是企业运用传播手段，与社会公众沟通信息，在公众中树立企业良好形象、建立信誉的过程。传播是人们之间共同分享信息的活动，既包括传递信息的过程，又包括接收信息的过程，是双方建立共识、共知、共感的过程。信息传递的基本环节是表达和理解。公共关系的信息交流必须是双向的、全面的，必须是建立在掌握公众信息，了解公众信息需求的前提之下的信息交流。所传递的信息应该是真实的、能够满足消费者需要的、能够引起消费者关注并参与讨论的。与此同时，公共关系信息交流必须敏锐地反映外界信息，同时将企业的信息及时向外界传递。此外，还要讲究传播技巧，传播者素质和传播经验是决定传播是否能取得预期效果的首要因素。信息交流与沟通一方面可以加深企业与消费者的感情与业务联系，使企业形象价值越来越高，另一方面能进一步了解消费者需求，促使企业提供更加适销对路的产品和更优质的服务。

（三）及时解除消费者公众的疑虑

消费者公众的购买疑虑来自多个方面，包括产品质量、产品价格、售后服务等方面。疑虑的产生有些是由于销售人员不能有效证明产品该方面信息，或者企业没有及时处理消费者投诉导致消费者在重复购买的过程中产生疑虑。因此，消除消费者公众的疑虑应做到对症下药。如果是由于前者造成的疑虑。企业应及时出具相关证明，如产品保证书、售后服务维修保证以及价格最低的承诺等。而对于后者，企业要做到及时处理消费者投诉，在稳定老顾客的同时，缩小抗诉影响。

（四）通过消费教育培养消费者忠诚度

培养顾客忠诚度是许多企业顾客管理工作所追求的目标。而培养消费者忠诚度的途径之一就是企业要坚持长期的消费教育和消费引导，在消费者中培养起本企业产品和服务的崇拜者，使之成为企业的忠诚顾客。比如通过广告或其他媒介的宣传，让消费者知道如何去辨别相关产品的真伪，帮助消费者正确识别企业产品大的防伪标识；对于新产品和新的服务项目，则要通过消费教育培养消费者新的消费观念或新的消费需求。

（五）强化能促进消费者行为的学习过程和决策过程

在消费心理学中，把增强某种商品与消费者反应之间的联系叫做强化。消费者由于强化的原因，可能对某种事物学习得更快，也可能使他停止某种学习；强化既可使他再次产生某种行为，也可能使他对某种商品产生过几次购买行为后突然中断。消费者行为的强化因素很多，不仅包括商品本身的特点，还包括一种人际关系的因素，即消费者与营业员之间的关系是否融洽。通常，消费者喜欢再次到服务态度好的商店购买商品，对于那些曾经给过他们难堪的商店，除了消费者需要的商品只在这家商店才能买到的情况外，他们很难再次光临。

（六）消费者公众之间的相互关系影响着消费者心理的变化

消费者的消费活动和购物活动都不是孤立存在的，而是相互间存在着一定的关系。人们的消费心理、消费行为必然受到其相关群体的影响。如消费者为了购买某种商品，常常与其亲朋好友进行商量，这种消费者之间的沟通交流对消费心理的影响程度要远远大于大众传媒中的广告对于消费心理的影响。

二、公共关系心理策略

（一）增强消费者的认知

消费者对企业的认知是指他们对企业行为的知觉、印象、记忆、想象、判断和理解。消费者对企业形象的认知和信息接受，是消费者心理活动的开端。企业形象的好坏一方面决定于企业自身的行为，另一方面也决定于消费者对它的认知程度。要增强消费者对企业的认知，应从以下几个方面开展工作。

1. 增加企业透明度

企业透明度是指企业的管理决策及其日常行为能被公众感知的程度。消费者只有对企业活动看得清、看得准，才能在全面认知的基础上与企业保持良好的合作关系。在企业公共关系工作中，增加企业的透明度，必须提倡“玻璃屋式”的经营管理做法，以便让广大消费者更详细地了解企业的全貌。

2. 努力培养企业的特色

一般来说，企业特色越明显，就越容易引起消费者的注意，而且越能在消费者心目中流下深刻的印象。尤其现在消费者挑选商品的余地越来越大，企业要让消费者在众多商品中选择到自己的产品，就应该逐渐培养起企业自身所独有的特色。企业经营活动的每一个方面都可以形成特色，比如产品、企业形象等。

3. 重视企业给消费者的直接印象

企业留给消费者的印象有：真实的企业形象、想象的企业形象和隐含的企业形象。真实的企业形象存在于消费者与企业的直接接触中；想象的企业形象存在于广告宣传与推广活动中；隐含的企业形象存在于企业从事的某些象征性行为中。宣传广告或其他象征性活动对促进消费者印象有一定的效果，但其作用是间接的，而且最终将被真实的企业形象所取代。因此，企业要创造良好的公共关系，不但要善于开展广告宣传，还要善于督促企业的相关部门注意给消费者留下良好的直接印象，让消费者亲身体验和实地掌握企业在产品和服务方面提供的可靠信息。

4. 重视消费者对企业产生的第一印象

从消费者的认识规律来看，人们对认知对象的第一印象很重要，这就是所谓的先入为主的心理现象，属于一种心理定势。消费者对某企业有一个好的第一印象，以后很可能会长时期保持这一印象；反之，如果消费者对该企业的第一印象很差，则以后很难改变这种不良印象。

5. 增强与消费者的沟通交流

企业与消费者的沟通可以采取面对面的直接交流形式，也可以采取非面对面的间接交流形式。直接的面对面的交流有定期或不定期的新老顾客茶话会等形式，会上企业代表与顾客畅所欲言，为企业的发展献计献策。非面对面的间接交流形式较多，比如企业会定期向消费者邮寄广告、贺卡和意见征询表等资料，一方面将企业的信息即时传递给消费者，另一方面通过抽奖、有奖竞猜、获赠免费纪念品等形式提高信息的回复率，即时掌握消费者的信息，为以后双方进一步沟通创造条件。

（二）激励消费者的动机

动机是消费者为了满足一定的需要而产生的兴趣、意愿和期望。消费者动机是消费者为了满足需要而产生的对某一个企业的一种心理。企业要激励消费者的动机，可以运用以下策略。

1. 树立良好的企业信誉

树立企业信誉的公共关系工作可以分为进取型、预防型和治疗型 3 种类型。进取型即积极树立企业信誉，扩大企业的影响；预防型即消除各种可能有损于企业信誉的隐患，保持企业的良好信誉；治疗型即当出现企业信誉受损害的情况时，采取有效的补救措施，转变顾客态度，挽救和恢复企业的信誉。

2. 联络消费者公众的感情

企业要重视对消费者的感情投资，尤其是对企业的老顾客和忠诚顾客，适当的感情投资是对他们长期支持企业的一种回馈，也是为了满足消费者一项最基本的心理需求。在日常工作中，感情投资不受时空条件的限制，与有形的物质联系相比，情感投资产生的作用更持久。企业可以通过参加适当的社会活动来实现感情投资，如赞助社会公益活动，不仅可以向外界企业显示企业实力，还可以在感情上缩小与消费者的距离。

（三）转变消费者的态度

消费者对于企业的态度不是天生的，而是在社会环境及其日常生活中经过学习逐渐形成的。企业可以通过各种宣传、沟通活动，逐渐改变消费者的态度。但要注意的一点是，除非必要，企业不要“明目张胆”地去改变消费者的态度，即不能明确指出消费者的错误之处，那样做对企业没有任何好处。

1. 克服消费者公众对企业的偏见

消费者公众的偏见必然导致不正确的态度。因此要转变消费者因偏见而产生对企业的不利态度，应从消除偏见做起。首先须研究不同消费者对企业经营的哪些方面最敏感，或者是企业采取哪种做法最容易消除消费者的偏见。其次是通过增加透明度的方法，使消费者在必要的时候能够更全面地了解企业。

2. 利用权威的力量转变消费者的态度

权威就是在处理和解决问题时，对消费者的态度和行为有影响的人物。尊重权威是人们普遍具有的一种心理。企业在公共关系活动中所启用的权威应该是企业界、经济界、金融界或政府部门的权威人士，这些人虽然数量较少，但却可以起到短期内聚集公众舆论的作用。他们的评价往往会在很大程度上影响公众态度。

3. 通过参与企业活动转变消费者的态度

吸引和邀请消费者参加企业活动，通过相互间直接的接触，可以提高消费者对企业的认知水平、增强与企业的感情联系，因而有利于转变消费者的态度。

4. 推广企业为顾客服务的形象

当今世界上经营卓越的企业，不论他们从事何种行业，都一律以“服务业”自居，以争取社会各界的信任和支持。这些公司以追求优质的服务为最高目标，同时，我们毫不讳言，企业收入的主要来源是靠向顾客提供服务。

5. 正确对待消费者的投诉

从某种意义上说，恰当地处理消费者投诉是最重要的售后服务。一个企业不能一方面在广告和促销活动上花巨资来达成交易和建立顾客忠诚度，另一方面却又对消费者的合理投诉置之不理。

（四）注重社会整体效益

社会整体效益包括了社会经济效益、社会生态效益和社会精神文明建设3个方面。企业经营所追求的经济效益要与社会经济效益保持一致，两者如果出现相互违背的情况，尤其当企业为了追求企业经济效益而损害社会经济效益时，不仅会使消费者的利益首先受到损害，而且会危及企业的长期发展。从长期来看，企业的生产经营活动不能损坏社会生态环境，即不能以损坏环境为前提为企业谋求利润最大化。

小案例：公共关系是指用于宣传或者保护公司形象或产品形象的一系列活动，蒙牛深谙公关之道，知道在“注意力经济”时代如何吸引公众的眼球，它总能传递出极具新闻价值的信息，故一直处在焦点的中心。从创业历程、打造中国乳都、中国航天员专用乳制品、香港上市的第一家民企红筹股，直到蒙牛酸酸乳超级女声、蒙牛赞助奥运等事件，无不引起媒体争相报道，掀起一阵又一阵的宣传热潮。据不完全统计，最近几年里，关于蒙牛的媒体报道多达数万篇，单单2005年9月5日这一天，网络上关于蒙牛的新闻就多达30多条。随着蒙牛酸酸乳超级女声成了国内众多媒体报道的热点，由蒙牛集团副总裁孙先红所著的《蒙牛内幕》这本书更是激起了各界人士对蒙牛企业的极大兴趣与关注。

蒙牛之所以能一直引发媒体的持续关注，跟该企业重视公关、注重加强与媒体之间的联系是分不开的，蒙牛内部有句口号：媒体无大小，新闻无小事。从这句话可以看出蒙牛对媒体以及新闻的态度，无论大小媒体，蒙牛都与之维持良好的关系，并且十分重视新闻传播对企业及品牌形象的影响，擅长从与企业相关的大大小小事件中提炼出有助于提升企业品牌知名度和美誉度的新闻亮点，并且将其写成稿件，主动定期给媒体发送。这样做的结果是：蒙牛不仅成为了全国家喻户晓的知名品牌，而且其发展迅猛、诚信对待消费者、积极参与公益事业的正面品牌形象牢牢地被树立在了全国消费者的心目中。

为了尽可能地避免外界给企业所带来的负面影响，在处理与竞争者间关系方面，蒙牛同样做得极为出色，例如蒙牛曾提出自己将“争创内蒙古第二品牌”，与其他企业一起共同打造中国“乳都”，在其冰激凌的外包装上，蒙牛打出过“为民族工业争气，向伊利学习”的字样，出资树起过“千里草原腾起伊利、兴发、蒙牛乳业”的广告牌，为竞争对手免费做广告，防止了两败俱伤，为自己赢得了更宽松的发展空间。（资料来源：http：//www. jinlicehua. com/bbs/dv_rss. asp? s = xhtml）

【本章小结】

本章主要分析了促销组合与消费心理的关系。

广告的心理功能主要有认知功能、诱导功能、教育功能、便利功能、促销功能。广告的心理策略是运用心理学的原理来策划广告，诱导人们顺利地完成消费心理过程，使广告取得成功。常用的增强广告效果的心理策略有：引起注意、促进联想、增强消费者记忆和增进情感，以及广告诉求的心理策略、广告媒介选择的心理策略。

人员推销是指企业通过派出推销人员与1个或1个以上可能成为购买者的人交谈，作口头陈述，以推销商品，促进和扩大销售。不同的客户对待推销人员有着不同的心态，依据客户对推销人员的态度可将客户划分为不同类型。顾客异议是指客户对推销人员、推销品或推销活动所表现出的各种怀疑、否定或反面意见。顾客异议主要有需求异议、财力异议、权力异议、价格异议、产品异议、推销者异议、货源异议、购买时间异议。顾客异议产生的心理根源包括客户的认知、情绪、行为障碍。顾客异议转化须采取相应的心理策略。

营业推广又称为销售促进，是指在短期内采取一些刺激性的手段（如赠券、折扣等）来鼓励消费者购买的营销活动。营业推广可以使消费者产生强烈的、即时的反应，从而提高产品的销售量。营业推广常用的心理策略有免费赠送、优惠券、现场演示、价格折扣和有奖销售。

公共关系是社会组织以现代传播沟通为手段，以建立互利合作的公众关系为重点，以塑造良好的组织形象为目标的管理科学与经营艺术。要建立良好的公共关系，要求公关主体要与各类公众建立良好合作关系，其中最主要的就是消费者公众，因此，我们必须了解消费者公众的心理特征及公共关系心理策略。

【复习思考题】

1. 广告有哪些心理功能？广告的心理策略有哪些？

2. 客户对待推销的心理反应类型有哪几种？

3. 顾客异议产生的心理根源是什么？如何转化顾客异议？

4. 公共关系的心理策略有哪些？

【案例分析】

脑白金促销

不管消费者、业内人士对脑白金有着怎样的非议，但是作为单一品种的保健品，脑白金以极短的时间迅速启动市场，在2～3年内创造了十几亿元的销售，而且持续了近10年不倒，也可堪称保健品中的“佼佼者”。

从操作手法上看，脑白金和三株、太阳神、沈阳飞龙等曾经红极一时的保健品大体雷同，首先是给产品一个独特的“功效包装”，然后就是铺天盖地的电视广告+发软文+炒新闻，以增强市场的注意力、提高产品的知名度。如果说有不同，那就是脑白金扎扎实实的网络和终端，这是使脑白金品牌更持久的一个很重要的原因。脑白金网络和终端主要体现在两个方面：一是终端开发和维护管理。明确厂家和经销商的责权利，保证经销商利益。例如明确不同终端的厂家和经销商的供货范围；二是大中型终端销售的“推、拉”管理。“拉”的方面，要求大、中型终端必须有横幅、大POP、招贴画、在门口挂新产品介绍牌等宣传品，保证终端氛围；“推”的方面，是对大、中型终端营业员和导购员进行严格的公司和产品知识培训，经常举办营业员的产品知识有奖联谊会、有奖促销问答以及设立产品陈列奖，使营业员主动、细致地向顾客推荐产品。脑白金在产品和品牌诉求定位、整合传播以及终端销售协同的系统性方面，堪称国内保健品营销的典范。“送礼就送脑白金”的广告语使脑白金家喻户晓，此后又推出“脑白金里有金砖”，使脑白金不仅有了“健康品”的内涵，更有了带来意外财富的希望，进一步提高了顾客的消费兴趣。

分析讨论：脑白金促销是如何迎合顾客的消费心理的？

【实训练习】

1. 在媒体中找出两则广告诉求不当的例子并加以分析。

2. 模拟各种顾客异议转化的场景。

第九章
购物环境与消费心理

【学习目标】

(1) 了解商店选址的基本原则，掌握选址的策略；

(2) 了解橱窗设计的基本心理，掌握商品摆放的心理效应；

(3) 掌握服务环境与消费者心理的关系。

【建议学时】 6课时

【导入案例】 张小姐是典型的逛街一族。她喜欢逛商场，每逢周末，只要没有其他的事情，逛街总是她的首选。她最喜欢去的商场是新世界百货，因为她喜欢那里的风格。名牌林立、淡雅的色彩、背景舒缓的轻音乐、空气中弥散的沁人心脾的香味、售货员化了妆的青春的面容，还有许多从身边走过、打扮入时的女孩子，从她们身上，她可以轻而易举地知道今年流行什么样的鞋子、什么样的长裤，还有裙子的长短、款式，这为她如何装扮自己提供了很好的参考……她并不是每次都会买东西，但即使是闲逛，她也喜欢待在这里，因为她觉得置身这样的环境中，就是一种享受。无论她有多疲惫，或是心情有多糟，只要一跨进商场的大门，她就会立刻精神焕发、力量倍增，连她自己也不知道这股神奇的力量从何而来。我们常常可以看到汽车保险杆上或是T恤衫上印有“在你疲惫的时候去逛商店”或“生来就喜欢逛商店”之类的文字。逛商店已经成为许多张小姐这样的消费者工作之余的一项主要活动。（案例来源：《消费心理学》，耿黎辉主编，西南财经大学出版社，2004）

零售商店作为分销渠道的终端，对于消费者的感知、认知及行为非常重要。有的商店通过准确的市场定位来吸引消费者，而有的商店则通过自己独特的设计和布局来树立在消费者心目中的形象和地位。瞬息万变的市场需求将商业竞争不断推向新的高度，这就要求设计者和管理者不断研究商业经营活动的新特点，以及商场购物环境和营销设施的新要求，充分考虑商场经营中的可塑性。

第一节 对购物环境的认识

一、购物环境的含义

购物环境包括两个方面：一是硬环境，即商店的各种设施和装潢；二是软环境，即服务质量和服务态度，因此，购物环境是商店提供的一种客观状态。从客观方面来看，购物环境通过其空间、结构、灯光、色彩、人员促销、良好的服务来烘托出一种氛围；从主观方面来看，购物环境则是一定的气氛或情调，使消费者在购物过程中产生一种特殊的心理感受。

因此，对购物环境的认识我们需要把握以下几点。

(1) 购物环境是一种主观心理感受。这就是说，购物环境既不是指商场建筑、店前广场、货架产品等实物性载体，也不是豪华的装饰、周到的服务这些外部表现，而是消费者在购物过程中的心境体验。

(2) 购物环境的创造必须依托一定的载体和外部表现。没有这些条件，环境就处于一种原始的随意状态，因而无法实现销售的目的。

(3) 购物环境应该表现出时代发展的特点。随着人们休闲消费、绿色消费等观念的出现，购物环境应该适应新的消费心理需要，突现个性化的风格。

(4) 由于收入、职业、社会地位和受教育程度的差异，不同消费者的消费心理并不一样，对购物环境的要求也不一样，因而会对同样的购物环境产生不同的评价。通过系统性地确认习惯场景，商家可以依据目标消费者的特点来营造购物环境。

(5) 消费者对购物环境的评价是相对的。在现实生活中，人们对相同的商店环境往往会做出不同的评价，因为评价必须有标准或是参照物，而这种标准或参照物来自消费者的经历，或是特殊的社会背景。

二、购物环境的要求

购物环境分为物质环境和情境环境两部分。物质环境包括地点、产品陈列、临街外墙装修、公共设施、门窗、牌匾、招牌、标志、集散场地等因素，情景环境包括商店灯光、音乐、气味、色彩等因素。对于物质环境，无论任何业态的卖场，都希望能创造一种吸引消费者的注意力并使其产生兴趣，然后进入卖场的氛围。而对于情景环境，经营者则希望通过提供一种“消费者是上帝”的感觉和舒适惬意的店堂环境，来延长消费者在店堂内滞留的时间，提高消费者的购物兴趣和交易的成功率。对于那些想要“抓住消费者的心”的商业经营者来说，创造一个好的购物环境是相当重要的。要实现这一目的，可以参考如下几个方面。

(1) 重视企业形象管理。注意卖场外环境和卖场性质吻合，让消费者觉得这就是他想要去的商店。商店的设计要符合大多数人的审美情趣，使卖场外环境具有亲和力。

(2) 重视店前广场和店面建筑对商店内涵和个性的昭示。要让消费者在店外就能分辨“这是一家卖什么东西的商店”，橱窗的陈列就要具有鲜明感和通透性，商店的招牌要醒目、别致，给人以美的感觉。

(3) 充分了解商店所在地区的文化、民风、民俗、使历史传统背景，从社会学和心理学的角度，精心策划和创造出一种人文环境，使消费者感受到一种亲和力。

(4) 合理科学的产品陈列。满足消费者需求，减少消费者寻找、挑选所需产品的时间和付款时间，比如采用简便的付款取货程序或是安装自动取款机等。

(5) 均匀、科学地分布客流，科学、合理地安排时间和空间为消费者创造安全、适宜的购物氛围。

(6) 凡是消费者在购物环境里能想到的各种要求，都尽量以恰当的方式予以满足，比如提供休憩的场所、娱乐的场所、就餐的场所、儿童戏耍的场所、干净宽敞的洗手间等。

(7) 店面的装饰要高雅、色彩要柔和，并配以音乐，让消费者感到轻松、愉悦。

(8) 安全性也是一个必须考虑的因素。防盗、防火、卫生等措施的实施都必不可少。

小资料：随着社会经济的不断发展，人们的需求层次逐渐提高，人们在进行消费时不但注重产品提供的物质享受，更注重精神享受。而精神享受主要来自于消费者的消费购买过程，因此消费者不管买什么，都会在其中寻求娱乐的成分。这种通过消费或购买过程能享受到乐趣的消费便被美国娱乐业顾问、经济学家沃尔夫称为“乐趣导向消费”。许多对营销手段运用娴熟、关注消费者需求变化的企业，都纷纷在营销活动中引入娱乐的成分，“乐趣导向消费”将成为营销发展的新趋势。消费者希望购买产品能够给自己带来轻松休闲的享受。因此，在多数商家的服务、功能都差不多的情况下，只有提供一整套的服务，特别是增加休闲娱乐方面的附加价值，才能吸引消费者。

麦当劳的总裁这样宣称：“切记，我们不属于餐饮业，我们是娱乐业。”麦当劳提供了一个令人愉悦的进餐环境，而且进餐的小朋友们还可以得到成套新奇的玩具。与中式快餐相比，麦当劳、肯德基这类快餐店不仅是吃饭的地方，它更是儿童娱乐休闲的场所，它所具有的娱乐休闲功能是吸引长辈们带着孩子经常光顾的重要原因。肯德基里几乎每天都有小朋友的生日聚会，在这里过生日，已经成为许多孩子独特的体验，为他们留下了难忘的回忆。

杭州一家台商所创办的麦田村餐饮仅用了短短几年的时间就由一家店铺发展为拥有几十家连锁店的集团公司，生意非常红火。麦田村提供的都是中式小食品，其成功的秘诀在于它将麦田村定位为一个休闲娱乐场所，倡导“饮食之外，做你自己”，消费者除了可以在这里进餐之外，更可以约上几个朋友来打打牌、聊聊天，放松放松。这种做法很受有一定文化的年轻人的喜欢。

现在，许多零售商家开始懂得利用娱乐功能来吸引消费者，促销自己的产品。广州的“天河城广场”、北京路、上下九路，就是因为营造了一个集购物、游玩、美食于一体的舒适的购物环境，才能每天吸引成千上万的顾客。至此，我们可以更深刻地理解为什么“旅游”和“购物”总是结合在一起而成为“旅游购物中心”了。(资料来源：《消费心理学》，耿黎辉主编，西南财经大学出版社，2004)

第二节　购物的物质环境与消费心理

一、商店选址与消费心理

商店选址是指在组建商店之前对商店的地理位置进行调查和分析，最终选择经营场所的过程。俗话说：“一步差三市”。与其他行业相比，商品流通企业的地理位置是商业企业成功的主要因素。

（一）商店选址的基本原则

1. 方便顾客购物

满足顾客需求是商店经营的宗旨，因此商店位置的确定，必须首先考虑方便顾客购物，为此商店的选址要符合以下条件。

(1) 交通便利。车站附近是过往乘客的集中地段，人群流动性强、流动量大。如果是多个车站交汇点，则该地段的商业价值更高。商店的位置如选择在这类地区就能给顾客提供便利的购物条件。

(2) 靠近人群聚集的场所。如影剧院、商业街、公园等地，可以让顾客享受到购物、休闲、娱乐等多种服务，是组建商店的最佳选择地点。但此类地段属经商的黄金之地，费用大，竞争性也强。因而虽然商业效益好，但并非适合所有商店经营，一般只适合大型综合商场或有鲜明个性的专业商店的发展。

(3) 人口居住稠密或机关单位集中的地区。由于这类地段人口密度大且距离较近，顾客购物比较方便。商店地址如选在这类地段，会对顾客有较大吸引力，很容易培养忠实的消费者群。

（4）符合客流流向规律的人群集散地段。这类地段顺应顾客的生活习惯，自然形成“市场”，所以能进入商店购物的顾客人数多、客流量大。

2. 有利于商店开拓发展

商店选址的最终目的是要取得经营的成功，因此要着重从以下几方面来考虑。

（1）有利于企业长期发展。商店选址时不仅要分析当前的市场形势，而且要从长远的角度考虑是否有利于扩充规模，是否有利于提高市场占有率和覆盖率，并在不断增强自身实力的基础上开拓市场。

（2）有利于形成综合服务功能，发挥特色。不同行业的商业网点设置对地域的要求也有所不同。商店在选址时，必须综合考虑行业特点、消费者心理及消费者行为等因素，谨慎地确定商业网点所在地点。

（3）有利于合理组织商品运送。发展现代商业，要求集中进货、集中供货、统一运送，这样有利于降低采购成本和运输成本、合理规划运输路线。因此在商店位置的选择上应尽可能地靠近运输线，这样既节约成本，又能及时组织货物的采购与供应，确保经营活动的正常进行。

3. 有利于获取最大的经济效益

衡量商店位置优劣的最重要标准是企业经营能否取得好的经济效益。因此商店地理位置的选择一定要有利于经营，这样才能保证最佳经济效益的实现。

知识链接：家乐福的法文意思就是“十字路口”，而家乐福的选址正体现了这一理念。因此，家乐福在规模扩张过程中，每次开设新店，选址都要经过周密的调查和认真的市场分析后再进行决策。一般来说，家乐福总是把发展重点锁定在一些大中城市，因为这些城市人口密度高、消费能力强，易于商业渗透。在具体店址的选择上，家乐福也有其独到之处，基本都是选择城市的一些道路宽敞、交通方便的黄金地段开设新店，而很少在一些居民小区或其他地点选择店址。家乐福的决策者认为，在城市的十字路口开店，其商圈所形成的辐射半径和辐射能力会更大，商业盈利空间也就更大。家乐福的成功经营足以证明其决策的正确性。

为保证能够吸引当地顾客，家乐福在开设每一家新店前都要进行细致的市场调研。当地的生活方式、消费水平、人口增长、居住条件、都市化程度、风俗传统等都在考察之列。一个小组进行此项工作的同时，另一个小组便与当地行政部门建立关系，并着手选择商品供应商，一般情况下，这项工作要用两年的时间。对当地条件极强的适应能力使家乐福在开店的各个国家都能够做到买卖兴隆。（资料来源：《消费心理学》，新世纪高职高专教材编审委员会组编，大连理工大学出版社，2007）

（二）商店选址的策略

店址的选择要注意“天时”“地利”“人和”，只有这样才能不断地吸引顾客，获得长远的经济效益。因此店址的选择应采取以下策略。

1. 有效地进行商圈分析

零售商店在选址时，一个合适地点的选择就是一个至关重要的决策，位置一旦决定，在一定程度上就意味着长期性。选址时，首先要明确商圈范围，评估经营效益，然后确定大致地点。所谓商圈，是指以商店所在地为中心，沿着一定的方向和距离扩展的、能吸引顾客的范围。简单地说，就是经常来店的消费者所居住的地理范围。投资者在进行选址时，要重点考察商圈内的人口密度、居住人群的结构、购买力的大小、竞争对手的数量、交通枢纽地带的每日客流量、城市基础设施等情况。

2. 根据主营商品来确定选址区域

营业地点的选择与主营商品及潜在客户群息息相关，各种商品均有其不同的特点和消费对象，商业繁华区并不是唯一的选择。仓储式大卖场一般选择在远离闹市、交通便利的地区边缘地段；体育用品店除闹市区外还可开在大学校园附近等。所以，这就要求我们的经营者首先要对自营产品及目标消费群体有清醒的认识。

3. 考察店址的地理环境选择开店地区

开店地区选择，是指零售商店选择设在哪一级商业区或商业群中。这主要应根据消费者对不同产品的需求特点和购买规律而定（见表9-1）。

表9-1 零售店开店地区选择

商品类型	购买心理	开店地区
普遍、经常性需求的产品	购买频繁，希望购买方便	设在居民区商业街中，辐射范围300米以内，步行时间在200分钟以内
周期性需求的产品	定期购买，购买量少，希望能广泛地比较选择	设在商业网点相对集中的地区，如地区性商业中心或交通要道、交通枢纽的商业街
耐用消费品	一次购买长期使用，购买频率低，需反复比较权衡	要求商圈范围大，设在客流集中的中心商业区或专业性的商业街道
特殊品	购买具有偶然性，购买频率很低，消费者分散	

零售商的开店地点是决定其能否吸引消费者的关键因素。由于客流量大和店面租金高之间的矛盾，零售商必须为自己的商店选择最有利的地点。对设店地点，可以用不同的方法进行评估。①统计交通流量，分析消费者是否容易到达开店地点，分析附近是否有公交车站，是否有停车场等。②调查客户购物习惯，分析开店地点的客流类型，是专门来店购物，还是附近商店形成的客流或是顺路过来看看。③考虑商店的相对集中程度，是避开竞争对手还是利用竞争对手。④选择能见度高的地点开店。⑤了解开店地区城市规划，考虑开店地点的发展前景。

此外，零售商可以通过以下 4 个指标来评估某个商店的销售效益：①平均每天经过的人数。②来店光顾的人数比例。③光顾的人中购货消费者的比例。④每次购买的平均金额。

商店选址时既需要科学考察分析，同时又应该将它看成一种艺术。经营者应有敏锐的洞察力，善于捕捉市场商机，用出奇制胜的策略、与众不同的眼光来选择商场位置会得到意想不到的收获。

知识链接：全美洲最大的零售企业“沃尔玛”联合商场的总经理萨姆·沃尔顿就是采用“人弃我取”的反向操作策略，把大型折价商场迁到不被一般商家重视的乡村和小城镇去。因为那里的市场尚未被开发，有很大潜力，同时又可回避城区商业日益激烈的竞争，这一战略使得它成为美国国内的头号零售商。现在的一些零售商，如麦当劳公司、卡玛特公司纷纷效仿沃尔玛公司的战略，将新商店设在小城镇而不是大城镇的繁华地带。然而，许多零售商并没有像他们所想象的那样受到热烈欢迎，尤其是在美国东北部的小城镇，因为那里有很多商人和居民都担心大零售商会削弱当地小零售商的基础、制造出交通问题以及破坏城市的历史特征。沃尔玛也曾遇到过类似的麻烦，但是它通过提供美发沙龙、旅游代理、药品和食品店，把原来一般小城镇都有的零售店转变成了一个单一的零售点，成功地实现了其经营战略。

新加坡著名华商董俊竞创建“诗家董”百货集团，在商场选址问题上，他力排众议，选择人们普遍认为风水不好又面对坟场的乌节路地段作店址。后来这里很快成为商家云集之地和世界上租金最昂贵的地段之一，“诗家董”的生意也越做越红火。董俊竞之所以不信风水选这块地做店址，主要是注意到每天都有不少外国人通过乌节路到城里去，乌节路很有可能发展为交通要道。（资料来源：《消费心理学》，新世纪高职高专教材编审委员会组编，大连理工大学出版社，2007）

二、橱窗设计与消费心理

商店橱窗是商店外观的重要组成部分，是以经营商品为主体，巧用布景、道具和画面装饰作衬托，并配合灯光、色彩和文字说明进行商品介绍和宣传的工具。一个好的商店橱窗，可以形象直观地向消费者展示商品，并激发消费者的购买欲望。

（一）橱窗设计的心理功能

一般说来，橱窗设计对消费者心理活动往往会产生以下作用。

1. 激发兴趣

橱窗陈列的最大特点是以商品的实物形式向消费者做宣传介绍。由于商店经营的商品种类繁多，商店只能精选有代表性、最能吸引消费者注意力的商品在橱窗中陈列，并根据当前消费的热点或流行趋势，把热门货或新推广的商品摆在显眼的位置上。这样不但能给消费者提供一个经营项目的整体形象，还能为消费者带来新奇感，从而引起消费者对商店的注意，并对产品产生浓厚兴趣。

2. 引发情感

在橱窗陈列中，选择好商品固然重要，但若仅是将孤立的商品随意堆砌罗列是难以吸引消费者的。橱窗设计应运用多种手段、精心构思，在体现商品特色的同时，运用各种富有感染力的表现形式，给消费者留下深刻的印象，并引发他们对商店、产品的积极情感，从而促进他们的购买行为。

3. 增加信任

橱窗在展示商品的时候，能如实地介绍商品的效能、用途、使用和保管方法，直接或间接地向消费者提供商品质量、性能等信息，这可以让消费者获得对产品直观、整体的印象，提高其选购商品的积极性，并在无形中向消费者暗示商品的优良品质和使用效果，使消费者建立起对产品的信任感，从而增强其购买商品的信心。

小资料：橱窗的布置是许多著名的大商店非常重视的一件大事，特别是珠宝商家。美国最有名的珠宝大公司“蒂凡尼”，它坐落在纽约第五大道最繁华的路段，大门外两侧墙壁的面积，足足有12幅宽影幕大，而它的橱窗却仅仅只有一个手提公文箱那么小，里面只摆了一件首饰。毫无疑问，墙壁与橱窗颜色的对比、情调、比例及格局，都是经过艺术家精心设计的，一种神秘感油然而生，过往行人都要驻足探密。距此名店不远还有一家叫“劳伦泰勒”的高档珠宝礼品店，它的橱窗在每年圣诞节的前一个多月就蒙上了彩布，艺术家按其一年一度的设计方案，在里面精心布置，当持续一周左右的圣诞节购物高潮开始时，在乐队的伴奏下、摄影师镁光灯的闪烁中、翘首期盼的观众的欢呼声里，橱窗帷幕徐徐拉开，瞬间产生的轰动效果是令人惊奇的，报纸、杂志的记者争相报道这一橱窗的艺术丰姿。这种精心设计、创意独特的橱窗，营造了一种高档、雅致的营销环境和购物氛围，并且已经在无形之中吸引了广大消费者的注意，起到了最好的广告效果。（资料来源：《消费心理学》，王官诚主编，电子工业出版社，2004）

（二）橱窗设计的心理策略

橱窗设计的好坏直接影响着消费者对商店和商品的第一印象，在设计橱窗时必须考虑消费者的心理特点，运用不同的技巧来吸引消费者驻足，并最终促成他们的购买行为。

1. 突出产品信息，方便了解产品

橱窗是消费者了解商店经营项目的窗口，人们在欣赏橱窗的同时也是为了获得商店和商品的相关信息。但橱窗所能向消费者传递的信息量是有限的，所以应当选择店内最具有代表性，或目前最具市场潜力的商品来进行摆放。同时，在设计橱窗时还要考虑能否突出展现商品最重要的特性，即商品的卖点，让消费者能迅速地了解商品的特色，从而吸引他们前来购买。

2. 制造艺术效果，带来美感享受

构图与色彩的设计运用是橱窗设计中举足轻重的环节。因此在橱窗的艺术构思中，必须努力组织一个单纯凝练、新颖独特的构图，设计一种清晰悦目、统一和谐的色彩搭配，这样才能很好地表现主题、装饰商品，从而有效地增强橱窗的艺术魅力，引起消费者的注意和兴趣，并使他们在观赏之时获得一定的艺术享受。

3. 渲染现场气氛，引发积极情感

橱窗设计还可以用借景抒情的艺术手法来体现主题，对陈列的内容进行间接的描绘和渲染，创造出诱人的意境，以引起消费者的美好联想，满足其情感上的需要，激发购买欲望。利用景物间接渲染橱窗一般可从商品的名称、性能、产地、原料、用途、使用对象和使用季节等有关方面挖掘其内在联系，抓住最能描绘、渲染商品的某个方面来进行构思，以达到渲染整个商店购物气氛的目的。

总之，橱窗设计要吸引、打动消费者，就必须把实用性和艺术性以及商品陈列和主题背景有机地结合起来，使橱窗设计带给消费者选购的方便感、商品的新鲜感、强烈的艺术感等心理效果。

（三）橱窗设计类型

按照对展示商品的陈列方式，橱窗可分为 5 种类型：

（1）综合式。它是将好多不相关的商品综合陈列在一个橱窗内，以组成一个完整的橱窗广告的陈列方式。由于商品之间的差异较大，设计时一定要谨慎，不能使之显得杂乱无章。

（2）系统式。如果橱窗面积较大，可以按照商品的不同标准组合陈列在一个橱窗内。

（3）专题式。它以一个广告专题为中心，围绕某一特定的主题，组织不同类型的商品进行陈列，向顾客传递这个主题，如世界杯陈列等。

（4）特写式。特写式是指运用不同的艺术形式与处理方法集中介绍某一商品。它适用于新产品、特色商品的广告宣传。

（5）季节式。根据季节变化把应季商品集中进行陈列，满足顾客应季购买的心理特点，有利于扩大销售。

三、招牌、标志设计与消费心理

招牌就是商店的名字，是用以识别商店、招徕生意的商店牌号。招牌作为企业形象设计的一部分，是以文字、图形、色彩为基本要素的艺术创作。它是沟通企业、产品和消费者的桥梁，在精神文化领域以其独特的艺术魅力影响着人们的情感和观念。如果一个商店的名称取得好，不但能使人一看就明白商店的性质、了解商店的经营特色，而且还可以给人以美的享受，从而吸引顾客。

（一）商店招牌命名的心理作用

消费者在逛街购物时，往往首先鉴别各式各样的商店招牌，选择自己喜爱或感兴趣的商店进入。商店招牌对消费者的知觉和情绪有很大作用。一块好的招牌往往能激发消费者的联想和想象，引起消费者的兴趣和注意。商店招牌对消费者的购买活动主要产生以下心理作用。

1. 引导与方便的作用

商店的招牌首先应与其主要产品或服务项目相符，使消费者一目了然，透过店名看出其经营特色，知晓其经营范围。显然商店招牌在客观上充当了消费者购买活动的向导，有助于消费者迅速地实现购买行为。因此，商店命名应尽量准确、全面地向消费者传递其经营的主要信息。但在为商店命名时，需要注意与该店的经营规模相适应，不能向消费者提供不确切的信息，以免在消费者了解实情后产生上当受骗的感觉。

2. 引起注意与产生兴趣的作用

繁华商业区商店云集、招牌林立，如何让消费者注意到自己的商店，并乐意前来光顾呢？使用新颖、独特、有趣的招牌名可以起到吸引消费者的作用。采用寓意良好或具有双关语义的招牌名能使消费者产生丰富的联想，从而对商店产生积极的情感。像钟表修理店取名“惜时”，使人深省，流光似水，确实该有一点“惜光阴”的紧迫感。也可以采用一些奇特的招牌名来吸引消费者，像某大学校外一家小菜馆取名为“太难吃”，生意却异常火爆。但也要注意不能为求吸引消费者而滥用他们的求奇心理，一定要在吸引消费者注意和兴趣的同时使之产生积极的情感。

3. 加强记忆与易于传播的作用

设计别具一格、易读易记，又与经营特色和服务质量相一致的商店招牌，往往会给消费者留下深刻的印象，并在消费者中广为传播，起着商业广告的作用。出色的商店招牌命名不仅能让顾客产生良好的心理效果，而且还能激发营业员的荣誉感和责任感，从而赢得消费者的喜爱，使商店的名声逐渐传播开来。

（二）商店招牌命名的心理策略

商店命名应力求言简意赅、清新不俗、易读易记，如果再加上招牌的用料、构图、造型、色彩等方面给消费者的心理影响，招牌将是一种吸引消费者的有力工具。从适应消费者心理的角度来说，招牌命名的心理方法主要有4种：

1. *以经营特色或主营商品命名*

这种命名方法或者反映商店的经营特色，或者反映主营商品的特性，因此能使消费者容易识别商店的经营范围，引导消费者购买行为的发生。以这种方法命名可以满足求速、求便的消费心理，从而达到招徕顾客的目的。如“北大门副食店”“廖记棒棒鸡”等。

2. *以本店经营宗旨命名*

这种命名方法通常反映经商者的经营理念、服务特色，使消费者产生对商店的认同感，并吸引他们前来光顾。此外，当一个招牌被消费者广泛接受和认可后，会跟品牌一样让消费者形成对该招牌或商店的忠诚，从而达到促进销售的目的。

3. *以历史名人或民间传说命名*

这种命名方式将历史内涵蕴于其中，体现了浓厚的文化气息，往往能博得人们的喜爱。当人们根据招牌名联想起相应的历史人物或传说时，会把历史人物和传说的特点跟商店联系起来，在缅怀历史的同时对商店产生跟历史人物和传说相联系的情感，从而产生光顾的意愿。如“会仙楼”“东坡酱肘店”等。

4. *以寓意美好愿望的词语命名*

这种命名方法能反映出商店愿意为消费者的生活提供实惠与乐趣，同时还对消费者寄予美好的祝愿，从而激发消费者积极的联想，并对商店产生美好的情感，以达到促进销售的目的。例如湘菜馆取名“湘亲湘爱”，不仅能引起湖南老乡的思乡情结，还能招徕情侣用餐。

总之，商店命名具有巨大的潜在心理功能，无论招牌采用何种表现手段，从艺术欣赏的角度而言，招牌除了必须满足特定的使用功能外，最重要的则是创意。这就要求在周密的调查研究基础上，利用各方面的条件，探索艺术表现的切入点，设计一个独具匠心、适应消费者心理的招牌，以求构思新颖、形象美观，并且耐人寻味，从而使其发挥最大作用，深深吸引消费者，从而实现自己的经营目的。

四、商品陈列与消费心理

商品的陈列是商店为了突出商品、吸引消费者的注意并方便消费者购买，对货架上的产品进行合理的搭配和摆放。合理有效的产品陈列，既可以激发消费者选购产品的欲望，又能增加消费者对商店的好感，同时还能减少销售人员的工作量（消费者提问次数减少）、缩短交易的过程、促进产品的销售。

小案例：这件事情发生在世界著名的连锁便利公司7—11，7—11的店铺一般营业面积为100平方米，产品品种一般为3 000种左右，每3天就要更换15～18种产品，每天的客流量有1 000多人，因此产品的陈列管理十分重要。

一位高中女生在7—11的店铺中打工，由于粗心大意，有一天在进行酸奶订货时多打了一个零，使原本只需进货3瓶的酸奶变成了30瓶。按规矩，多订的酸奶的费用应由那位高中女生自己承担，这意味着她1周的打工收入可能付之东流，这就迫使她想方设法将这些酸奶赶紧销售出去。经过一番冥思苦想之后，她灵机一动，把装酸奶的冷饮柜移到了盒饭销售柜的旁边，并制作了一个POP，写上“酸奶有助于健康”。令她喜出望外的是，30瓶酸奶不仅全部销售一空，而且出现了断货。谁也没有想到这位女生的戏剧性实践带来了7—11新的销售增长点。从此，7—11店铺中的酸奶冷藏柜便同盒饭销售柜摆在了一起。由此可见，商品陈列对于商品销售的促进作用是十分明显的。（资料来源：《消费心理学》，耿黎辉主编，西南财经大学出版社，2004）

（一）商品陈列的原则

1. 便于顾客挑选

依据商品的类别、款式、品牌、性质等因素进行分类陈列。不要将不同类别的产品堆放在一起，如不要将洗衣粉和食品放在一起，以免引起消费者的反感。

根据商品的形状、质地、外包装等特性的不同分别采用平铺、盛放、堆放、挂置、悬吊等不同的展示方式，以达到最佳的展示效果。

2. 商品正面朝向消费者

尽量把商品摆正让消费者容易观察商品。左右摆放的时候，需要以消费者的眼睛为中心进行陈列，商品正面可以放在与消费者眼睛直接相对的位置，但是左右摆放的商品应以站立的消费者为中心朝向消费者摆放，方便消费者看到商品的正面，这样才具有吸引消费者的作用。

陈列商品的“正面”必须全部面向通道一侧，每层陈列商品的高度与上段货架隔板必须留有一个手指的距离，每种商品之间的距离一般为2～3毫米。标签与商品对应摆放，即做到一货一签。

3. 商品显而易见

要达到使消费者一眼就能看到商品并看清商品的目的，需要注意商品陈列的高度、位置、商品与消费者之间的距离以及商品陈列的方式等。

尽可能地让消费者看到更多的商品，只有看到更多，才能买更多。但是这不意味着要把所有的商品都陈列在商场的黄金地段。新品种必须陈列在最显眼的位置，同时配置"新商品"的促销牌。促销牌摆放位置要求既能准确指示商品，又不遮挡商品。

4. 消费者伸手可取

商品陈列不仅要让消费者方便看到，而且还要保证消费者伸手可取，这是刺激消费者购买的关键环节。除了一些易受损失、易碎或者极其昂贵的商品之外，应尽量采用这种方式。在保证取出方便的同时，要保证放回原处也方便。如果一个商品很难放回原处，则消费者往往不愿意去拿，这样就会影响消费者购买的兴趣，甚至会导致商品受损。

5. 陈列商品应丰满

一般情况下，消费者在购买商品的时候，总是希望能够"货比三家"，而且只有通过在众多的商品之中进行仔细的挑选，才能产生成就感。根据这种心理要求，商品陈列应合理利用空间，尽可能展示更多的商品品种，但不应造成拥挤、杂乱无章的现象。可以将同类商品的不同款式、规格、花色的商品品种全部展示出来，以扩大可供顾客选择的范围，同时也给顾客留下商品种类齐全、丰富的好印象，从而提高商店的商品周转率。

商品的陈列一定要有规律和秩序，尽量使摆放的商品看起来丰富、品种多而且数量足。同时，商品之间还需要留有适当的空间，也可以将商品摆放成一定的图案或者形状，造成丰富的视觉效果。陈列摆放的商品要根据销售情况及时进行补充，并根据季节或者节日等的变化随时改变陈列的形式。

6. 必须确保商品陈列的安全性

外包装有摆放标识的商品必须按照标识要求摆放。体积大、重量大的商品应摆放在下层。货架层板必须摆放平稳、固定，层板上摆放的商品不得超重。商品展示不得超出货架，以防与消费者发生碰撞，不得随意拿取或更换用于保护商品的护栏。

（二）商品陈列的方法

1. 醒目陈列法

醒目陈列法是指使商品陈列醒目，便于消费者看到商品的陈列方案，它也是商品陈列的第一要求。要做到陈列醒目必须做到以下几点。

（1）位置。当消费者进店之后，就会不由自主地环视陈列的商品，而商品摆放位置的高低会直接影响消费者的注意和感受程度。因而商品陈列位置是否最佳取决于其是否醒目。一般来说，商品陈列的最佳醒目位置是与眼睛成直角的陈列位，消费者的眼睛以下到胸部以上的陈列位是陈列商品的最佳位置，商店必须充分利用这一黄金区域，防止不必要的空间浪费。

知识链接：通常，消费者在店内无意识的展望高度是0.7～1.7米，同视线轴大约成30度角内的商品最容易为人们清晰感知。在1米的距离内，视线的平均宽度为1.64米，在5米的距离内，视线的平均宽度达8.2米；在8米的距离内，视线的平均宽度就会扩大到16.4米。因此，商品摆放高度要根据商品的大小和消费者的视线、视角来综合考虑。

一般来说，商品摆放高度应以1～1.7米为宜，与消费者的距离约为2～5米，视线宽度应保持3.3～8.2米。在这个范围内摆放，可以提高商品的能视度，容易使消费者较清晰地感知商品形象。(资料来源：《消费心理学》，新世纪高职高专教材编审委员会组编，大连理工大学出版社，2007)

(2) 量感。数量少而体积小的商品一般不会引起消费者的注意，必须让体积小和形状固定的商品成群排列，集小为大以造成声势。有时可以利用错觉造成商品丰富的感觉，如水果店在斜着置放的平柜之后，放一面大镜子，商品看起来就丰富多彩了。

(3) 色彩和照明。很多商品和包装都具有丰富的色彩，这对于吸引消费者注意力是一个有利的条件。做好色彩配合，可使商品陈列给消费者留下赏心悦目的好印象。对灯光的要求是光源隐蔽、色彩柔和，避免过于鲜艳、复杂的色光，尽可能地反映商品的本来面貌，给人良好的心理印象。如食品橱窗的广告，用橙黄色的暖色更能增强消费者的食欲。

(4) 分清主次。商品的陈列不仅要追求美观，而且要有强有弱、有主有次。要将畅销的、受欢迎的、包装或者造型优美的商品作为陈列的重点，放在货架的黄金位置，以吸引顾客，再在周围摆放一些相关的商品，这样不仅能够扩大顾客的视线范围，而且能够增加商店的销售额。

2. 开放陈列法

顾客不会只看到商品就产生强烈的购买欲望，还需要对商品进行接触，满足其感官和心理的需要后，才会自主地购买。商品的陈列，应该方便消费者自由接触、选择、试穿、品尝商品，减少消费者的心理疑虑，降低购买风险，加强其购买决心。

在许多情况下，消费者最关心的并非是商品的价格，而是其内在的品质。如用大型图片展示1袋正在倒出的可可豆，这样的效果显然没有展示消费者品尝可可豆的情景好，因为消费者员关心的是可可豆的味道，而不是它的形状。因此在商品陈列之前首先应弄清楚消费者对该种产品已经了解多少，最想要知道的是什么。

3. 季节陈列法

季节性商品突出陈列。每当节假日前期，各大商场总会有相关节假日促销的商品被特殊陈列于卖场最显著的位置。这种集中陈列一方面可以渲染卖场的节日气氛，另一方面可以刺激消费者购买欲望。因为季节性商品都属于冲动性消费商品，在最醒目的位置陈列容易引起消费者注意，会大大增加商品的销售几率。

4. 组合陈列法

具有互补性关联的商品可以搭配陈列在一起。相关性商品的组合陈列可以有效地刺激消费者的购买欲望，形成连锁消费。在进行卖场促销品陈列时，可以将一些相互关联的商品一起陈列，比如球衣和球鞋、球拍和球、微波炉和微波器皿等。

5. 突出重点陈列法

在同一类商品中也许有几件较有特色的商品，为了突出展示这些商品，梯形展台能较好地满足这方面的需要。梯形展台上分多层陈列大小不同的盘子，背面用色彩相配的图案作底衬，并配以聚光灯照明，会产生引人注目的效果。

（三）商品陈列的技巧

商品陈列经常变化是零售店取得良好的销售业绩的途径之一，它能够使门店富有魅力，吸引众多消费者的目光。有调查表明，放满陈列可平均提高24%的销售额。具体应做到如下几点。

（1）货架每1格至少陈列3个品种（畅销商品的陈列可少于3个品种），保证品种数量。就单位面积而言，平均每平方米应达到11～12个品种的陈列量。

（2）当商品暂时缺货时，应用销售频率高的商品来临时填补空缺商品位置，但应注意结合商品的品种和结构之间关联性。放满陈列只是一个平面的设计，实际上，商品是立体摆放的，更细致的研究在于商品在整个货架上如何立体分布。系列商品应该呈纵向陈列，如果它们横向陈列，消费者在挑选某个商品时，就会感到非常不便。因为人的视觉规律是上下垂直移动更为方便，消费者在距离货架30～50厘米的地方挑选商品，就能清楚地看到1～5层货架上陈列的商品。而人视觉横向移动时，就要比前者差得多，当消费者距货架30～50厘米距离挑选商品时，只能看到横向1米左右距离内陈列的商品。实践证明，2种陈列所带来的效果的确不同。纵向陈列能使系列商品体现出直线式的系列化，使消费者一目了然，会使商品销售量提高20%～80%。此外纵向陈列还有助于给每一个品牌的商品一个公平合理的竞争机会。

（3）商品线很长的品牌应区分对待。如果将这一品牌的商品纵向陈列，虽然从整体上看陈列得非常整齐，但往往会使某些品牌占据卖场货架的主要段位。为了便于进行商品实际销售能力的考核，现在有些商店会在纵向陈列与商品的类别上做一个选择，将一些商品线比较长的商品分成若干个部分，这样就会增强商品之间的竞争，并且便于消费者比较商品的价差，以便提高门店的日常销售量。

（4）提高商店日常销售量关键的一环是要提高货架上黄金段位的销售能力。一项调查显示，将商品在陈列中的位置进行上、中、下3个位置的调换，商品的销售量会发生如下变化：从下往上挪的商品销量一律上涨，从上往下挪的则一律下跌。这份调查不是以同一种商品来进行试验的，所以不能将该结论当做普遍真理，但“上段”陈列位置的优越性已经显而易见。

而事实上，目前普遍使用的陈列货架，一般高度是165~180厘米，长度是90~120厘米，在这种货架上最佳的陈列段位不是上段，而是处于上段和中段之间的段位，这种段位称为陈列的黄金线。以高度为165厘米的货架为例，将商品的陈列段位进行划分：85~120厘米是货架的第2、第3层，是眼睛最容易看到，手最容易拿到商品的位置，所以是最佳陈列位置。此陈列位置一般用来陈列高利润商品、自有品牌商品、独家代理或经销的商品，而最忌讳陈列无毛利或低毛利的商品。因为这样做对零售店而言是利润上的一个巨大损失。最上层通常陈列需要推荐的商品；下层通常陈列销售周期进入衰退期的商品。

第三节 购物的情境环境与消费心理

购物场所的情境环境由其构筑的氛围表现出来，即商店的布置、装饰、环境体现出的总体印象。氛围可以创造出放松或忙碌、奢华或高效、友好或冷漠、整体或零散的感觉，以及有趣或严肃的心情。

一、购物环境的建筑特色

对于消费者而言，建筑物的特色是吸引他们的重要因素。因为有特色的建筑物总会给人们留下特别深刻的印象，激发人们潜在的购买欲望。现代化的建筑理念更注重具有人文特征、高档时尚的设计，其目的并不在于卖弄设计，而在于吸引消费者入内，使他们无论在什么季节，无论在白天还是夜晚，都能体验到一个美好而自然的购物环境。设计者通过色彩、材料的运用，创造出一个美观大方、新颖、简洁、明快的空间，体现一定的文化内涵。因为文化是吸引人的最深厚的力量，它看不见摸不着，是一种氛围，一种感觉。

如广厦西湖时代广场，它表现了“新时代西湖”的理念，外面以钢结构和玻璃为主体，充分体现时尚、通透、轻盈的时代特征。再看看济南泉城路。泉城路在环境设计中建造了迎合大众休闲需求的主题广场，不仅搭设了露天舞台，还配以各式水景喷泉。同时，分布在不同地点的特色雕塑，也为营造整条街的观赏性画上了点睛之笔。如芙蓉街口反映泉城古韵的《老残听曲》、主题广场上的两组《泉韵》、舜井街口《打手机的人》、人行道上的《母与女》，以及长椅上小憩的《父子俩》，全都活灵活现。有的建筑以仿古为主题，使消费者产生对历史文化的追忆，不自觉地融入古色古香的氛围中。有的则表现出不同国家的建筑风格，让人觉得很新奇。广场还配合各个国家的节日，适时推出一系列有影响力的活动，如服饰节、啤酒节、雕塑展、艺术节、西瓜节等。这些节日对文化氛围的营造能起到很大的促进作用，同时可以促进商家的销售。

二、视觉因素

视觉因素包括灯光、色彩等能为人的眼睛所感知的因素。

（一）色彩与消费心理

色彩指商店内部四壁、天花板和地面的颜色。心理学研究表明，色彩对人们的心情会产生影响，不同的色彩及其色调组合能够使人们产生不同的心理感受。例如，以红色为基调，会给人一种热烈、温暖的心理感受，使人产生一种强烈的心理刺激，因此一般用于传统节日、庆典布置，旨在创造一种吉祥、欢乐的气氛。但是如果红色过于突出，也会使人产生紧张的心理感受，一般应避免大面积、单一地采用。而以绿色为基调，会给人一种充满活力的感觉。绿色又被称为生命色，代表生机勃勃的大自然，在设计购物环境时，应多采用绿色。以黄色为基调给人以柔和明快之感，使人充满希望。很多食品是黄色的，如面包、糕点等，故黄色常作为食品销售部的主色调。但是如果黄色面积比例过大，会给人一种食品不卫生的心理感受，使用时应注意以明黄、浅黄为主，同时避免大面积、单一地使用。以紫色为基调，会给人以庄严、高贵、典雅的心理感觉，使人产生一种敬畏感。紫色调常用于销售高档、贵重产品，如珠宝首饰、钟表玉器等商品的销售。黑色是一种消极性色彩，给人一种沉重、压抑的心理感受，一般在商场不单独使用，但与其他颜色适当搭配也会产生一定的视觉冲击力。蓝色会使人联想到辽阔的海洋、广阔的天空，给人一种深邃、开阔的心理感受，销售旅游产品时采用蓝色效果较好。

商场的色彩设计也可以刺激消费者的购买欲望。在炎热的夏季，商场以蓝、棕、紫等冷色调为主，这些色调能给消费者凉爽、舒适的心理感受。采用当前的流行色布置女士用品销售场所，能够刺激消费者的购买欲望，增加销售额。色彩对儿童有强烈的刺激作用。儿童对红、粉、橙色反应敏感，销售儿童用品时，采用这些颜色效果更佳。使用色彩还可以改变消费者的视觉感受，弥补营业场所的缺陷。如将天花板涂成天蓝色，会给人一种高大的感觉。一段时间变换一次商场的色彩，会使消费者有新奇感。

色彩对于商场环境布局和形象塑造影响很大，为使营业场所产生优美、和谐的视觉效果，必须对商场各个部位，如地面、天花板、墙壁、柱面、货架、柜台、楼梯、窗户、门以及售货员的服装等设计出相应的色调。

1. 运用色彩应与产品本身色彩相配合

目前，市场销售的产品包装也开始注意色彩的运用，这就要求商场内货架、柜台、陈列用具为产品销售提供色彩上的配合与支持，起到衬托产品、吸引消费者的作用。如销售化妆品、时装、玩具等应采用淡雅、浅色调的陈列用具，以免喧宾夺主，掩盖产品的美丽色彩。销售电器、珠宝首饰、工艺品等可配用色彩浓艳、对比强烈的色调来显示其艺术效果。

2. 运用色彩应注意楼层及具体部位，创造出不同的气氛

如商场一层营业厅入口处消费者流量多，应以暖色装饰，形成热烈的迎宾气氛；也可以用冷色调装饰，缓解消费者紧张、忙乱的心理；地下营业厅沉闷、阴暗，易使人产生压抑的心理感觉，用浅色调装饰地面、天花板可以给人带来赏心悦目的清新感受。

3. 色彩运用应在统一中求变化

商场为呈现统一的视觉形象，应定出标准色，用于统一的视觉识别，显示企业特性。但在实际运用中，在商场的不同楼层、不同位置，又要求有所变化，形成不同的风格，使消费者可以依靠色调的变化来识别楼层和产品布置，引起消费者的新鲜感，减少视觉与心理的疲劳。

一般而言，商店内部装饰的色彩以淡雅为宜。如象牙白、乳黄、浅粉、浅蓝、浅绿色等，这些颜色会给人以宁静、清新、轻松宜人的感受，同时也易突出所陈列的商品，达到浓淡相宜、色调协调的整体效果。反之，配色不适或色调过于浓重，会喧宾夺主，使人产生杂乱、沉重的感觉。

（二）灯光与消费心理

照明直接作用于消费者的视觉。营业厅明亮、柔和的照明可以充分展示店面、宣传商品、吸引消费者注意力；可以渲染气氛、调节情绪，为消费者创造良好的心境；还可以突出商品的个性特点，增强刺激强度，激发消费者的购买欲望。因此讲求灯光照明的科学性、艺术性，是商店内部装饰的重要环节。

沃尔玛已经发现在某些部门里自然光可以增加销售量，而且采用自然光，可以展示产品原貌并节约能源，所以沃尔玛在一些地方会采用自然光照明。但是自然光源受建筑物采光和天气变化的影响，远远不能满足经营场所的需要，自然光线不足时，还可能减少消费者的惠顾，因为消费者大都害怕在黑暗的地方购物，而喜欢光线较强的地方，这样他们才有安全感。因此许多门店，特别是大型商场多以人工照明为主。商场的人工照明分为基本照明、特殊照明和装饰照明。

1. 基本照明

基本照明指商场为保持店堂内的能见度，方便消费者选购产品而设计的照明

灯组。目前商场多采用吊灯、吸顶灯和壁灯的组合，来创造一个整洁宁静、光线适宜的购物环境。设计灯具的原则是灯光不宜平均使用，应突出重点、突出产品陈列部位，总的照明亮度应达到一定强度。

2. 特殊照明

特殊照明也叫产品照明，这是为突出产品特质，吸引消费者注意而设置的灯具。如在出售珠宝首饰、工艺美术品、钟表眼镜等贵重、精密商品的位置，可用定向光束直射，以显示出商品之秀美、高雅、华贵，使消费者产生稀有、贵重的心理感受；在出售时装的位置，则采用底灯和背景灯，显示产品的轮廓线条。

3. 装饰照明

这是营业场所现场广告的组成部分，通常用霓虹灯、电子显示屏或旋转灯吸引消费者的注意。店内的灯光照明应与消费者通过视觉所反映的心理感受相适应，这样才能增强感官刺激强度，渲染店内气氛，提高顾客的购物情绪。店内灯光照明的科学化、艺术化可以渲染、烘托整个商店的气氛，突出商店的格调和商品的特性，对顾客产生强烈的诱惑，同时也会给顾客带来舒适、愉悦的心理感受。

三、听觉因素与消费心理

心理学研究表明，人的感觉器官一旦接受某种适宜音响，传入大脑中枢神经后便会极大地调动听者的情绪。在此基础上人们会萌发某种欲望，并受到欲望的驱使而采取行动。这是因为人体本身就是由大量振动系统构成的。优美、轻快的音响能够使人体产生有益的共振，促使人体分泌一种有益健康的生理活性物质，这种物质可以调节血液的流量和神经的传导，使人保持朝气蓬勃的精神状态。但是，并不是任何音响都能唤起消费者的购买欲望。适宜的声音可以使消费者感到愉快，相反一些不合时宜、不合地点的音响，会使人顿生不适感。早在传统商业时代，叫唱或敲击竹梆、金属器具等就成为小商小贩招揽生意的独特形式。

用音乐来促进销售是古老的经商艺术。使用音乐应注意以下原则。

1. 音响高低要适宜

人对音响高低的反应受到绝对听觉阈限的限制。音量过低，难于引起消费者的听觉感受；音量过高，会因刺激强度过大形成噪声污染，使消费者感到身心不适，造成相反效果。

2. 要能体现商品性能、特色和经营特色

运用音乐或广告音响应与所推销的商品和企业经营特色结合起来，促使消费者产生与商品有关的联想，激起他们对商品及商店的良好情感，从而诱发购买欲望。

3. 音响的播放要适时有度

人们对任何外界刺激的接受均有一定的限度，超过限度便会产生疲劳感，进而产生抵触情绪。因此音乐或音响的播放要适时有度，切忌无休止、无变化地延续。

零售商可以通过调整音乐气氛以控制商店客流的节奏，或创造一种形象以吸引或引导消费者的注意力。如在刚开始营业的清晨播放欢快的迎宾乐曲；一天的营业结束时，播放轻缓的送别曲；在气候变化时，播送音乐提示，为消费者提供服务。商场内有各种声音，也会有一些噪声，如柜台前的嘈杂声、机械的声响，这些都可能使消费者感到厌烦，虽然商场可以采用消音、隔音设备，但不能保证消除所有的干扰声响。因此，可以采用背景音乐缓解噪声。背景音乐应选择轻柔舒缓的旋律，以营造温馨的气氛，不要播放节奏强烈的打击乐、迪斯科等，以免影响消费者情绪，打乱售货员的工作节奏。

四、嗅觉因素与消费心理

嗅觉主要是消费者对购物环境中发出的气味的感觉。气味可以促进销售，也可以阻碍销售。面包的诱人味道可以吸引爱吃面包的消费者，相反，烟味、霉味、消毒剂的气味会赶跑消费者。社会心理学家最近的实验表明：消费者在烤饼干的气味里多花钱改变一下口味的可能性是在没有气味的环境里的两倍。因此，购物场所里如果有令人愉悦的香味，例如销售化妆品、珠宝、时装处淡雅的香味，销售日用品处清新的水果香味，以及销售食品处诱人的焙烤味，都会增强消费者的购物舒适感并强化其购买欲望。

早期的研究表明，气味对购买行为有着积极的影响。然而如同对音乐一样，顾客对气味也各有所爱，所以应确保使用的气味不致令目标产生反感。此外，许多顾客不喜欢空气中有油漆的味道。一家有着“刺鼻”香味的商场通过改善商场气味，使服装销售额提高了30%。

小资料：Mitchell 等于 1995 研究了气味对个体消费行为的影响，发现购物环境中令人愉快的气味是否有利于消费者做出购买决定，取决于该气味和消费者购买的商品是否协调一致。在协调一致的环境中，消费者通常会花费更多的时间对有关商品的信息进行加工，商品选择的范围也会有所扩大，并可能会自行产生一些外界并未提供的有关该商品的其他信息。不少零售及其他服务性行业的管理人员认为，在购物（服务）环境中适当加入一些芳香气味，有助于提高企业竞争力。Spangenberg 等针对这种认识进行了实验研究，发现在有无芳香气味的购物环境中，消费者的主观评价和行为表现确实存在一定的差异，中性的香味至少有助于增强消费者对有关商品的感知，而至于是什么香味、香味浓淡程度如何，并无太大的关系。（资料来源：《消费心理学》，黄希庭总主编，华东师范大学出版社，2007）

第四节 购物的服务环境与消费心理

现代消费者已不是单纯意义上的物质消费者，而是一个完整的感性消费者。他们的消费行为既强调个性又追随流行和时尚；既显现感性又崇尚理性。与此相适应的商场服务也必须由形式上的服务转移到内涵式服务；由初级的大众化服务竞争发展到深层次的个性化服务竞争。根据消费者不同的需求心理和行为采取的个性化、高层次的服务，应体现在商品销售的全过程中。

一、营销人员的仪表风度与消费心理

（一）仪表的重要性

仪表即人的外表，包括容貌、服饰、发型、姿势、风度等，它在人们交往中起着很重要的作用，通常称为第一印象或首要效应，它不仅能给对方以不同的心理感受，而且还能影响人们之间相互关系的发展。而对营销人员来讲，其仪表风度显得尤为重要。这是因为：

（1）营销人员的职业特点对其仪表有较高的要求，营销人员每天要和大量的消费者接触，如果营销人员具有优雅、大方的举止和风度，整洁的衣着和良好的修养，将会对所接触的消费者和周围的环境气氛产生良好的影响，这不仅有利于买卖成交，也有利于树立企业良好的形象和信誉。

（2）营销人员的仪表也是吸引消费者，赢得顾客信赖的主要因素。在接待顾客时，举止得体、言谈礼貌的营销人员会很快取得顾客的信任和好感，使顾客愿意听取营销人员的建议。

（3）营销人员的仪表美是优质、文明服务的基础。而要做到文明服务，首先要做到仪表美，即用文明的语言、高超的技巧和周到的服务满足消费者多方需求。

（二）仪表对消费者心理的影响

营销人员的仪表能给顾客以不同的心理感受，主要表现在以下几个方面。

（1）服饰、发型：服饰穿着、发型虽然表现在人的外貌，但却反映了人的性格爱好、文化素养、审美情趣。在现实生活中，每个人的打扮是由个人的兴趣爱好决定的，但大都符合社会流行、消费习惯，符合现阶段仪表美的大致标准。

（2）服务用语：语言是人们交流思想感情的工具。语言起之于唇、昭之于心。在日常销售服务中，营业员的语言是十分重要的，它不仅用来宣传、售卖商品，也用于沟通售货员与顾客之间的感情。因此一个好的售货员不仅要有一定的文化修养，掌握基本的服务用语，还要在实践中不断探索总结适应消费者不同心理活动的语言艺术，既要礼貌、简练、精确，又要注意分寸，不说过头话、夸张话，否则将适得其反。另外，言谈举止、说话的声调，以及面部表情也很重要。

(3) 行为风度：销售员的行为举止主要是指其在服务中的站立、行走、动作等。如果销售员的行为大方、文雅、热情庄重，则能给顾客以良好的印象。相反，举止轻浮、懒散，则会使顾客产生不良的感觉。

二、营销人员的接待步骤与服务方法

在销售过程中，营销人员与消费者作为商品的卖方和买方，相互之间必然发生交往联系。如果他们之间的沟通、交往顺利，会有助于促成商品成交，反之，沟通、交往出现障碍，则可能中断交易，甚至导致人际冲突。因此营销人员的接待步骤与服务方法要与消费者的购买活动中的心理活动阶段相适应，其基本过程可以用图 9-1 来表示。

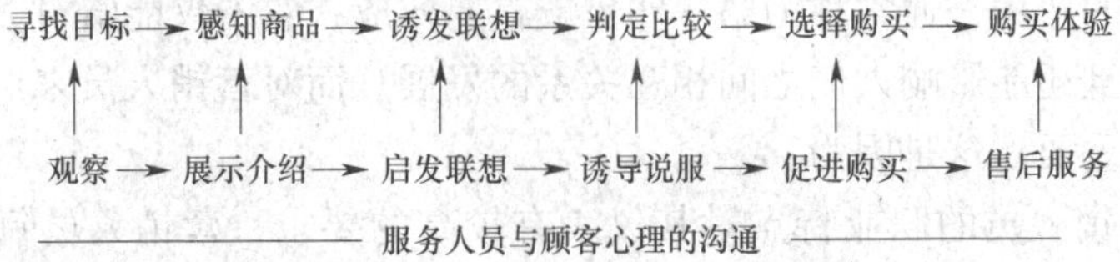

图 9-1　营销人员的接待步骤

（一）观察分析进店的各类消费者，并判断其购买意图

1. 根据消费者的穿着打扮，判断其身份和爱好

不同的消费者从事不同的职业，即使从事同一职业也有可能处于不同的地位，加之每个人具有不同的个性心理特征，这些都能从人的外表、穿着打扮表现出来。营销人员在接待服务中，正确判断消费者的职业、年龄是很重要的。因为不同职业、年龄的消费者对商品有不同的需求与爱好。

2. 善于观察消费者的言行举止，分析判断其个性心理特征

个性心理特征影响消费者的言行举止，使购买过程具有独特的色彩，显示出较大的差异性。有些性格外向的消费者，往往一进店就向营销人员询问，喜欢讲话评论、反应灵活、动作迅速。对这类消费者，营销人员要尽量主动接触，热情回答他们的问题，积极展示其所需要或感兴趣的商品，发表自己的意见为顾客当参谋。而对性格内向，表情平淡的消费者，售货员不要过早接触、提前发问，但要随时做好接待准备，注意回答。

（二）根据消费者的购买目标展示介绍商品

不同的展示方法，可以从不同方面展示介绍商品的不同特点，满足不同消费者对商品的不同选择要求，从而引起不同消费者积极的心理反应。

常用的展示方法有两种。

1. 根据商品的性能、特点展示介绍商品

各种商品都有不同的性能特点，以满足人们多方面的消费需求。不同的使用价值，展示方法也有所不同。

2. 根据消费者的特点，展示介绍商品

消费者因性别、年龄、职业、个性特征不同，所以会表现出来很大的差异，选择商品的标准也不尽相同。这就要求售货员在展示商品时要根据不同消费者的审美情趣来展示介绍商品。

另外，展示商品时，还要尊重顾客的自尊心，一般要从低档到高档逐步展示，使消费者在价格方面有足够的考虑余地，且自尊心不受伤害。

（三）启发消费者的兴趣与联想，刺激其购买

在消费者进行联想、想象，甚至产生购买欲望和动机的阶段，销售人员应将有关商品的性能、质量、价格、使用效果等，全面清晰地介绍给消费者，并力求诉诸多种感官的刺激，强化消费者的心理感受，促进其产生丰富的联想和想象，进而诱发购买欲望。销售员诱导消费者心理活动的方法，主要有以下几种。

（1）启发式。消费者对商品的选择拿不准主意时，营销人员可以提示消费者，解除他们的疑虑，从而促使消费者形成购买动机。

（2）比较法。比较法也是在服务中经常采用的一种方法。特别是在消费者出现动机冲突，不知道选择哪种品牌时，销售员需要帮助顾客分析不同品牌的特点、权衡利弊，促使其早下购买决定。

（3）提供经验数据法。提供经验数据法是证明商品使用性能、内在质量最有效的方法，并且最有说服力。

（4）实际操作法。这也是十分有效的推销方法。它形式多样、内容广泛，可以是营业员操作表演，也可以是顾客操作试用，此方法可加深商品对消费者的感官刺激，消除消费者对商品的不信任感，从而有效地促进销售。

（四）诱导说服

消费者产生购买欲望后，还会对已掌握的商品信息进行思索和评价比较。通过评价选择坚定购买信心、做出购买决策。此时，营销人员的任务是充当消费者的参谋和顾问，为消费者提供建设性的、富有成效的意见和建议，帮助和促成消费者做出购买决定。此外，还应根据不同消费者的需求特性和主观欲望，有针对

性地进行重点说服和诱导。例如对注重商品审美价值的消费者，可以突出显示商品外观的美观别致；对求廉务实的消费者，可以着重说明商品价格低廉。

这里需要指出的是，劝说诱导应当从消费者角度出发，围绕消费者利益进行。只有这样才能使消费者切实感到劝说者是在为自己的利益着想，从而增加心理开放程度，增加对销售人员的信赖感，主动接受说服。

（五）促进消费者的购买，结束交易行为

通过营销人员的一系列服务，消费者对其所选商品有了较深刻的体会，这会激起他们的购买欲望，但购买欲望并不等于购买行为。在这种情况下，销售者要把该商品在市场中流行的状况、畅销的程度及其他顾客对该商品的评价意见，或者把售后服务情况、商店经营传统、服务宗旨、经营保证等介绍给消费者，以解除消费者的最后疑虑。

当消费者做出购买决策后，便进入了实施购买行动和进行购买体验的最后阶段。此时消费者虽有明确的购买意向，但仍需销售人员巧妙地把握时机，达成交易。销售员应主动帮助其挑选，在适当的情况下，还可以给消费者的选择给予适当的赞许、夸奖，但切不可过分，否则会给消费者留下虚伪、不真实的感觉。

在此基础上，营销人员若能及时、巧妙地抓住时机，辅以恰当的语言和递拿动作，即可迅速完成交易。当交易达成，货款结算后，应妥善打包商品，并尽量采用适应消费者携带习惯、使用习惯和特定心理需要的包装方法，同时向消费者表达感谢其购买、欢迎其惠顾的语言和情感，使消费者获得买到满意商品和享受良好服务的双重满足感。

（六）提供各种售后服务，促发重复性的购买行为

售后服务是指柜台交易行为结束后为消费者提供的各种服务。这些服务有的是营销人员来完成，有的是由其他的专门人员来完成。因为消费者购后使用商品的评价，对商品销售有巨大的反馈作用，所以商家不仅要提供良好的售后服务，尽可能地消除消费者的购买不满，而且在向消费者介绍商品时不能任意夸大商品的优点、隐藏缺点，更不能把残次品冒充好货卖给消费者，否则消费者的期望不能得到实现就会产生强烈的不满，或是要求退货，或是暗下决心再也不买这种商品，这不仅会影响商品的销售，还会影响商家的信誉。

三、全面优质服务对策与消费心理

良好的营销服务，不仅会扩大商品的销售额，增加企业盈利，而且还会增加顾客的信赖感，树立企业的声誉。从销售心理来讲，营销服务不仅包括营销人员的服务技巧、服务态度、服务方式，更重要的是要研究分析营销人员的行为会对

消费者产生哪些影响，以及如何根据消费者的心理变化提供恰当服务，满足消费者的多种需求。

小资料：一位40多岁的男士来到新世纪百货商场女士内衣柜台前，要求试穿束腰的收腹带。营业员易静还是首次遇上男顾客要买这种商品，因为收腹带几乎是女士专用品。

但易静没有哑然失笑，更没奚落该男子。她沉心静气，没有丝毫异样表现，非常自然地帮男子到试衣间试穿。这样一来，顾客反倒有一丝尴尬。为了消除其顾虑，易静始终以一种尊重对方的态度细心操作，一件又一件地帮助这位男士试穿。

易静落落大方，男子最后愉快地买到了合适的收腹带。这事发生在2005年元旦的前几天。没过几日，男子又重返易静的柜台前，并带了自己的妻子前来购物。男子称，营业员的服务细节令他感动。（资料来源：《消费心理学》，王惠琴主编，东南大学出版社，2005）

现代商品销售已经不仅局限于商品的销售，而且包括企业的销售、人员自身的销售。要实现商品的全面推销、满足顾客消费需要，必须做到以下几个方面。

（一）坚持顾客让渡价值指导思想

顾客让渡价值是顾客总价值与顾客总成本之间的差额。只有当顾客感觉到他所得到的总价值大于总的费用时，才愿意进行交换。这里特别注意的是“感觉到”的意义，或者说顾客所得到的总价值多少有时是无法衡量的，是人们心理上的感受或抽象的情感，这就给商家提供了情感服务的机会。重视顾客的感觉，从多方面增大顾客感觉到的总价值、减少顾客的总成本是实现顾客满意战略的基本途径。增加顾客的总价值需要企业从了解顾客购买商品时的不同利益要求开始，减少顾客购买中的总费用也需要企业关注顾客购买中的全面需求。顾客的总利益和总成本是多方面的，增加顾客让渡价值需要商家既要全方位地、整体性地开展销售服务工作，又要根据不同消费者对利益和成本的关注点开展个性化、差异化的服务。

（二）注重商品以外的附加服务竞争

市场经济条件下消费者购买的产品是整体性的产品，是形式产品、实质产品、附加产品的统一。消费者通过购买商品不仅要求获得商品的使用价值，更注重商品的品牌、包装、款式、特点、附加服务等。这就要求商家不仅在所销售的商品品牌、款式、特点等方面要不断更新，以不断适应消费者需求的变化，而且要开展商品以外的附加服务的竞争，包括售中、售后服务，方便设施服务、技术性和知识性服务等高级服务，并突出商品的文化价值，以适应消费者的文化品位和个性化的需求。

在商品质量日益趋同的情况下，服务质量已经成为影响整体产品质量高低的重要因素。价格只能招徕顾客，而服务却能使顾客成为忠诚的顾客。事实证明，给消费者提供与商品相关联的附加服务越多，就越能增加顾客的利益。附加服务是培养忠诚顾客、有效进行市场竞争的重要手段。

（三）注重向消费者提供全方位的整体服务

如今，商家不仅提供实体产品，还要提供配套的服务产品。服务既包括硬件设施，也包括软件服务。

服务的营销组合与一般商品营销组合的区别就在于营销的范围大于一般产品，即除一般产品的4P以外，还包括人员、过程和有形展示部分。有形展示主要是指卖场服务中的方便设施、商品陈列、商场内外设计、氛围服务等；人员、过程是指销售人员和促销员的服务态度、服务水平、服务效率和促销活动等。适应消费中的广泛性消费、立体消费、复杂消费的特征，满足现代消费者希望在购物的同时进行欣赏、娱乐、休息、交际、学习等心理和社会方面的综合性需要，就需要做好有关人、事、物方面的细致的系统服务工作，突出服务的细微化、精致化、人性化特征。商家的定位战略不是靠单一的商品来实现的，而是依靠商品和商品以外的综合环境。因此，除所经营的商品要做到适销对路外，商品的陈列、商品的销售时间与收款方式，也要尽量方便顾客，减少顾客的总成本；卖场的设施、建筑风格等也要体现情感化特征，与市场定位保持一致；卖场的高度、空气、试衣室、地面卫生、色彩等更要协调一致，要从细微之处做起，从小事做起。

（四）开展全员式全过程的服务

现代销售是全员式的销售，企业里所有与顾客接触的员工都是销售人员，包括接待员、销售员、收银员、清扫员、寄存人员等。人员已经被消费者看成商品的一个部分，这些人员的服务水平、仪容仪表、技能、服务态度等直接反映零售企业的服务质量。尽管销售人员的服务态度较好，但由于收银员对顾客的怠慢，也可能会影响消费者的整体心理感受。因此，企业要做好全员服务意识的教育工作，并采取有效的激励机制，促进不同岗位的员工全心全意为顾客服务。

【本章小结】

企业的营销工作是否成功，关键要看消费者在购物场所的行为结果，只有当消费者形成了购买行为，商品由生产者转移到消费者的手中，商品才能发挥它的使用价值，企业才可以实现经济效益。在这个过程中，消费者身处的购物环境以及直接面对消费者的销售人员的仪表、服务态度起着至关重要的作用。

购物环境分购物的物质环境、购物的情景环境以及购物的服务环境3个方面，购物的物质环境包括商店选址、橱窗设计、招牌设计、商品陈列等；购物的情景环境包括建筑特色、视觉、听觉、嗅觉因素等；购物的服务环境包括营销人员的仪表风度、服务态度等，以上这些都会对消费者的心理产生一定的影响，从而影响商品的销售。

【复习思考题】

1. 根据消费者心理需要，分析不同商店应该如何进行选址？
2. 举例说明商店的橱窗如何影响消费者的购物心理。
3. 商店应该如何利用灯光和色彩对消费者的心理产生影响？
4. 商店在商品陈列上应注意哪些问题？
5. 销售人员应如何给消费者提供适当的服务？

【案例分析】

传统商店如何应对现代市场竞争

某商店是一个拥有多年经营历史的老企业，位于市中心繁华商业区的十字路口，两侧为主要交通干线，有10多条公交线路在附近设有以该企业名称命名的站点。企业在经营过程中始终贯彻以顾客为中心的经营思想，把顾客当成自己的老朋友。在顾客心目中，该商店一直是一个非常值得信赖的企业，常常有一些顾客舍近求远到该商店购买商品。因此，在该地区的所有商店中，该商店的市场占有率最高，历年的销售额和利税额都处于领先水平。

随着该地区经济的发展，在该商店对面建立了一座现代化的大商场，无论是商店的外部设计，还是商店的内部购物环境，该商店都无法与现代化的大商场相抗衡。久而久之，该商店失去了大量的老顾客，虽然年销售额和利税额仍然处于领先水平，但市场占有率却逐年下降。

商店总经理越来越认识到这种情况的严重性，于是，在经过周密调查、掌握大量第一手资料的基础上，详细地将自身与对面商场进行了对比，分析双方的竞争态势，终于找到了一个切实可行的解决方法。之后，总经理决定召开全体中层领导会议，将自己的想法向他们公布，以征求他们的意见。在会上，总经理首先说："众所周知，我们的市场占有率逐年下降，如果我们对商店的内外重新进行装饰设计，可能会改善我们目前的窘态，提高我们的市场占有率，但那样做需要花费一大笔资金。根据目前我们自身的资金状况，我们还没有这个能力，从企业外也难以筹集到这笔资金。所以，我的意见是从我们自身条件和顾客心理出发，在商店内外装饰设计方面……这样，只要花费少量的费用就可以达到我们的目的了。"最后，总经理说："我的意见说完了，请大家广泛发表意见。"（案例来源：《消费心理学》，刘庆华主编，机械工业出版社，2002）

【问题】

1. 假如你是商店的总经理，你有什么切实可行的方案？

2. 假如你是商店的中层领导，请发表对总经理所提出方案的意见。

【实训练习】

找3家你所熟悉的商店，做如下分析。

1. 商店选址、建筑特色、招牌等外部环境是如何适应顾客心理进行布局设计的？你认为还有哪些方面需要改进？

2. 商店的柜台、橱窗、音响、照明等内部环境是如何适应顾客心理进行布局设计的？你认为还有哪些方面需要改进？

3. 作为一名顾客，去体会不同商店营业人员的服务，并提出改进意见。

第十章
社会环境与消费心理

【学习目标】

（1）了解经济环境对消费者心理产生的影响；

（2）掌握文化及亚文化对消费者心理的影响；

（3）了解不同社会阶层的消费心理；

（4）了解消费习俗的特点以及产生的影响，掌握消费流行对消费心理的影响。

【建议学时】6 学时

【导入案例】中国社会调查事务所对北京、上海、广州、哈尔滨等地 4 000 人进行的专项问卷调查显示：21 世纪人们的消费方式将有很大的变化。

信贷消费渐成时尚。29%的被调查者接受信贷消费这种新的消费方式；13%的被调查者表示自己会考虑向银行申请此类贷款，用于购买住房、汽车以及子女教育等；48%的被调查者表示自己要等等看，然后再作决定；只有 8%的消费者觉得自己经济承受能力差，对此不予考虑。

服务消费比重加大。近 6 成的被调查者已不满足于吃饱穿暖的基本生活需要，而愿意把更多的钱花在服务性消费上。其中，教育消费占家庭年平均总收入的比重最大（31%），其他依次为：医疗保健（19%）、餐饮（10%）、旅游（8%）。

网上购物日益火爆。近 8 成的被调查者拥有或使用电脑，其中 64%的被调查者曾经上网，31%的被调查者经常上网。对于网上购物这一新的购物方式，52%的被调查者认为这可以极大地改变人们的生活方式，挑战人类的传统消费观念，改变人们原来的消费习惯；27%的消费者觉得在网上购物的购物速度快、成本低。

租赁消费逐渐普及。调查结果表明，61%的被调查者认为价格很高、使用频率很低的消费品没必要购买，采用租赁方式非常适合，只有 13%的被调查者不主张用租赁方式，他们觉得“租赁的商品毕竟不是自己的，花钱买下来才放心”。对于现在的租赁市场，71%的被调查者指出，现在的租赁市场仍需要进一步开放、扩大经营范围。

消费者的消费活动都伴随着相当复杂的心理活动。这种心理活动除了受个体心理特征（个体的需求、动机、态度、年龄、性别等）的影响外，同时还受社会因素（政治、经济、社会文化、社会阶层、消费习俗等）的影响。进入21世纪以后，随着科学技术的进步，我国的政治、经济发生了日新月异的变化，这些变化对消费者的心理产生重大的影响。因此，我们应从社会因素对消费者心理产生影响的角度研究消费者心理活动的规律，科学地解释消费行为，为预测消费者行为发展趋势提供客观依据，以便企业制定符合消费心理的营销策略。（案例来源：《消费心理学》，新世纪高职高专教材编审委员会组编，大连理工大学出版社，2007）

消费心理是一种复杂的社会心理现象，它不仅受消费者自身的需要、动机等心理因素的影响，而且也受消费者活动的外界社会环境因素，诸如经济环境、政治环境、文化背景、消费者家庭环境、消费者群体、消费时尚、习俗、流行等的影响。以下分别从几个角度分析探讨社会环境对消费心理的影响，并结合国内消费市场的发展分析现实状况的变化，分析这种消费心理对当代消费趋势的影响。

第一节　经济环境因素的影响

在影响消费者心理的诸多外部环境因素中，经济因素是最主要的，它对消费者心理的发展、变化起着决定性的作用。

一、宏观经济因素

（一）社会经济发展水平

一方面，社会经济发展水平影响着消费品的供应；另一方面，经济发展水平决定着人们的消费能力。

首先，社会经济发展水平制约着消费品供应的质量和数量。社会经济发展水平越高，消费品的质量就越高、数量也越大，消费者的消费水平也就越高、消费的种类也越多样。例如，在我国改革开放前，社会经济发展水平不高，人们的消费品主要是基本生活用品，消费品的选择余地很小，基本上都是定额配发。而在改革开放后的今天，社会经济水平得到了大幅度的提高，人们在基本生活用品方面有很大的选择空间：服装有不同品牌、不同档次、不同款式；饮食有不同风味、不同档次；消费的对象也扩大到了其他方面，如家用电器、运动器材、休闲用品等。

其次，社会经济发展水平影响着消费品的供应速度。社会经济发展水平越高，消费品的供应速度就越快。消费者的消费频率和总消费量也就越大。以服装为例，在我国解放初期，社会经济水平较低，服装的生产有限，人们的穿着也比较一致，而且大多衣服是穿到坏为止。如今社会经济水平提高了，人们的衣服多种多样、款式各异，而且衣服淘汰的速度很快，很多衣服都因为不合潮流而被淘汰。

最后，社会经济发展水平决定着人们的消费能力。社会经济发展水平越高，人们的消费能力就越强、消费水平也越高。

（二）经济体制

不同的经济体制会对消费者产生不同的影响。比如几十年前，我国的经济体制是以计划经济为主，消费品供应表现为以行政手段为主的供给制与半供给制，这使消费者的生活消费在很大程度上受到行政手段的制约，他们的消费模式具有明显的供给特征。消费者也表现出简单的接受心理，行为上表现为单一的接受活动。如今我国已经基本形成了以市场经济为主、宏观调控为辅的社会主义经济体制。我国消费者的心理和行为也发生了改变，他们接受了市场经济下的消费模式，自由、主动地选择消费品，使自己的消费行为成为市场经济活动的一部分。

国家的经济政策有财政政策、金融政策、货币政策等。国家的这些经济政策对消费者的消费活动具有重要影响。比如，国家为了抑制通货紧缩而采取开放式的货币政策，就是鼓励社会的消费活动；降低利率刺激消费等。

二、个人经济因素

（一）收入状况

消费者进行消费活动的前提是具有一定的支付能力，也就是有钱买东西。消费者的收入水平、收入结构和收入变动状况是影响消费活动的重要因素。消费者的收入构成主要有：劳动收入、租金收入、资本收入、其他收入（社会福利、保险赔偿等）。高收入群体的消费水平相对更高、结构更复杂，他们更容易接受、购买和使用新产品。消费者收入变化对消费的影响体现在以下几个方面。

1. 绝对收入和相对收入变化

绝对收入变化是指消费者所获得的货币以及其他物质形式的收入总量变动。对于大多数以货币收入为主的消费者来讲，影响消费心理的主要因素是货币收入绝对数额的上升与下降。一般来讲，消费者的货币收入增加时，消费者的消费欲望也随之增强；反之，当消费者的货币收入减少时，其消费欲望也随之减弱。

相对收入变化是指消费者的绝对收入不变时，由于其他社会因素，如价格、分配等的变化，引起原有对比关系的变动，而使收入发生实际升降的变化。

相对收入变化对消费者的影响如下。

（1）消费者本人绝对收入没有发生变化，而其他消费者的绝对收入发生了变化。或者消费者本人的绝对收入变动大于或者小于其他消费者的绝对收入变动。消费者在短时间内不易察觉这种变动，它对消费者的短期消费心理也没有影响，只有经过一段时间的对比之后才会对消费者产生影响。比如，当某消费者的收入相对于其他消费者下降时，他最初并没有察觉到，由于模仿心理的作用，他继续与其他相对收入已提高的消费者在同等水平上进行消费。经过一段时间后，他便会感到由于消费支出能力降低，已经不能与那些相对收入已经提高的消费者保持同样的消费方式，而必须降至与自身收入水平相符的消费水平上来。

（2）消费者的绝对收入没有变化，而市场上的商品价格发生了变化，使可购买的商品量发生了变化。或是消费者绝对收入的变化幅度大于或者小于价格变化幅度，这种变动对消费者的货币投向、消费结构以及消费数量都会产生明显的制约作用。

2. 现期收入和预期收入的变化

消费者的现期收入是指消费者在当前一定时期内所获得的收入。现期收入不反映社会其他因素对收入的影响，只反映消费者当时的收入总量。预期收入是指消费者以现期收入为基础，以当时的社会环境为条件，对今后收入的一种预计和估算。

一般情况下，当消费者的预期收入高于现期收入的时候。他可能增加现期的消费支出，甚至举债消费，以提高现有的消费水平。反之，当消费者估计的预期收入低于现期收入的时候，他将降低现有的消费水平，而较多用于储蓄或者投资。

（二）储蓄状况

随着消费者收入水平的提高，消费者用于基本生活的消费支出占其收入的比重越来越小，储蓄逐渐提高。2007 年，我国城乡居民储蓄存款余额为 17.2534 万亿元，2008 年年底，这一数值更是突破了 21 万亿元，达到 21.7885 万亿元。下面，我们来讨论储蓄对消费的影响作用。

1. 宏观影响

消费者储蓄对宏观经济具有多方面的积极作用，银行通过储蓄可以聚集城乡居民手里的闲散资金，通过转贷为企业扩大再生产提供资金支持。储蓄行为还可以调节社会消费和积累的比例关系以及市场的供求关系。

2. 微观影响

这里讲的微观影响就是指储蓄对消费者个人的影响。这种影响主要有：

（1）使消费者具有延期消费的能力。储蓄使得消费者不必立刻进行消费活动，而是在之后的某个时候进行消费。

（2）为消费者提供了购买高级消费品的能力。收入的积累使得消费者的储蓄总量越来越多，当达到一定数额的时候，消费者就有能力购买高级的消费品，比如房屋、汽车等。

（3）使消费者具有应付紧急经济情况的能力。生病等紧急情况出现后，在短时间内就需要较大量的钱来进行处理，而当时的收入又不够，这时就需要使用储蓄的钱。另外，失业、经营亏损等情况的发生会造成收入减少，使得日常消费不得不求助于储蓄。

小资料：2005 年，中国的储蓄率是 46%，美国的储蓄率是 -0.5%，也就是说，中国人每赚 100 要存 46 元，而美国人每赚 100 要花 100.5 元。同美国人的负债消费相比，中国人更偏好储蓄。波士顿大学经济系系主任克寇夫说过，中国内地人民庞大的储蓄可扭转整个世界经济的发展。那么，为什么中国人对储蓄“情有独钟”呢？

首先，这是由当前中国的社会经济环境决定的。一方面，计划生育政策推行以来，内地大家庭、多人口的格局发生巨大变化，家庭规模变小，孩子减少。这样，在收入、货币价值一定的情况下，子女的减少降低了家庭的支出水平，可储蓄的钱也就会增加。同时，子女少了，传统的养儿防老观念也会改变，人们更倾向靠储蓄来保证老年的生活。另一方面，中国的社会保障体系和医疗体系相对于西方国家来说还很不完善，国人需要储蓄“以备不时之需”。

其次，中国传统观念也有一定影响。“开源节流”“勤俭节约”是我们的传统观念，国人在这种观念的影响下更倾向于将钱储蓄起来，而不是用于消费。（资料来源：《消费心理学》，黄希庭总主编，华东师范大学出版社，2007）

第二节　社会文化因素的影响

一、社会文化的概念

消费心理学所讲的社会文化是指人们在社会发展过程中形成的并世代流传下来的风俗习惯、价值观念、行为规范、态度体系、生活方式、伦理道德观念、信仰、审美观等。社会文化是一种客观的历史现象，每一个社会都有与之相应的社会文化。国家由于历史、地理、民族以及物质生活方式的差异，也有着各自独特的社会文化。社会文化带给人的影响往往是难以改变的，特定的社会文化必然会对本社会的成员发生直接或间接的影响，从而使社会成员在价值观念、生活方式、风俗习惯等方面带有该文化的深刻印迹。

具体而言，社会文化对个人的影响在于：①文化为人们提供了看待事物、解决问题的基本观点、标准和方法；②文化使人们建立起是非标准和行为规范。例如在不同场合应该做什么、不应该做什么、怎样做等。通常情况下，社会结构越单一，文化对个人思想和行为的制约作用就越直接。在现代社会中，由于社会结构的高度复杂化，文化对个人的约束趋于松散和间接，成为一种潜移默化的影响。文化对行为的这种约束称为社会文化规范。它以成文或不成文的形式规定和制约着人们的社会行为。一个人如果遵循了社会文化规范就会得到社会的认同，如果违背了社会文化规范则会受到指责或惩罚。社会文化有多种不同的分类，我们在这里主要考察主文化和亚文化，以及它们对消费者心理和行为的影响。

二、社会主文化与消费行为

主文化是在社会上占主导地位的文化，是为社会上大多数人所接受的价值观、道德观、风俗习惯等。了解主文化的特性有助于了解它对消费心理和行为的影响。

（一）主文化的共同性

主文化为绝大多数社会成员所共同拥有，并对他们的价值观、行为方式、思维方式产生深刻影响，使其心理和行为表现出某些共同的特性。就消费活动而言，这些共同特性表现为消费者之间的相互认同、模仿、暗示，以及共同的生活方式、消费习俗、消费观念和态度倾向。如我国人民看重传统节日，把春节、中秋节看做是合家团圆、走亲访友的日子，大家有互赠礼品的习惯；用红色表示喜庆，用黑色和白色寄托哀思；普遍崇尚节俭、量入为出，还不太接受信贷消费等。这些都是我国人民在长期文化传统的积淀中形成的共同消费习性。

（二）主文化的差异性

主文化的差异性主要是指不同主文化之间的差异。由于自然环境、物质生活条件、经济发展水平、民族发展水平等的差异，每个国家、地区和民族都有自己独特的消费习惯、生活方式、伦理道德、宗教信仰、价值观念等，而不同社会主文化的差异性也主要表现在这些方面。例如中国人深受儒家传统思想的影响，形成了凡事瞻前顾后，求稳求全的心理。我国目前的个人消费信贷进展缓慢，除了其他的客观原因，恐怕与这种心理的作用是分不开的。而西方发达国家的消费者深受自由进取精神的影响，崇尚自由、张扬个性、注重自我感受，即期消费心理较强，所以信贷消费成为西方人生活中不可缺少的一部分。由此可见，在不同主文化影响下的消费者，其消费心理、消费习惯、消费方式等都有较大的差异。

（三）主文化的发展变化性

已有的社会主文化不是一成不变的。随着社会的发展前进，社会主文化也将不断地发生变化。消费品市场的变化是社会文化发生变化的最初表现，社会主文化的发展变化常常导致某种流行时尚的改变。例如服装，过去的消费者讲究服装的质地和做工，要求款式庄重严谨，而现在的消费者则要求舒适、自然、体现个性，注重穿着的自我感觉。服装的流行式样也在不断变化，如裤子、裙子等的形状就经历了反复变迁，它在一定程度上反映了人们在审美观念、价值取向上的变化。又如我国过去的那种“新三年，旧三年，缝缝补补又三年”的消费价值观念已被求新、求美的观念所取代，将不用又舍不得丢弃的东西摆放在公用楼道里，这种事已越来越少。过去热衷于健身锻炼的是年轻人，而现在中老年人则成了清晨锻炼者的主体，他们已经渐渐习惯了各种健身活动，如舞剑、打太极拳、敲锣鼓、扭秧歌、跳交谊舞等。一些城市的市民休闲区、街道旁，以及一些住宅小区还专门设立了健身器材，供人们参加各种健身活动。

总之，充分地了解消费者所处的社会主文化环境，了解各种文化传统、民风民俗，以及社会主文化发展变化的趋势，对了解消费需求的发展变化趋势，更好地满足顾客的需求具有重要的意义。

三、亚文化与消费行为

亚文化又称副文化，它是指仅为社会上一部分社会成员所接受或为某一社会群体所特有的文化。亚文化的形成主要是由于一个国家或地区的社会内部并不是整齐统一的，某些社会成员由于在民族、地域、职业、年龄、性别、教育程度、宗教信仰等方面有共同特性而组成一定的社会群体。在该群体内的社会成员之间往往具有相同的价值观念、习俗，以及相互间的认同感，从而构成了该社会群体特有的亚文化。亚文化一般并不与主文化相抵触。由于社会成员都归属于不同的群体，亚文化对其心理和行为的影响更为直接和具体，比主文化的影响力更强。

（一）民族亚文化

它是一个社会中各个民族所特有的文化。例如我国的 56 个民族在参加社会整体生活的同时，有些仍保留着本民族的语言、文字、生活方式等。许多民族都有自己独特的消费习俗、偏好禁忌，当然，民族亚文化和主文化并不是泾渭分明的，而是彼此交融的，中华民族的文化传统就是 56 个民族亚文化交融的结果。

（二）地域亚文化

它是因自然地理环境的影响而造成的，与气候条件和地理条件有关。地域不同，消费者的生活方式和消费习俗也不同。我国北方地区和南方地区就分属于两个不同的亚文化群体，由于地理位置、气候条件的差异，北方人和南方人在饮食、穿着、性格上都有所不同。如在性格上，北方人多豪爽，而南方人多细腻；在饮食方面，云南、贵州、重庆、四川地区的人由于气候潮湿而喜食辣椒等。

（三）年龄亚文化

它是不同年龄阶段的人所特有的文化。不同年龄的人往往分属于不同的群体，有着不同的价值观念和消费习惯。如青年亚文化群体容易接受新生事物，富于创造性和进取精神，他们追求新奇时尚，追逐潮流，乐于尝试，易产生诱发性和冲动性购买。而老年亚文化群的价值观念已基本上固定，他们不太容易接受新事物，一般遵循以往的消费习惯，对消费品多要求实用方便。

（四）职业亚文化

它是指不同的职业群体所特有的文化。各种专业性较强的职业都要经过一些专门的训练，有专门的职业术语、职业道德、职业习惯等，不同的职业就形成了不同的职业亚文化。在不同职业亚文化中的消费者有不同的消费心理，而且在装束、言谈举止、生活方式等方面有较明显的区别。

除了以上 4 种主要的亚文化之外，还有一种不可忽视的越轨亚文化。它是一些反社会的群体所特有的亚文化。这类群体的行为规范往往偏离主文化，而对越轨亚文化具有认同感，所以越轨亚文化为犯罪行为的滋生提供了环境。例如反叛社会者、吸毒者等都认同越轨亚文化。越轨亚文化群体的消费心理不同于常人，所以不可小视其消费行为的不良示范作用。

主文化和亚文化的区分并不是绝对的，二者可相互转化。此外仅凭主文化和亚文化的地位是不足以判断其性质的，只能根据它们在社会上所起的作用来判断，因此主文化和亚文化对消费心理的影响也要视情况做具体分析。研究主文化和亚文化有助于我们更好地了解消费者的文化背景，有效地进行市场细分，正确地选择目标市场，准确进行市场定位，从而对特定消费群体有针对性地采取营销策略。

小资料：美国人去一次超市，所购的东西能用上 1、2 周，因此他们中午以吃快餐为主，只有晚上才可能动手做饭；而在我国，人们一般更喜欢买一次吃一次，餐餐要自己做。不过近年来，在一些城市里，尤其是大城市，由于工作单位离家过远和人们生活节奏的加快，中午不做饭的家庭越来越多。这从另外一方面反映了社会文化对生活方式的影响。另一个常被引用的例子，是说如果两个西方人一起去餐馆进餐，都是各自掏腰包；而围坐在1张桌子进餐的中国人中，付钱的常常是1个人。这种消费方式上的差异，完全是不同社会文化的结果。（资料来源：《消费心理学》，刘庆华主编，机械工业出版社，2002）

第三节　社会阶层与消费心理

消费者均处于一定的社会阶层。同一阶层的消费者在行为、态度和价值观念等方面具有同质性，不同阶层的消费者在这些方面存在较大的差异。因此，研究社会阶层对于深入了解消费者行为具有特别重要的意义。

一、社会阶层的概念和特征

（一）社会阶层的概念

阶级结构或社会阶层的某些形态已经存在于人类历史的所有阶级社会中。在当代社会，社会阶层的存在是普遍的现实，政府公务员、教师、医生、律师、会计师等受过良好教育或享有更多职业声望的人要比农民、工人等更被社会尊重。社会阶层是指依据经济、政治、教育、文化等多种社会因素所划分的相对稳定的社会集团或同类人群。应当注意，社会阶层不同于社会阶级，其划分的标准不仅仅是经济因素，还有其他各种社会因素，如社会分工、知识水平、职务等。

社会阶层分类通常是以层级、地位的高低进行排列，因此对大多数人来说，社会阶层分类意味着其他人与自己相比较，要么平等，要么高于或低于自己。在这一背景条件下，社会阶层的分类为消费心理提供了一个参考框架。对于企业来说，针对不同社会阶层的消费者在开展市场营销活动时应采取不同的营销策略。

（二）社会阶层的特征

1. 社会阶层的层级性

社会阶层是由社会层级或分层所定义的。所谓社会分层，就是“一个人在社会中或高或低的等级，这一等级是由社会中的其他成员排列的，以便产生一个尊重和威望的等级”。将消费者分为上、中、下层的社会分层方法暗含着一个社会中的某些成员在威望和权力方面比其他成员的等级更高。不管愿意与否，社会中的每一成员，实际上都处于某一特定的等级位置上，从而形成一个社会的等级结构。社会阶层的这种层级性在封闭的社会里表现得最为明显。在现代较为开放的社会里，人们的身份和地位虽然不像封建社会那样具有清晰的界限，但仍可以从其所上的学校、所从事的职业、所结识的朋友、所购买的产品中窥见端倪。由于处在同一社会阶层中的消费者很可能具有共同的价值观、社会规范和相似的购买模式，所以通过社会阶层可以了解某一特定社会阶层中的消费者购买行为的大体框架。

2. 社会阶层可以通过一定符号表现

一个人的社会阶层是与他的特定的社会地位相联系的。由于决定社会地位的很多因素如收入、财富等不一定是可见的，因此人们需要通过一定的符号将这些不可见的成分有形化。这些能够展示一个人所处社会阶层或地位的符号，被称为“地位符号”。现实生活中，社会阶层可以通过许多符号，如一个人所穿的衣服、居住的社区和房屋、佩戴的珠宝首饰、驾驶的汽车以及打高尔夫球、从事滑雪运动等展示出来。

值得注意的是，随着社会的变迁和主流价值观的变化，能够象征社会地位的符号及不同地位符号的作用都在发生变化。例如随着收入水平的提高，很多过去只有上层社会才消费得起的产品、服务正在开始或已经进入大众消费领域。

3. 社会阶层的多维性

社会阶层并不是单纯由某一个变量如收入或职业所决定，而是由包括这些变量在内的多个因素共同决定。决定社会阶层的因素既有经济层面的，亦有政治和社会层面的。在众多的决定因素中，其中某些因素较另外一些因素起更大的作用。收入常被认为是决定个体处于何种社会阶层的重要变量，但很多情况下它可能具有误导性。比如在我国现阶段，出租车司机、城郊菜农的收入比一般的大学教师和工程师高，但从社会地位和所处的社会层级来看，后者显然高于前者。除了收入，职业和住所亦是决定社会阶层的重要变量。一些人甚至认为，职业是表明一个人所处社会阶层的最重要的指标，原因是从事某些职业的人更受社会的尊重。

4. 社会阶层的同质性

社会阶层的同质性是指同一阶层的社会成员在价值观和行为方式上具有一定的共同点和相似之处。这种同质性很大程度上是由他们共同的社会经济地位所决定的，同时也和他们彼此之间更频繁的交流、互动有关。对营销者来说，同质性意味着处于同一社会阶层的消费者会订阅相同或类似的报纸、观看类似的电视节目、购买类似的产品、到类似的商店购物、光顾类似的酒店，这为企业根据社会阶层进行市场细分提供了依据和基础。

5. 社会阶层的动态性

社会阶层的动态性是指个人或家庭从一个社会阶层向另一个社会阶层的移动。这种变化可以朝着两个方向进行：从原来所处的阶层跃升到更高的阶层，或从原来所处阶层跌入较低的阶层。一般来说，越是开放的社会，社会阶层的动态性表现得越明显；越是封闭的社会，社会成员从一个阶层进入另一个阶层的机会就越小。社会成员在不同阶层之间的流动，一是个人的原因。如个人通过勤奋学习和努力工作，赢得社会的认可和尊重，从而获得更多的社会资源和实现从较低到较高社会阶层的迈进。二是社会条件的变化。如在我国文化大革命时期，知识分子被斥为“臭老九”，社会地位很低，但改革开放以来，随着社会对知识的重视，知识分子的地位不断提高，作为一个群体它从较低的社会阶层跃升到较高的社会阶层。总之，从长期来看，社会阶层是一个动态概念，消费者个人或家庭的社会地位存在上升或下降的可能。

6. 社会阶层对行为的限定性

大多数人在和自己处于同一社会阶层的人交往时会感到很自在，而在与自己处于不同层级的人交往时会感到拘谨甚至不安。这样，社会交往较多地发生在同一社会阶层之内，而不是不同阶层之间。同一阶层内社会成员的更多的交流和互动，会强化共有的价值观和社会规范，从而使阶层内成员间的相互影响增强。另一方面，不同阶层之间较少互动，会限制产品、广告和其他营销信息在不同阶层的成员之间的流动，使得彼此的行为呈现更多的差异性。

二、社会阶层的决定因素和分类

（一）社会阶层的决定因素

决定社会阶层的因素分为3类：经济变量、社会互动变量和政治变量。经济变量包括职业、收入和财富；社会互动变量包括个人声望、社会联系和社会化；政治变量则包括权力、阶层意识和流动性。下面主要介绍与消费者心理研究特别相关的几个因素。

（1）职业。在大多数消费者研究中，职业被视为表明一个人所处社会阶层的最重要的单一性指标。当首次与某人谋面时，我们大多会询问他在哪里高就和从事何种工作。一个人的工作会极大地影响他的生活方式，并赋予他相应的声望和荣誉，因此职业提供了个体所处社会阶层的很多线索。不同的职业，消费差异很大。比如，蓝领工人的食物支出占收入的比重较大，而经理、医生、律师等专业人员则将收入的较大部分用于在外用餐、购置衣服和接受各种服务。在大多数国家，医生、企业家、银行家和科学家是倍受尊重的职业，近些年，随着信息产业的迅速发展，与信息技术相关的职业如电脑工程师、电脑程序员等职业日益受到社会青睐。

（2）个人业绩成就。一个人的社会地位与他的个人成就密切相关。同是大学教授，如果你比别人干得更出色，你就会获得更多的荣誉和尊重。平时我们说“某某教授正在作一项非常重要的研究”“某某是这个医院里最好的神经科医生”，均是对个人业绩所作的评价。虽然收入不是表明社会阶层的一项好的指标，但它在衡量个人业绩方面却很有用。一般来说，在同一职业内，收入居前25%的人，很可能是该领域内最受尊重和最有能力的人。个人业绩或表现也涉及非工作方面的活动，也许某人的职业地位并不高，但他或其家庭仍可通过热心社区事务、关心他人、诚实善良等行为品性赢得社会的尊重，从而取得较高的社会地位。

（3）社会互动。大多数人习惯于与具有类似价值观和行为的人交往。社会学认为，群体资格和群体成员的相互作用是决定一个人所处社会阶层的基本力量。社会互动变量包括声望、联系和社会化。声望表明群体其他成员对某人是否尊重，尊重程度如何。联系涉及个体与其他成员的日常交往，他与哪些人在一起，与哪些人相处得好。社会化则是个体习得技能、态度和习惯的过程。家庭、学校、朋友对个体的社会化具有决定性影响。到青春期，一个人与社会阶层相联系的价值观与行为已清晰可见。

（4）拥有的财物。财物是一种社会标志，它向人们传递其所有者处于何种社会阶层的信息。拥有财物的多寡、财物的性质反映了一个人的社会地位。对于财物，它不仅指汽车、土地、股票、银行存款等通常的财物，也包括受过何种教育、在何处受教育、在哪里居住等“软性”财物。名牌大学文凭、名车、豪宅、时尚服饰，无疑是显示身份和地位的标记。然而，对它们特别有兴趣的恰恰是缺乏这些财物或对其缺乏了解的人。诸如《成功的秘诀》《哈佛学不到》之类的书籍的潜在买主是商学专业的学生或其他希望成为“管理高手”的人，而不是业已成功的人士。

（5）价值取向。个体的价值观或个体关于应如何处事待人的信念是表明他属于哪一社会阶层的又一重要指标。由于同一阶层内的成员互动更频繁，他们会发展起类似或共同的价值观。这些共同的或阶层所属的价值观一经形成，反过来会成为衡量某一个体是否属于此一阶层的一项标准。不同社会阶层的人对艺术、对抽象事物、对金钱和生活存在的不同看法，实际折射的就是价值取向上的差异。

（6）阶层意识。阶层意识是指某一社会阶层的人意识到自己属于一个具有共同的政治和经济利益的独特群体的程度。人们越具有阶层或群体意识，就越可能组织政治团体、工会来推进和维护其利益。从某种意义上说，一个人所处的社会阶层是由他在多大程度上认为他属于此一阶层所决定。一般而言，处于较低阶层的个体会意识到社会阶层的现实，但对于具体的阶层差别并不十分敏感。例如，低收入旅游者可能意识到星级宾馆是上层社会成员出入的地方，但如果因5折酬宾而偶然住进这样的宾馆，他或她对出入身边的人在穿着打扮、行为举止等方面与自己存在的差别可能并不特别在意。在他们眼里星级宾馆不过是设施和服务更好、收费更高的“旅店”而已，地位和阶层的联系在他们的心目中如果有的话也是比较弱的。相反，经常出入高级宾馆的游客，由于其较强的地位与阶层意识，对于星级宾馆这种“来者不拒”的政策可能会颇有微词。

（二）社会阶层的分类

划分社会阶层的方法有很多种，我们在这里主要介绍单一指标法。单一指标法是根据某个单项指标如职业、教育、收入将消费者分成不同的阶层。

教育是提高社会地位的主要途径，自然也是评价社会地位的一项重要指标。在大多数国家，一个人所受的教育程度越高，他的社会地位就越高。传统上，在制造、服务等领域，很多高收入的职位不一定需要高教育，但这种情况正在改变。看看各种招聘广告，你就会发现，凡是稍好一点的职位，对能力和素质都有很高的要求。要达到这种要求，通常需要接受良好的教育。不仅如此，教育还影响个人品位、价值观、获取信息和做决策的方式。总之，教育影响到个体消费模式和生活方式的各个方面，它与职业一道构成衡量社会阶层最常用的两项指标。

职业是应用最广的单项指标。事实上人们初次见面，总是以职业来评价和界定对方，人们内心总是在问“他是做什么的?”很显然，职业是我们判断一个初识的人最常用的线索。职业与教育、收入紧密地联系在一起，在很大程度上反映一个人的社会地位。消费者的工作类型、与其共事的同事的类型直接影响着他的价值观、生活方式和消费过程的各个方面。

收入是划分社会地位和社会阶层的常用指标。因为，一方面收入高低与个体所处社会阶层有着较密切的联系，另一方面收入是维持一定生活方式的前提条件。收入不仅制约着人们的购买能力，而且也影响着人们对工作、休闲和购物等活动的看法。当然收入作为衡量社会阶层的基本指标也存在着问题和局限。首先，被调查者也许不愿意公开自己的收入，或不能确切地按研究人员所界定的收入概念确定自己的收入。其次，收入本身并不能完全有效地解释由于社会阶层的不同所形成的行为差异。一位大学教授的收入或许与一位卡车司机的收入不相上下，然而他们的观念、意识和偏好会有相当大的差别。

三、社会阶层与消费者行为

虽然影响消费者行为的环境因素很多，但是同一社会阶层的消费者在需求、偏好、价值观念和行为模式上总会表现出某些共同之处。所以，社会阶层会影响消费者行为，消费者行为反过来又会展示他们各自所处的社会阶层。

（一）在心理上的差异

社会阶层之间的一个重要差别在于其成员的心理，特别是他们的价值观念、信念和趣味的不同。例如，尽管劳动阶层的消费者在取得丰裕的生活必需品方面存在障碍，但他们并不一定羡慕那些社会地位比他们高的人。在这些人看来，维持一种更高社会阶层的生活方式有时并不见得是一件值得为之努力的事情。一位蓝领消费者评论道："那些人的生活非常紧张，有更多体力或心力衰竭和酗酒现象。要维持他们所期望的地位、服装标准和生活水平肯定很难。我并不想处于他们的位置。"这位蓝领工人的话代表了相当一部分人的价值观和行为取向。虽然幸福看起来依附于高贵的社会地位和财富，但事情并不是如此简单。一个人是否感到生活的幸福在很大程度上将取决于他本人的世界观和价值取向。表 10-1 列举了美国中、下阶层消费者在心理上的部分差异。

表 10-1　美国中、下社会阶层在心理上的差异

中层美国人	下层美国人
着眼于将来	着眼于过去和现在
具有长远时间观	时间观不如中等阶层那么长远
理智的和井然有序的生活感	情绪化和模糊的生活感
视野较开阔，有自由选择感	视野较狭窄，感到选择余地小
充满自信，愿意冒险	不如中等阶层那么自信
对世界和国家大事较关心	不太关心国家大事
工作导向而非快乐导向	更强烈的工作导向
具体和现实的思维方式	更具体和更现实的思维方式
宗教不很重要	宗教不重要
认同城市生活方式	更强烈地认同城市生活方式

资料来源：Hendon，D・williams，E. and D. Huffman. Social Class System Revisited [J]. Journal of Business Research，1988（12）：268

（二）在产品选择和使用上的差异

不同社会阶层的消费者所选择和使用的产品是存在差异的。一些研究表明，尽管各个阶层妇女都对时装感兴趣，但上层和中层的妇女比下层妇女在这方面的参与程度要高一些，表现为更多地阅读时装杂志、参观时装表演、与朋友或丈夫讨论时装，原因可能在于上层社会的妇女在时装的品位上不同于其他阶层的妇女。例如，中下层的消费者更加偏好 T 恤，当然 T 恤上须有名牌标志或所景仰的个人或群体的名字；而上层消费者则垂青于精致而有品位的服装，并不太在意"支持性"联系，即靠某种名称来衬托自己。

（三）在信息获取上的差异

信息搜寻的类型和数量也随社会阶层的不同而存在差异。处于最底层的消费者信息来源有限，对误导和欺骗性信息缺乏甄别能力，购买决策可能更多地依赖亲戚、朋友提供的信息。中层消费者比较多地从媒体上获得各种信息，而且会更主动从外部搜寻信息。随着社会阶层的上升，消费者获得信息的渠道也越来越多。不同阶层消费者偏爱的媒体也有很大的不同。越是高层的消费者，看电视的时间越少，因此电视媒体对他们的影响相对要小。相反，高层消费者订阅的报纸、杂志远较低层消费者多，所以，印刷媒体信息更容易到达高层消费者。就信息内容而言，社会地位越高的消费者，他们越关心国家大事，对新闻和时事更加关注。较低阶层的消费者则更多地收看体育节目，阅读反映各种小道消息的报纸、杂志。

（四）在购物方式上的差异

社会阶层对消费者的购买方式会有重要影响。人们会形成哪些商店适合哪些阶层消费者惠顾的看法，并倾向于到符合自己社会地位的商店购物。如果消费者所处社会阶层与他想象的某商店典型惠顾者的社会阶层相去越远，他光顾该商店的可能性就越小。较高阶层的消费者较少光顾主要是较低阶层消费者常去的商店；较低阶层的消费者则较多地去主要是较高阶层消费者惠顾的商店。同时，中层消费者较上层消费者去折扣店购物的次数频繁得多。

上层消费者购物时比较自信，喜欢单独购物，他们虽然对服务有很高的要求，但对于销售人员过于热情的讲解、介绍反而感到不自在。他们特别青睐那些购物环境优雅、品质和服务上乘的商店，而且乐于接受新的购物方式。中层消费者比较谨慎，对购物环境有较高的要求，但他们也经常在折扣店购物，购物本身就是一种消遣。下层消费者由于受资源限制，对价格特别敏感，多在中、低档商店购物，而且喜欢成群结队逛商店。

（五）在休闲活动上的差异

社会阶层与消费者的娱乐和休闲活动选择具有密切的关系。一个人所偏爱的休闲活动通常是同一阶层或临近阶层的其他个体所从事的某类活动，他采用新的休闲活动往往也是受到同一阶层或较高阶层成员的影响。例如，较高阶层的消费者可能出入戏院、打桥牌以及观看大学的足球比赛。较低社会阶层的消费者则倾向于花更多的时间看电视，成为钓鱼爱好者，或喜爱露天电影和棒球运动。

上层社会成员所从事的职业一般很少涉及体力活动，作为补偿，多会选择要求臂、腿协调运动的活动如慢跑、游泳、打网球等。下层社会成员倾向从事团体或团队性体育活动。中层消费者是商业性休闲和诸如公共游泳池、公园、博物馆等公共设施的主要使用者，因为上层消费者一般自己拥有这一类设施，而低层消费者又没有兴趣或无经济能力来从事这类消费。

（六）在储蓄、消费和信用卡使用上的差异

储蓄、消费和信用卡的使用也与社会阶层地位有关。较高阶层的消费者具有更强的未来导向，并且自信在财务方面是聪明的，因而他们更愿意在保险、股票、不动产上进行投资；较低阶层的消费者更关心眼前的满足，他们储蓄的主要目的在于提高其未来财务上的安全系数（如退休或失业以后如何维持生活）。所以，在信用卡使用上，较低社会阶层的消费者倾向于在分期付款的购买中使用他们的银行信用卡，而较高阶层的消费者则完全按月支付他们的信用卡账单。这就是说，较低阶层的购买者倾向于使用他们的信用卡“今天购买，以后再付款”，否则便负担不起那些他们想要得到的商品；较高阶层的消费者使用信用卡只是把它当做现金的一种便利替代品。这表明，富裕消费者和非富裕消费者对于商业银行金融服务的需求是不一样的。富裕者在财务上更具冒险性，他们渴望货币市场基金、财务计划信息、税收建议、投资管理服务以及金融产品和服务。非富裕者一般只希望得到更多的传统金融产品和服务，如储蓄存单和优惠的贷款利率等。

小资料：国家统计局在2000底推出的《城市高收入群体分析》中，用“高收入群体”代替了“富人”这一概念。此次调查中，高收入的界定是以1999年全国城市住户经常性调查中占10%的最高收入家庭户均可支配收入为底线，即3.2万元，但实际操作以3万元为标准。在以3万元为底线的同时，还加上是否有商品房（房子必须本人购买）和私家车为参考对象，有些城市还加上了股票大户室的参考标准。此次调查对城市高收入群体的职业划分也非常细致。首先按照传统的职业分工，将调查对象分为8大类职业，其中企事业单位的负责人在城市高收入群体所占的比例最大，占31%，但他们在总人口中却占了较小的比重。作为知识经济产物的自由职业者也首次被列入了调查者的行列，占了17.8%的比重。调查者又按照实际的社会分工要求，将高收入分为24小类，私营企业经营者以月收入13 445元高居榜首，紧接其后的是职业股民与社会中介服务人员，月收入分别是8 496元和8 491元。（资料来源：《消费心理学》，荣晓华主编，东北财经大学出版社，2001）

第四节　消费习俗、消费流行与消费心理

从消费者角度来看，消费习俗与消费流行是一对矛盾的概念，习俗源于传承，而流行则始于变革。但二者也具有一定的相似之处，即都是对于行为的模仿。所不同的是习俗是一种潜意识状态的模仿，也可以说是一种被动模仿，而流行则是一种主动追随的模仿。

一、消费习俗与消费者心理

风俗是指世代相传、长期形成的一种风尚；习惯是由于重复或练习而巩固下来的并变成需要的行为方式。风俗习惯也称习俗，它是一种社会现象；而消费习俗则是人们在日常消费生活中，由于自然的、社会的原因所形成的不同地区各具特色的消费习俗。消费习俗一旦形成，不仅会对人们的日常消费行为产生直接影响，也会给人们的消费心理带来重要影响。

小资料：在美国的化妆品界曾流行一句“名言”：日本的化妆品市场是美国商人难于攀登的富士山！美国是一个生产化妆品的大国，出口化妆品较多，在其产品进入日本市场时，曾组织过大规模的、形式多样的促销活动，但日本消费者对此根本无动于衷，美国化妆品的销量一直徘徊不前。经过大量调查研究，美国人才知道问题出在化妆品的色彩上。在美国，人们有一种普遍的观念，较深的肤色是富裕阶层的象征，因为只有富裕的人才有足够的时间和金钱去做大量户外运动。基于这种时尚，美国化妆品以较深的色调为主；而作为黄色人种的日本人却崇尚白色，希望通过化妆使自己的肤色显得白皙。恰恰就是消费者在化妆品消费习俗上的这种差异，使得美国化妆品难讨日本消费者的欢迎。（资料来源：《消费心理学》，刘庆华主编，机械工业出版社，2002）

（一）消费习俗的特点

消费习俗指一个地区或民族约定俗成的消费习惯，是整个社会风俗的重要组成部分。可以说，消费习俗代表了社会风俗的主要特征，因为人类绝大部分习俗的背后都包含了消费这一条件。不同国家、不同地区、不同民族的消费者，在长期的生活实践中形成了各种各样的消费习俗，但消费习俗仍具有某些共同特征。

1. 消费习俗的长期性

一切消费习俗都是人们在长期的生活实践中逐渐形成和发展起来的。一种习俗的产生、形成与发展需要经过若干年乃至更长的时间。在社会生活的各个方面，已经形成的消费习俗又会对人们的消费心理与消费行为产生长期的、潜移默化的影响。

2. 消费习俗的社会性

消费习俗的形成离不开特定的社会环境，是人们社会生活的组成部分，带有浓厚的社会色彩。消费习俗首先是由众多的社会成员在共同的社会生活中共同参与而形成的，而且社会环境因素、社会意识形态的变化也会使消费习俗产生一定程度的变化。因此，消费习俗的形成乃至发展变化都有着深刻的社会方面的原因。

3. 消费习俗的区域性

消费习俗是特定区域范围的产物，因而带有强烈的地方色彩。例如在四川等阴冷潮湿的地区，当地人素有吃辣椒、吃火锅的嗜好；在西藏，以青稞、酥油、牛羊肉为主的食物结构使人们好喝砖茶；而我国北方较寒冷地区的居民喜饮烈酒；少数民族的消费习俗更是他们长期在特定的地域环境中生活而形成的民族传统和生活习惯的反映。消费习俗的区域性使我国各地区形成了不同的地域风情。

4. 消费习俗的非强制性

消费习俗的产生和流行往往不是通过强制手段来推行的，而是通过一种社会约束力量来影响消费者。这种约束力虽无强制性，但却具有强大的影响力，使置身其中的消费者自觉或不自觉地遵守这些习俗，并以此规范自己的消费行为。

（二）消费习俗的类别

1. 物质消费习俗

物质消费习俗主要是由自然、地理、气候等因素影响而形成，主要涉及有关物质生活范畴。物质消费习俗与社会发展水平之间具有反向关系，即经济发展水平越高，物质消费习俗的影响力越弱。这类消费习俗主要包括以下 3 个方面。

(1) 饮食消费习俗。在我国，除了前面介绍的口味习惯外，还有北方人以面食为主，南方人以大米为主；沿海居民喜欢鲜活食品，内地居民喜欢冷冻食品。这些饮食习惯基本上是受供应条件限制而形成的，但近年来随着经济发展、科技进步以及运输业的发达，这种地域限制造成的习俗差异越来越小。

(2) 服饰消费习俗。我国地域广阔，大多数少数民族按地域不同而聚居，因此也形成了各具特色的服饰消费习惯。东南地区与西北地区的服饰就有很大不同，如西北地区人们包头、束腰的习惯其他地区就没有，各少数民族的盛装打扮也是汉民族所没有的。

(3) 住宿消费习俗。受不同地区生活环境及经济发展水平差异的影响，人们住房建造与住宿方式也有很大不同。例如西北牧业地区，人们习惯于住蒙古包。随着经济的发展，可移动的蒙古包越来越少，但人们在建造固定住房和室内装修时仍习惯采用蒙古包的建造装修方式。又如陕北地区，人们习惯把住房建成窑洞式等。

2. 社会文化消费习俗

社会文化消费习俗特指受社会、经济、文化影响而形成的非物质消费方面的习俗。这类消费习俗较物质消费习俗具有更强的稳定性。

(1) 喜庆类消费习俗。喜庆类消费习俗是社会文化消费习俗中最主要的一种形式，是人们为了表达各种美好感情，寄托美好愿望而产生的具有特定意义的消费活动习惯。例如我国庆贺春归、祝愿收获的春节，祈愿合家团圆的中秋节，以及西方的圣诞节、情人节、狂欢节等。

(2) 纪念类消费习俗。纪念类消费习俗是为了纪念某个事件或某个人而形成的消费习俗。这类习俗往往与重大的历史人物有关，具有较强的民族性。例如我国人民为纪念战国时期楚国诗人屈原而形成的端午节吃粽子的习俗，西方人为纪念耶稣诞辰而形成的圣诞节等。

(3) 宗教类消费习俗。这类消费习俗是由某种宗教信仰演化而成的，大多与宗教教规、教法有着密切关系，因此宗教色彩深厚、约束力很强。例如伊斯兰教的开斋节、宰牲节，基督教的复活节，犹太教的成年礼等都属于传统的宗教节日。这些节日也都有特定的消费活动和习惯做法。

(4) 文化类消费习俗。这类习俗是社会文化发展到一定水平而形成的，具有深刻的文化内涵。能够流传至今的文化消费习俗一般与现代文化具有较强的相容性。在我国较有影响的文化消费习俗主要是各种地方戏演出以及各具特色的文化活动，如以山东潍坊为代表的北方地区的放风筝习俗；南北地区风格各异的舞龙、舞狮活动等。

（三）消费习俗对消费者心理的影响

消费习俗涉及的内容非常广泛，包括饮食菜肴、衣着服饰、传统观念、生活方式等方面。由于消费习俗是人们在长期社会生活中逐步形成的心理沉积，因此它对消费者的心理和行为产生着巨大的影响，多数消费者对消费习俗有顽固性的偏爱。虽然社会的进步与消费方式的变化对消费习俗带来了冲击，但消费习俗对消费心理的影响仍能随时为人们所感觉到。

1. 消费习俗使消费者心理具有稳定性

任何一种消费习俗的形成和发展过程都取决于消费者的心理接受程度、心理稳定性及逐步强化的消费倾向。受消费习俗的长期影响，消费者逐渐形成一种比较稳定的消费心理与购买行为。这表现在消费者往往容易重复购买符合消费习俗的各种产品，比如临近端午节，人们就会购买粽子，临近中秋节就会购买月饼等。

2. 消费习俗强化消费者的消费偏好

由于消费习俗带有强烈的地域性，特定消费习俗的长期影响使消费者形成了对地方风俗的特殊心理偏好，并产生一种自豪感。这种偏好会直接影响消费者对产品的选择，并不断强化他们已有的消费习惯。例如各地消费者对本地风味小吃的喜好、各民族人民对本民族服饰的偏好等，这些偏好都会使消费行为发生倾斜。

3. 消费习俗导致消费者心理的变化趋缓

由于消费者对消费习俗的顽固性偏爱，当新的消费方式与消费习俗发生冲突时，改变旧有习俗中的不合理成分而代之以新的消费方式将是一个长期而困难的过程。此时消费习俗对消费心理的变化起着阻滞作用，因为遵从消费习俗会导致消费活动的习惯性和稳定性，将大大延缓消费者心理及行为的变化速度，这对消费者适应新的消费环境和消费方式具有消极影响。

总之，消费习俗对消费者心理的影响是十分明显的。这要求企业在日常生产经营活动中，充分考虑不同国家、不同地区、不同民族消费习俗的差异，尊重目标市场消费者的消费习俗，更好地满足不同市场的需求，使企业得以更好地发展。

二、消费流行与消费者心理

"流行"也称"时尚""时髦"，是指社会上相当多的消费者在较短时间内，同时模仿和追求某种消费行为方式，使这种消费行为方式在整个社会中随处可见，从而使消费者之间发生连锁性感染并将此发展成为一种风气。流行的产生大致有3种原因：一是由于某种新产品的性能特点适合大多数消费者的需求、欲望，所以形成了流行；二是由所谓"时髦领袖"带头，而引发许多人的效仿，如影视明星、体育明星、政界要人的榜样作用；三是由产品的宣传所引起的。消费流行是社会流行的一项重要内容。当消费流行盛行时，到处都有正在流行的产品出售，众多不同年龄、不同阶层的消费者津津乐道流行产品，各种各样的宣传媒介对此大肆渲染、推波助澜。总之，没有什么比消费流行更能引起消费者的兴趣。

（一）消费流行的含义

消费流行作为社会流行的一个重要组成部分，是指在一定时期和范围内，大部分消费者呈现出相似或相同行为的一种消费现象。具体表现为大多数消费者对某种产品或消费时尚同时产生兴趣，从而使该产品或消费时尚在短时间内成为众多消费者狂热追求的对象，消费者通过对所崇尚事物的追求，获得一种心理上的满足。此时这种产品即成为流行产品，这种消费趋势也就成为消费流行。消费流行的关键是某种消费行为方式具有新奇性，吸引了许多人竞相模仿和学习，从而使这种消费行为方式在整个社会随处可见，成为一种社会风气。

1. 消费流行对企业有重大的影响

企业推出的一种新产品能不能成为流行产品，具有一定的风险。一种产品成为流行产品之后，由于市场广阔、销量增长迅速、销售时间集中，能够在短期内给企业带来巨大的利润。但是如果对消费需求估计有误，产品大量积压，则会给企业带来很大的损失。因此企业在研制和开发新产品，希望它成为流行产品之前，需要对市场进行认真的调查和反复测试，掌握消费心理变化，切忌盲目生产。

2. 消费流行能够给市场带来巨大的活力

消费流行的产品是市场的重点、骨干产品，此种产品销售迅速、购买活跃，产销双方都能获得较高的利润。在流行产品的带动下，与此有连带关系的产品，以及其他许多类似产品也会得以大量销售，使市场购销活跃、繁荣兴旺。但消费流行也会给市场带来巨大的压力，如果生产不能及时满足市场需求，或由于流通环节阻塞，消费流行就会受到抑制。在紧俏心理的作用下，越是短缺的流行产品，人们越是急于购买，因此巨大的产品购买力给市场带来极大的压力和冲击。消费流行是一种重要的经济现象，我们研究消费流行的目的是要因势利导，促进经济的发展和生产水平的提高，同时追踪消费心理的变化轨迹，为市场营销和经济建设服务。

（二）消费流行的内容

消费流行的内容十分广泛，有物质流行和精神流行。从一般社会因素分析，消费流行的内容可以归纳为以下 3 个方面。

1. 物质的流行

物质的流行是指某种产品或服务的流行，它涉及消费生活中衣、食、住、行的各个方面。例如时装、装饰品、化妆品、烟酒、鞋帽、汽车、保健食品、发型、家具和耐用消费品、住宅等。在物质流行中广告宣传起着特别重要的作用。

2. 行动的流行

行动的流行表现为人们行为活动方面的流行，如迪斯科、霹雳舞、太空舞、街舞等的流行。行动的流行受社会行为观念、文明程度等环境因素的影响较大。例如各种快节奏舞曲的流行就与人们开始逐步习惯于高频率、快节奏的生活观相适应。

3. 精神的流行

精神的流行是指由某种共同心理取向所反映出的思想、观念、风气等的流行。流行歌曲、畅销书等就属于这一类。《富爸爸，穷爸爸》一书出版当年就创下万册的销售奇迹，这与国人对财富的认同和渴求心理密切相关。近年来兴起的吉祥数字热也是消费者观念的一大转变。过去分文不值的电话号码，由不同数字组成了所谓的“吉祥号码”后，现在竟可卖出几万元的高价。用吉利的谐音直译出的“可口可乐”“金利来”等商品名称的大量出现，也正是因为它们迎合了消费者的心理意识。

上述几方面的流行是互相影响、互相制约的。思想观念方面的精神流行，往往是物质流行和行为流行的基础，而物质流行与行为流行又是精神流行的直接表现。就消费心理而言，物质流行更为重要，它是影响消费心理的直接因素。

（三）消费流行的动因及特征

消费流行作为一种社会现象，存在的时间一般较为短暂。今天的流行时尚不久就会被其他的消费时尚所代替，当年的流行时尚将被下一年的所取代。消费流行作为一种消费行为方式，要经历从发生、发展到消失的变化过程。

1. 消费流行的动因

由图 10-1 可知，流行具有周期性。在实际生活中，各类不同形式的消费流行并不是简单地按图中的单一线条发展的，而是交叉重叠、相互影响。但同一类型的流行线条则是单一循环进行，如服饰的流行，一般不会有几款服饰同时流行，而大多是一款服饰主导流行，当人们对这款服饰的新奇感逐渐消失时，另一款新服饰的流行可能已经在酝酿之中了。每一次消费流行中所反映出的消费者心理行为水平、强度方式都是不同的，它是多种社会因素共同作用的结果。

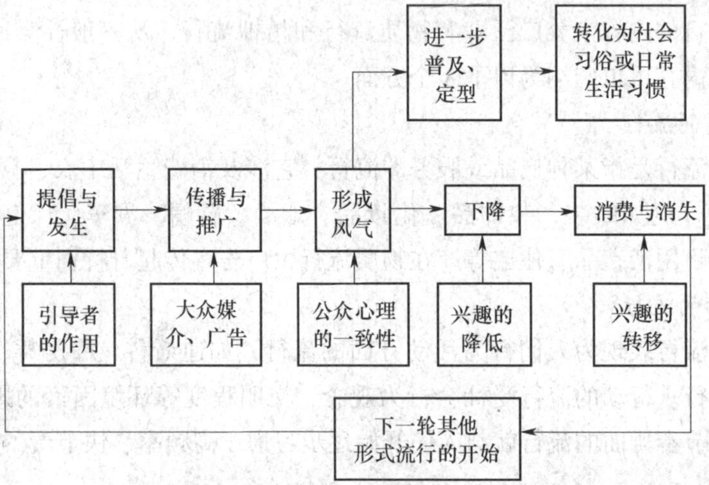

图 10-1　消费流行的周期性

（1）社会文明程度。消费流行的产生和发展与社会生产力的发展水平、人类的文明程度密切相关，流行的渊源可以追溯到人类的远古时代。人类自从有了自己的文明，便有了与之相适应的流行。但是，由于当时人类的文明程度和生产力水平低下，流行的发展变化也十分缓慢，因此，当时的流行后来多形成社会风俗习惯，只是当社会化生产的程度大幅度提高、社会产品数量大幅度增长后，流行才成为一种十分复杂的社会现象。随着流行发展变化速度的加快和生命周期的缩短，消费流行的作用和影响力也越来越大。消费流行几乎渗透到人类活动的各个领域，其表现形式也越来越多样化、复杂化。消费流行往往以最快的速度反映社会现实状况，成为新的社会行为规范的先驱。

（2）个性意志的自我表现。消费者渴求生活多样化，追求新奇，乐于表现自我等心理，都是人对个性意识追求的反映，而消费流行正是这种追求的产物。外界的客观事物总是在不断地发展变化，而产品的更新换代、推陈出新与这种变化正好相适应。消费者具有求新、求变的心理特征，大多数消费者都习惯于追求新、奇、变，以表现自己的身份、地位、爱好、兴趣和个性特点。随着时间的推移，原有的消费行为已被大家所熟悉，而原有行为中"新"的特点就不复存在了。这时，由于自身特性的作用，人类开始对原有的消费行为产生心理上的厌倦，转而追求更新的消费行为，如此循环，这便是消费流行的最主要的心理基础。

(3) 从众与模仿。任何一种消费行为要形成流行趋势，是与一定时间、一定范围内消费者个人和群体的承认和参与密不可分的。在人类社会中，个体希望在行为上与群体中的多数人保持一致的从众心理和人类固有的模仿心理，成为促使某消费行为流行的重要心理条件。当某一消费行为在一定环境中激发起众多消费者好奇、追求的心理时，众多的模仿者和不甘落后的从众者便纷纷仿效，于是，流行开始形成并且逐步扩大。例如近年来普遍流行的网恋、追星等事件就是从众与模仿行为的结果。人们常听到的网络流行语"美眉""青蛙"等，以及常见的热衷于用手机短信等流行通信方式的"拇指一族"等也与消费者的从众心理有关。一款有特色的服装，很快就会成为仿效者的时尚标签；一句新奇的用语如"搞掂""下课"等，很快就能变成人们的"口头禅"。这种从众心理和模仿行为，也是消费者在生活中寻求社会认同感和心理安全感的表现。服从多数人的心理趋势和个体自觉接受与模仿社会行为规范的倾向，是流行得以产生的重要条件。

(4) 广告传播。信息现代化的加快及网络媒体的崛起，消费者产品意识与企业竞争意识的增强，从社会环境与消费心理两方面极大地促进了广告业的发展，也使之成为消费流行强有力的助推器。如脑白金的"今年爸妈不收礼，收礼只收脑白金"，平安保险的"中国平安，平安中国"及哈药六厂的系列广告，借助各种媒体迅速风靡全国大中城市。广告宣传的声势越大，传播越广，产品的知名度也越高，对消费者的心理影响就越强，产品也越容易流行。如果再伴之以良好的服务、上乘的质量及适中的价格，则产品流行的速度会更快、强度会更高、周期也会更长。

总之，消费流行受多种因素的影响和制约。可以说，社会文明程度影响和制约消费流行的水平和层次，个人意志的自我表现是影响和制约消费流行的内在动力，从众与模仿影响和制约着消费流行的方式，广告传播则影响和制约着消费流行的强度和范围。

2. 消费流行的特征

作为一种社会现象，消费流行同其他社会事物一样，有其自身的特征。

(1) 从形成的速度上看，消费流行的兴起常常表现为一种具有强制性的爆发式扩展和向外延伸。

(2) 从持续的时间上看，消费流行一般表现为较短的流行生命周期，即在不长时间内就会消失。当然，有时某种时尚也能保持较长时间，像牛仔裤的流行就长达几十年之久。如果消费流行能保持下去，则可能演化为一种新的社会风俗。

(3) 从表现的形式上看，消费流行不像伦理道德那样具有社会压力感。它的传播依靠人的心理作用，表现为人们主动的自我追求、乐在其中的自觉行动。

(4) 从影响的范围上看，消费流行如果始于社会名流、社会权威，则流行的速度更快、传播的范围更广。它对女性的影响比对男性的影响更大，对女性用品的影响比对男性用品的影响更为明显，对年轻人的影响比对老年人的影响大得多。

(5) 从接受的对象上看，消费流行对消费者具有一定的选择性。一般最易接受者往往是青年人，好奇心、好胜心较强者及外向型性格的消费者，而较为保守的人往往是流行的滞后接受者。

(四) 消费流行的规律

消费流行是一种客观经济现象，有其自身的运动过程和发展变化的一般规律。了解和掌握消费流行的运动规律及消费者由此产生的心理效应，有利于企业引导消费，掌握市场经营的主动权。

1. 消费流行的地区传播规律

消费流行作为社会范围内的行为，按其地区范围的大小可划分为地区性流行、全国性流行、世界性流行等几种形式，这些形式所反映的是流行的地域性特点。消费流行在不同地域间的流动与传播有其自身的规律性，主要表现为以下两种。

(1) 消费流行从发达地区向不发达地区传播。由于消费的基础是经济发展水平，市场产品的多样化促成消费行为的多样性，产品更新换代的速度影响消费行为的转换速度，因此，消费流行总是从经济发展水平较高的国家或地区开始，然后向经济欠发达的国家或地区扩展和延伸。

(2) 消费流行的波浪式传播。消费行为表现为在短期内爆发式地向外扩展与延伸。当一种消费流行由发达地区兴起并传播到欠发达地区时，随着欠发达地区流行的兴起，发达地区的流行趋势一般会随之而下降。这就形成了消费流行波浪式运动的传播趋势，这是由于消费者对原有流行产生厌倦心理的结果。

我国国内形成的消费流行，一般是从京、津、沪等东南沿海发达地区开始，逐渐向中部地区转移，再进入西北地区，或是从东南地区向西北地区波浪式逐渐推移。

2. 消费流行的人员结构规律

消费流行作为人类的社会行为，反映出消费者消费需求的阶段性和阶层性的变化。消费者群体的构成形式及按群体层次传播的方式，形成了消费流行的人员结构规律。一般来讲，可形成以下两种基本的流行形式。

（1）自上而下扩展延伸。这是由社会上层、领袖人物、影视明星、社会名流等人物带头提倡的活动逐渐向社会下层传播，形成社会时尚或消费流行。例如20世纪70年代末，中央领导一改几十年一贯的穿着中山装、军便装的习惯，首先带头穿西装、系领带，之后西装便在全国流行；2001年APEC上海峰会上，APEC的领导人身穿“唐装”亮相，迅速引发了全国甚至世界范围内的“马褂热”；再如影视明星、电视节目主持人的某种服饰、发型或新颖用语，都能很快形成全国的流行行为等，这些都是这种传播形式的佐证。

（2）横向扩展延伸。这种形式是由于社会生活环境变迁、消费观念变化，在社会中由消费者自发形成的一种流行形式，之后为社会各阶层普遍接受。这种流行与社会经济发展的关系极大。如20世纪80年代以来，与我国人民对美化生活环境的追求，而又苦于受居住面积的限制这一矛盾相适应，组合家具曾一度风靡全国。随着住房条件的改善，新颖的分立式家具又渐渐流行。

3. 消费流行的产品运行规律

产品在其自身发展过程中，由于市场环境、社会发展水平及消费者心理的影响，形成了自己的生命周期，即产品生命周期。从消费心理学角度来看，处于消费流行中的产品也有其自身的生命周期，它与一般产品的生命周期既有同质性，又有其自身的特点。

市场学中的产品生命周期分为4个阶段，即产品的市场引入期、成长期、成熟期、衰退期，其主要特点是产品在进入成长期和成熟期的过程中，利润与销售量、市场占有率呈平稳上升趋势，并且可维持一段较长的时间。而流行产品的生命周期则分为流行酝酿期、流行发展期、流行高潮期、流行衰退期4个阶段。流行酝酿期的时间一般较长，消费者要进行一系列意识、观念以及舆论上的准备；在流行发展期，消费者中的一些权威人物或创新者开始做出流行行为的示范；进入流行高潮期，大部分消费者在模仿、从众心理的作用下，自觉或不自觉地卷入到流行中，把消费流行推向高潮；流行高潮期过去以后，人们的消费兴趣发生转变，流行进入衰退期。

消费流行的这一周期性现象，对企业的发展具有重要意义。企业可以根据消费流行的不同阶段采取相应的策略：在流行酝酿期，通过预测，洞察消费者的需求信息，做好宣传引导工作；在流行发展期，则大量提供与消费流行相符的上市产品；在流行高潮期内，购买流行产品的消费者数量会大大增加，产品销售量急剧上升，此时企业应大力加强销售力量；进入流行衰退期后，企业应迅速转移生产能力，抛售库存，以免遭受损失。另外，随着产品更新速度的加快，消费流行的周期会越来越短，为此，企业应及时调整营销策略，以适应消费流行变化节奏越来越快的要求。

（五）消费流行对消费心理的影响

消费流行的规律在很大程度上取决于消费者心理变化的过程。这种心理变化产生的效应会极大地影响消费流行传播的地域范围、消费者群体范围和企业的市场营销活动。相反，消费流行也会在很大程度上从多个方面影响消费者的心理。

在消费决策系统中，消费者心理活动过程具有一定的规律性。如在收集消费信息阶段，消费者的心理倾向是尽可能多地收集有关产品的信息，在比较中做决策。在购买后通过对产品的使用，产生购后的心理评价。但在消费流行的冲击下，消费心理会发生一些微妙的变化。

1. 影响消费者认知态度的变化

按正常的消费心理，对于一种新产品，消费者开始往往持怀疑态度。按照一般的学习模式，消费者对这一事物有一个学习认识的过程。有些人是通过经验学习，有些人是通过亲友的介绍来学习，还有些人是通过大众传播媒介提供的信息来学习。当然这种消费心理意义上的学习过程不同于正规的知识学习，它只是对自己感兴趣的产品知识予以接受。但由于消费流行的出现，大部分消费者的认知态度会发生变化。首先是怀疑态度消失，肯定倾向增加；其次是学习时间缩短，接受新产品的时间提前。在日常生活中，许多消费者唯恐落后于消费潮流，一出现消费流行，就密切关注其变化。一旦购买条件成熟，他们便积极购买，争取走入消费潮流之中。由此可见，消费者对流行时尚的认知态度发生了不同于一般产品的变化。实际上，这是消费流行强化了消费者的购物心理。

2. 影响消费驱动力的变化

人们购买消费品，有时是出于生活需要，有时是出于社会交往的需要。这两种需要产生了购买消费品的心理驱动力，这些驱动力使人们在购物时产生了生理动机和心理动机。一般这些购买动机是比较稳定的。当然有些心理动机也具有冲动性，如情绪动机，但这种情绪变化是与个人消费心理一致的。然而在消费流行中，购买产品的驱动力会发生新的变化，如有些人有时并没有产生消费需要，但看到很多人购买，他也加入了购买产品的行列，对流行消费品产生了一种盲目的购买驱动力。这种新的购买驱动力可以划入具体的购买心理动机之中，如求新、求美、求名、从众心理动机。但有时，购买者在购买流行产品时，并不能达到上述心理要求，只能说消费流行使人产生一种新的心理驱动力。研究这种驱动力对于认识消费流行为什么来势迅猛具有重要的意义。

3. 影响消费心理的反向变化

在消费流行中，原有的一些消费心理也会发生反方向变化。因为在正常的生活消费中，消费者往往要在对产品的性能和价格评价和比较后才去购买。但是消费流行使这种传统的消费心理受到冲击。一些流行消费品很显然是因供求关系而抬高了价格，但消费者却常常不予计较而踊跃购买，相反，原有的正常产品的消费行为反而有所减少，如消费者为了购买时装，对其他服装产生了推迟购买的消费心理活动。在正常的消费活动中，消费者购买消费品是某种具体的购买心理动机在起主导作用，如购买消费品注重实用性和便利性的求实心理动机。但在消费流行中，这种心理动机就会发生变化，从而对实用便利产生了新的理解。因为一些流行产品从总体上看具有原有老产品所有的功能，能给生活带来新的便利，特别是一些食品和家庭用品更是如此。这是消费者加入消费流行心理作用强化的直接结果。

4. 影响消费习惯与偏好的变化

在消费活动中，有些消费者具有惠顾和偏好的心理动机。消费者由于长期使用某种消费品而对其产生了信任感，或者经常光顾印象好的厂家、商店，购物时非此不买，形成了购买习惯。在消费流行的冲击下，这种具体的消费心理发生了新变化，虽然这些人对老产品、老品牌仍有信任感，但整天接触流行消费品，而且不断受到亲朋好友使用流行消费品表现出的炫耀心理的感染，他们也会逐渐失去对老产品、老品牌的惠顾心理。这时，如果老品牌、老产品不能改变产品结构、品种、形象，不能适应消费流行的发展，那么它们的消费者中就会有相当一部分转向购买流行产品，从而使企业失去老客户。个人购物偏好心理是在长期消费生活中养成的，这种心理是建立在个人生活习惯、兴趣爱好之上的。在消费流行中，这种偏好心理也会发生微妙的变化，有时是消费者个人认识到原有习惯应该改变，有时则是社会风尚的无形压力使之动摇和改变。

总之，在消费流行的影响下，人们的消费心理会或多或少地发生变化。但综合来看，消费心理变化的基础仍然是原有的心理动机强化或发生转移，它并未从根本上脱离原有的消费心理动机。因为消费流行具有来得快，去得快的特点，这就要求经营者看准市场动态，既要抓住机遇，又要谨慎经营。对企业来讲，由消费者心理活动促成并反过来影响消费者心理的消费流行，既是企业的市场营销机会，又是企业营销中的“陷阱”。因此，把握消费流行规律、研究消费者心理，对企业掌握市场动向具有决定性的作用。

【本章小结】

本章主要介绍了经济环境与消费心理；社会文化与消费心理；社会阶层与消费心理；消费习俗与消费心理以及消费流行与消费心理。主要因素有：经济发展对消费心理的影响和产业结构的调整对消费心理的影响。文化是人类在社会发展的过程中所创造的物质财富和精神财富的总和，有时也特指社会意识形态以及与之相适应的制度和组织机构。文化又分为主文化和亚文化。社会阶层指的是某一社会中根据实际地位或受尊重程度的不同而划分的社会等级。社会阶层的决定因素有：职业、个人业绩成就、社会互动、拥有的财物、价值取向、阶级意识。消费习俗是一个地区约定俗成的消费习惯，是社会风俗的组成部分。它具有长期性、社会性、区域性、非强制性等特点。消费流行是一种反映在市场中的经济现象，是指1种或几种商品由于受到众多的消费者欢迎，在一定时间内广泛流行，甚至成为消费者狂热的追求对象。了解了上述各因素的影响，企业的营销行为就具有了极强的目的性、目标性。

【复习思考题】

1. 影响消费心理的经济因素有哪些？
2. 划分社会阶层有哪些标准？社会阶层对消费心理有什么影响？
3. 文化的特征有哪些？它是如何影响消费心理的？
4. 大学生能否算作一个亚文化群？为什么？如果是，它具有哪些消费特点？
5. 什么是消费习俗？消费习俗对消费心理有什么影响？
6. 什么是消费流行？如何引导流行？

【案例分析】

跨国公司品牌文化的本地化

通过本土文化的反复浸润而充分彰显本土文化特征的品牌，是跨国公司本土化成功的标志。

Coca-Cola是最早来到中国的跨国公司之一，Coca-Cola在中国的成功发展得益于其品牌的本土化。Coca-Cola在中国获得了一个颇为美妙的汉语名称——可口可乐，可口可乐这个汉语名称既朗朗上口、悦耳动听，又揭示了品牌的产品特征，令人回味无穷。Coca-Cola的英文名是这种饮料中两种主要原料的名称古柯叶（Coca）和古拉果（Cola）连缀在一起的结果，可是谁也没有想到它在中国会获得了既"可口"又"可乐"这样一个极具亲和力的汉语名称。正是"可口可乐"这个美妙的名称拉开了Coca-Cola公司在中国本土化的序幕，从可口可乐公司在北京中国粮油进出口总公司的仓库里建立第一条生产线起，到现在有20多家合资企业生产可口可乐的饮料，可口可乐产品及其品牌文化已经产生了强大的影响力。

可口可乐品牌文化的本土化在中国带来的效应是极其广泛的，如今"可乐"已经成为这种碳酸型饮料的汉语代名词。在中国，"天府可乐""幸福可乐""非常可乐"等各种可乐型饮料的出现，实际上都是受可口可乐品牌文化的影响和启发而获得市场认同的。（案例来源：《消费心理学》，柯洪霞，曲振国编著，对外经济贸易大学出版社，2006）

问题：1. 结合文化、流行、习俗理论分析Coca-Cola在中国成功的原因。

2. 我国企业从中会得到怎样的启发？

【实训练习】

1. 访问3家国内企业，分析其在指定营销策略时是否恰当地考虑了中国传统文化的影响。

2. 分别参观保龄球馆和网球俱乐部，分析其停车场所停放汽车类型以及光顾这2种体育场所顾客的衣着和行为有何不同。

3. 针对某品牌服装，指定引导消费流行的营销策略。

4. 观察你身边的消费者，试与他们探讨消费态度和观念，看看他们会表现出什么样的消费趋势?

参 考 文 献

[1] 荣小华．消费者行为学［M］．大连：东北财经大学出版社，2009.
[2] 尹健．营销心理学［M］．北京：高等教育出版社，2007.
[3] 梁清山．消费心理学［M］．北京：北京交通大学出版社，2008.
[4] 范明明．消费心理学［M］．北京：中国财政经济出版社，2005.
[5] 姜玲玲．消费心理学［M］．成都：西南交通大学出版社，2008.
[6] 肖兴政．营销心理学［M］．重庆：重庆大学出版社，2003.
[7] 江林．消费者心理与行为［M］．北京：中国人民大学出版社，2002.
[8] 李强．管理心理学［M］．北京：北京工业大学出版社，2002.
[9] 叶亦乾．心理学［M］．上海：华东师范大学出版社，2004.
[10] 田雨．消费心理学［M］．北京：首都经济贸易大学出版社，2008.
[11] 吴国章．市场营销实务．北京：北京理工大学出版社，2008.
[12] 刘军，王砥．消费心理学［M］．北京：机械工业出版社，2009.
[13] 符国群．消费者行为学［M］．北京：高等教育出版社，2001.
[14] 李晴．消费者行为学［M］．重庆：重庆大学出版社，2003.
[15] 方光罗，朱吉玉著．消费心理学基础［M］．北京：中国财经出版社，2007.
[16] 江林．消费者行为学［M］．北京：首都经济贸易大学出版社，2002.
[17] 李铮，张履祥．普通心理学［M］．北京：中国科学技术大学出版社，1995.
[18] 张春兴．现代心理学［M］．上海：上海人民出版社，1996.
[19] 孟昭兰．普通心理学［M］．北京：北京大学出版社，1994.
[20] 马义爽．消费心理学［M］．北京：北京经济学院出版社，1996.
[21] 聂志红．消费行为学教程［M］．北京：经济科学出版社，2005.
[22] 江青云．营销心理与实务［M］．上海：暨南大学出版社，2003.
[23] 黄希庭．消费心理学［M］．上海：华东师范大学出版社，2007.
[24] 新世纪高职高专教材编审委员会．消费心理学［M］．大连：大连理工大学出版社，2007.
[25] 耿黎辉．消费心理学［M］．成都：西南财经大学出版社，2004.
[26] 刘庆华．消费心理学［M］．北京：机械工业出版社，2002.
[27] 柯洪霞，曲振国．消费心理学［M］．北京：对外经济贸易大学出版社，2006.
[28] 王长征．消费者行为学［M］．武汉：武汉大学出版社，2003.